Mémorial De Sainte-hélène...

Emmanuel de Las Cases

MÉMORIAL

DE

SAINTE-HÉLÈNE.

IMPRIMERIE DE LEBÈGUE,
Rue des Noyers, n° 8.

MÉMORIAL

DE

SAINTE-HÉLÈNE,

OU

JOURNAL

OÙ SE TROUVE CONSIGNÉ, JOUR PAR JOUR, CE QU'A DIT
ET FAIT NAPOLÉON DURANT DIX-HUIT MOIS ;

PAR LE COMTE DE LAS CASES.

RÉIMPRESSION DE 1828.

TOME HUITIÈME.

Paris.

LECOINTE, LIBRAIRE,

QUAI DES AUGUSTINS, Nº 49.

1828.

TABLE

DES SOMMAIRES DU HUITIÈME VOLUME.

———————

MÉMORIAL
DE S^{TE}-HÉLÈNE.

MON ENLÈVEMENT
DE LONGWOOD.

Réclusion au secret à Sainte-Hélène.

Espace d'environ six semaines.

Lundi 25 Novembre 1816.

Mon enlèvement de Longwood.

Sur les quatre heures l'Empereur m'a fait demander ; il venait de finir son travail, et il s'en montrait tout content. « J'ai fait avec Bertrand
» de la fortification toute la journée, m'a-t-il dit,
» aussi m'a-t-elle parue très-courte. » J'ai déjà dit
que c'était, dans l'Empereur, un goût nouveau,
tout à fait du moment, et Dieu sait comme ils
sont précieux ici.

J'avais rejoint l'Empereur sur l'espèce de gazon
qui avoisine la tente ; de là nous avons gagné le

8.

tournant de l'allée qui conduit au bas du jardin.
On a apporté cinq oranges dans une assiette, du
sucre et un couteau ; elles sont fort rares dans
l'île, elles viennent du Cap ; l'Empereur les aime
beaucoup ; celles-ci étaient une galanterie de lady
Malcolm ; l'Amiral répétait cette offrande toutes
les fois qu'il en avait l'occasion. Nous étions trois
en ce moment auprès de l'Empereur ; il m'a donné
une de ces oranges à mettre dans ma poche, pour
mon fils, et s'est mis à couper et à préparer lui-
même les autres par tranches ; et, assis sur le
tronc d'un arbre, il les mangeait et en distribuait
gaîment et familièrement à chacun de nous. Je
rêvais précisément, par un instinct fatal, au
charme de ce moment ! Que j'étais loin, hélas !
d'imaginer que ce devait être le dernier don que
je pourrais tenir de sa main !...

L'Empereur s'est mis ensuite à faire quelques
tours de jardin ; le vent était devenu froid : il
est rentré, et je l'ai suivi seul dans le salon et la
salle de billard qu'il parcourait dans leur étendue. Il me parlait de nouveau de sa journée, me
questionnait sur la mienne ; puis, la conversation s'étant fixée sur son mariage, il s'étendait

sur les fêtes qui avaient amené le terrible accident de celle de M. Schwartzemberg, dont je
me promettais intérieurement de faire un article
intéressant dans mon journal, quand l'Empereur
s'est interrompu tout-à-coup pour examiner, par
la croisée, un groupe considérable d'officiers anglais qui débouchaient vers nous par la porte de
notre enclos : c'était le Gouverneur entouré de
beaucoup des siens. Or, le Gouverneur était
déjà venu le matin, a fait observer le Grand-
Maréchal, qui entrait en ce moment ; il l'avait eu
chez lui assez long-temps ; de plus, a-t-il ajouté,
on parlait d'un certain mouvement de troupes.
Ces circonstances ont paru singulières ; et ce que
c'est pourtant qu'une conscience coupable ! l'idée
de ma lettre clandestine me revint à l'instant, et
un secret pressentiment m'avertit aussitôt que
tout cela me regardait. En effet, peu d'instans
après, on est venu me dire que le colonel anglais,
la créature de sir Hudson Lowe, m'attendait chez
moi. J'ai fait signe que j'étais avec l'Empereur,
qui m'a dit quelques minutes après : « Allez voir,
» mon cher, ce que vous veut cet animal. » Comme
je m'éloignais déjà, il a ajouté : « *Et surtout*

revenez promptement. » Et voilà pour moi les dernières paroles de Napoléon. Hélas! je ne l'ai plus revu! Son accent, le son de sa voix, sont encore à mes oreilles. Que de fois depuis je me suis complu à y arrêter ma pensée! et quel charme, quelle peine peut tout-à-la-fois renfermer un douloureux souvenir!

Celui qui m'avait fait demander était le complaisant dévoué, l'homme d'exécution du Gouverneur, avec lequel je communiquais du reste assez souvent à titre d'interprète. A peine il m'aperçut, que, d'une figure bénigne, d'une voix mielleuse, il s'enquit, avec un intérêt tendre, de l'état de ma santé : c'était le baiser de Judas....; car lui ayant fait signe de la main de prendre place sur mon canapé, et m'y asseyant moi-même, il saisit cet instant pour se placer entre la porte et moi; et, changeant subitement de figure et de langage, il me signifia qu'il m'arrêtait au nom du Gouverneur sir Husson Lowe, sur une dénonciation de mon domestique, pour correspondance clandestine. Des dragons cernaient déjà ma chambre, toute observation devint inutile, il fallut céder à la force; je fus emmené sous une nombreuse escorte. L'Empereur a écrit depuis, ainsi qu'on le verra plus bas, qu'en me voyant de sa fenêtre, entraîné dans la plaine au milieu de ces gens armés, l'alacrité de ce nombreux état-major caracolant autour de moi, la vive ondulation de leurs grands panaches, lui avaient donné l'idée de la joie féroce des sauvages de la mer du Sud, dansant autour du prisonnier qu'ils vont dévorer.

J'avais été séparé de mon fi's, qu'on avait retenu prisonnier dans ma chambre, et qui me rejoignit peu de temps après, aussi sous escorte; si bien qu'à dater de cet instant comptent pour nous l'interruption soudaine et le terme final de toute communication avec Longwood. On nous enferma tous les deux dans une misérable cahutte, voisine de l'ancienne habitation de la famille Bertrand. Il me fallut coucher sur un mauvais grabat, mon malheureux fils à mes côtés, sous peine de le laisser étendu par terre. Je le croyais en cet instant en danger de mort : il était menacé d'un anévrisme, et avait failli, peu de jours auparavant, expirer dans mes bras. On nous tint jusqu'à onze heures sans manger; et quand, cherchant à pourvoir aux besoins de mon fils, je voulus demander un morceau de pain aux gens qui nous entouraient, à la porte et à chaque fenêtre où je me présentai il me fut répondu tout d'abord par autant de baïonnettes.

Mardi 25 au Mercredi 26.

Visite officielle de mes papiers, etc.

Quelle nuit que la première que l'on passe emprisonné entre quatre murailles!.... Quelles pensées! Quelles réflexions!...... Toutefois, ma dernière idée du soir, la première de mon réveil avaient été que j'étais encore à quelques minutes de distance seulement de Longwood, et que pourtant, peut-être, l'éternité m'en séparait déjà!...

Dans la matinée, le Grand-Maréchal, accompagné d'un officier, a passé à vue de ma cahutte, et à portée de la voix. J'ai pu lui demander de mon donjon comment se portait l'Empereur. Le Grand-Maréchal se rendait à Plantation-Housse, chez le Gouverneur : c'était indubitablement à mon sujet; mais de quoi pouvait-il être chargé! Quelles étaient les pensées, les désirs de l'Em-

pereur à cet égard? C'est là ce qui m'occupait
tout à fait. Le Grand-Maréchal, en repassant,
m'a fait, avec tristesse, un geste qui m'a donné
l'idée d'un adieu, et m'a serré le cœur.

Dans la matinée encore, le général Gourgaud
et M. de Montholon sont venus jusqu'à l'ancienne demeure de Mme Bertrand, en face de moi
et assez près. Il m'a été doux de les revoir et
d'interprêter leurs gestes d'intérêt et d'amitié.
Ils ont sollicité vainement de pénétrer jusqu'à
moi; il leur a fallu s'en retourner sans rien obtenir. Peu de temps après, Mme Bertrand m'a envoyé des oranges, me faisant dire qu'elle recevait
à l'instant même des nouvelles indirectes de ma
femme, qui se portait bien. Cet empressement,
ces tendres témoignages de tous mes compagnons, m'étaient la preuve que les sentimens de
famille se réveillent au premier coup de malheur,
et je trouvais en ce moment quelque charme à
être captif.

Cependant, aussitôt après mon arrestation on
n'était pas demeuré oisif dans mon ancien logement. Un commissaire de police, importation
toute récente dans la colonie, la première ten-

tative de cette nature, je pense, hasardée sur le
sol britannique, avait fait sur moi son coup d'essai.
Il avait fouillé mon secrétaire, enfoncé des tiroirs,
saisi tous mes papiers; et jaloux de montrer sa
dextérité et tout son savoir faire, il avait procédé
de suite à défaire nos lits, démonter mon canapé,
et ne parlait de rien moins que d'enlever les
planchers.

Le Gouverneur, devenu maître de tous mes
papiers, suivi de huit à dix officiers, s'est mis en
devoir de me les produire triomphalement. Descendu à l'opposite de moi dans l'ancienne demeure de Mme Bertrand, il m'a fait demander si
je voulais y aller pour assister à leur inventaire,
ou si je préférais qu'il se rendît chez moi. J'ai
répondu que, puisqu'il me laissait le choix, le
dernier parti me serait le plus agréable. Tout le
monde ayant pris place, je me suis levé pour protester hautement contre la manière peu convenable dont j'avais été arraché de Longwood, sur
l'illégalité avec laquelle on avait scellé mes papiers loin de ma personne; enfin j'ai protesté
contre la violation qu'on allait faire de mes papiers secrets, de ceux qui étaient les dépositaires

sacrés de ma pensée, qui ne devaient exister que pour moi, dont jusqu'ici personne au monde n'avait eu connaissance. Je me suis élevé contre l'abus que pouvait en faire le pouvoir; j'ai dit à sir Hudson Lowe que s'il pensait que les circonstances requissent qu'il en prît connaissance, c'était à sa sagesse à y pourvoir; que cette lecture ne m'embarrassait nullement d'ailleurs; mais que je devais à moi-même, aux principes, d'en charger sa responsabilité, de ne céder qu'à la force et de ne point autoriser un tel acte par mon consentement.

Ces paroles, de ma part, en présence de tous ses officiers, contrariaient fort le Gouverneur, qui, s'irritant, s'est écrié : «Monsieur le comte, » n'empirez pas votre situation, elle n'est déjà » que trop mauvaise ! » Allusion sans doute à la peine de mort qu'il nous rappelait souvent que nous encourrions en nous prêtant à l'évasion du grand captif. Il ne doutait pas que mes papiers dussent lui procurer les plus grandes découvertes. Dieu sait jusqu'où pouvaient aller ses idées à cet égard.

Au moment de procéder à leur lecture, il

appela le général Bingham, commandant en second de l'île, pour y prendre personnellement
part; mais la délicatesse et les idées de celui-ci
différaient beaucoup de celles du Gouverneur.
» Sir Hudson Lowe, lui répondit-il avec un dé-
» goût marqué, je vous prie de m'excuser, je
» ne me crois pas capable de lire cette espèce
» d'écriture française. »

Je n'avais au fait nulle objection réelle à ce
que le Gouverneur prît connaissance de mes papiers; je lui dis donc que, non comme juge ni
magistrat, car il n'était pour moi ni l'un ni l'autre,
mais à l'amiable et de pure condescendance, je
trouvais bon qu'il les parcourût. Il tomba d'a-
bord sur mon journal. On juge de sa joie et de
ses espérances en apercevant qu'il allait lui présenter jour par jour tout ce qui se passait au
milieu de nous à Longwood. Cet ouvrage était
assez dégrossi pour qu'une note des matières ou
l'indication des chapitres se trouvât en tête de
chaque mois. Sir Hudson Lowe y lisant souvent
son nom, courait tout d'abord à la page indi-
quée chercher les détails; et s'il eut là maintes
occasions d'exercer sa longanimité, ce n'était

pas ma faute, lui remarquai-je, mais plutôt celle
de son indiscrétion. Je l'assurai que cet écrit
était un mystère profond, étranger à tous ; que
l'Empereur lui-même, qui en était l'unique objet, n'en avait lu que les premières feuilles ; qu'il
était loin d'être arrêté, qu'il devait demeurer
long-temps un secret, n'être que pour moi seul.

Sir Hudson Lowe ayant parcouru mon journal
deux ou trois heures, je lui dis que j'avais voulu
le mettre à même d'en prendre une juste idée,
qu'à présent c'était assez, que je me croyais
obligé, par bien des considérations, à lui interdire, autant qu'il était en mon pouvoir, d'aller
plus loin ; qu'il avait la force ; mais que je pro-
testerais contre sa violence et son abus d'autorité. Il me fut aisé de voir que c'était un vrai
contretemps pour lui ; il hésita même : toutefois
ma protestation eut son plein effet, et il ne fut
plus touché à mon journal. J'aurais pu étendre
ma protestation à tous mes autres papiers ; mais
ils m'importaient peu : ils causèrent pendant
plusieurs jours l'inquisition la plus minutieuse.

J'avais mes dernières volontés scellées : il
me fallut ouvrir cette pièce, ainsi que d'autres

papiers d'une nature aussi sacrée. Arrivé au fond
d'un portefeuille où reposaient des objets que
je n'avais pas osé toucher depuis que j'étais loin
de l'Europe, il a fallu les ouvrir. Ce devait être
pour moi la journée des émotions : leur vue a
remué dans mon cœur de vieux souvenirs que
mon courage y tenait comprimés depuis de dou-
loureuses séparations. J'en ai été vivement ému ;
je suis sorti rapidement de la chambre. Mon fils,
demeuré présent, m'a dit que le Gouverneur,
lui-même, n'a pas été sans se montrer sensible
à ce mouvement.

Jeudi 28 au Samedi 30.

Ma translation à Balcombe's cottage.

Aujourd'hui vingt-huit, nous avons été tirés
de notre misérable cahutte, et transférés à une
petite lieue de là, dans une espèce de chaumière
de plaisance (voyez la carte) appartenant à
M. Balcombe, notre hôte de Briars. La demeure
était petite, mais du moins très-supportable, et
située en face de Longwood, à assez peu de
distance : nous n'en étions séparés que par plu-

sieurs lignes de précipices et de sommités très-
escarpées. Nous étions gardés par un détache-
ment du 66°; un grand nombre de sentinelles
veillaient sur nous, et défendaient nos approches. Un officier y était à nos ordres, nous dit
obligeamment sir Hudson Lowe, et pour notre
commodité, assurait-il. Toute communication
était sévèrement interceptée; nous demeurions
sous l'interdit le plus absolu. Un chemin circu-
lait sur la crête de notre bassin ; le général
Gourgaud, escorté d'un officier anglais, vint le
parcourir : il nous fut aisé de distinguer ses efforts pour se rapprocher de nous autant que cela
lui était possible; et ce fut avec un sentiment
de joie et de tendresse que nous reçûmes et
rendîmes de loin les saluts et les démonstrations
que nous adressait notre compagnon. La bonne
et excellente Mme Bertrand nous envoya de nouveau des oranges : il ne nous fut pas permis
de lui écrire un mot de remercîment; il fallut
nous borner à confier toute notre reconnaissance
à des poignées de roses cueillies dans notre prison, et que nous lui envoyâmes.

Sir Hudson Lowe, dès le lendemain, vint nous

visiter dans notre nouvelle demeure. Il voulut
savoir comment j'avais été couché; je le con-
duisis à une pièce voisine, et lui fis voir un ma-
telas par terre : notre nourriture avait été à l'a-
venant. « Vous l'apprenez, lui dis-je, parce que
» vous l'avez demandé ; j'y attache peu de prix.»
Alors il s'est violemment fâché contre ceux qu'il
avait chargés de nous installer, et nous a envoyé
nos repas de sa cuisine de Plantation-House,
bien qu'à deux lieues de distance, et cela jusqu'à ce qu'on eût pourvu régulièrement à nos
besoins.

Cependant, une fois dans notre nouvelle prison, il fallut bien songer à nous créer des occupations, pour pouvoir supporter le temps. Je par-
tageai nos heures de manière à remplir notre
journée : je donnai des leçons régulières d'histoire et de mathématiques à mon fils, nous fîmes
quelques lectures suivies, et nous marchions
dans notre enclos durant les intervalles. Le lieu,
pour Sainte-Hélène, était agréable, il y avait un
peu de verdure et quelques arbres, grand nombre de poules, qu'on élevait, du reste, pour la
consommation de Longwood, quelques pintades

et autres gros oiseaux que nous eûmes bientôt
apprivoisés : les captifs sont ingénieux et com-
patissans. Enfin, le soir nous allumions du feu,
je racontais à mon fils des histoires de famille,
je le mettais au fait de mes affaires domestiques,
je lui apprenais et lui faisais noter les noms de
ceux qui m'avaient montré de la bienveillance
dans la vie, ou m'avaient rendu quelques services.

En somme, nos momens étaient tristes, mé-
lancoliques; mais si calmes qu'ils n'étaient pas
sans une certaine douceur. Une seule idée nous
était poignante et nous revenait sans cesse : l'Empereur était là, presque à notre vue, et pourtant nous habitions deux univers; une si petite
distance nous séparait, et pourtant toutes communications avaient cessé! Cet état avait quelque
chose d'affreux; je n'étais plus avec lui, je n'é-
tais pas non plus avec ma famille, que j'avais
quittée pour lui : que me restait-il donc? Mon
fils partageait vivement toutes ces sensations;
exalté par cette situation et par la chaleur de
son âge, ce cher enfant m'offrit, dans un moment d'élan, de profiter de l'obscurité de la nuit
pour tromper la surveillance de nos sentinelles,

descendre les nombreux précipices et gravir les
hauteurs escarpées qui nous séparaient de Longwood, et pénétrer jusqu'à Napoléon, dont il
rapporterait de nouvelles, garantissait-il, avant
le retour du jour. Je calmai son zèle, qui, s'il
eût été praticable, n'eût pu avoir d'autre résultat
qu'une satisfaction personnelle, et eût pu créer
les inconvéniens les plus graves. L'Empereur
m'avait tant et si souvent parlé, que je ne pensais pas qu'il eût rien à me faire dire; et si la
tentative de mon fils eût été découverte, quel
bruit n'eût-elle pas fait, quelle importance le
Gouverneur ne lui eût-il pas donnée, quels contes
absurdes n'eût-il pas imaginés, produits! etc.

Dimanche 1ᵉʳ décembre au Vendredi 6.

Je prends un parti; mes lettres à sir Hudson Lowe, etc.

Cependant les jours de notre emprisonnement
s'écoulaient, et le Gouverneur, bien qu'il con-
tinuât de nous visiter souvent, ne nous parlait
pas d'affaires; seulement il m'avait laissé entrevoir que mon séjour dans l'île, et au secret,
pourrait se continuer jusqu'au retour des nouvelles de Londres. Près de huit jours étaient

déjà passés sans le moindre pas vers un dénoûment quelconque. Cet état passif et inerte n'é-
tait pas dans ma nature. La santé de mon fils
était par moment des plus alarmantes. Privé de
toute communication quelconque avec Longwood, je demeurais seul vis-à-vis de moi-même.
Je méditais sur cette situation ; j'arrêtai un plan
et pris un parti : je le choisis extrême, pensant
que s'il était approuvé de l'Empereur, il pourrait être utile, et que rien ne me serait plus facile que de revenir en arrière, si c'était son désir.
En conséquence, j'écrivis au Gouverneur la lettre
suivante :

« M. le Gouverneur. — Par suite d'un piége
» tendu par mon valet, j'ai été enlevé de Long-
» wood le vingt-cinq du courant, et tous mes pa-
» piers saisis. Je me suis trouvé avoir enfreint vos
» restrictions, auxquelles je m'étais soumis. Mais
» ces restrictions, vous ne les aviez confiées ni à
» ma parole, ni à ma délicatesse : elles m'eussent
» été sacrées. Vous les aviez confiées à des peines ;
» j'en ai couru les risques ; vous avez appliqué
» ces peines à votre fantaisie ; je n'y ai rien ob-
» jecté. Jusque-là rien de plus régulier ; mais la

8.   2

» peine a ses limites, sitôt que la faute est cir-
» conscrite. Or, qu'est-il arrivé ? Deux lettres
» ont été données à votre insu : l'une est une re-
» lation de nos événemens au prince Lucien, re-
» lation qui était destinée à passer par vos mains,
» si vous ne m'aviez fait dire que la continuation
» de mes lettres et de leur style me ferait éloi-
» gner, par vous, d'auprès de l'Empereur. La se-
» conde est une simple communication d'amitié.
» Cependant, cette circonstance a mis en vos
» mains tous mes papiers; vous en avez vu les
» plus secrets. J'ai mis une telle facilité à vos
» recherches, que je me suis prêté à vous laisser
» parcourir, sur votre parole privée, ce qui n'était
» connu que de moi, n'était encore que des idées
» ou des rédactions informes, non arrêtées, sus-
» ceptibles d'être à chaque instant corrigées, rec-
» tifiées, modifiées; en un mot, le secret, le chaos
» de mes pensées. J'ai voulu vous convaincre par
» la, et, j'en appelle à votre bonne foi, j'espère
» vous avoir convaincu que, dans la masse des
» papiers que vous avez sommairement parcourus,
» il n'existe rien de ce qui aurait pu concerner la
» haute et importante partie de votre ministère.

» Aucun complot, aucun nœud, pas une seule
» idée relative à l'évasion de Napoléon. Vous n'a-
» vez pu en trouver aucune, parce qu'il n'en
» existait aucune. Nous la croyons impossible,
» nous n'y songeons pas ; et, ce n'est pas que
» je veuille m'en défendre, j'y eusse volontiers
» donné les mains, si j'en eusse vu la possibilité.
» J'eusse volontiers payé de ma vie cette évasion.
» Je serais mort martyr du dévouement ; c'eût
» été vivre à jamais dans les cœurs nobles et gé-
» néreux. Mais, je le répète, personne ne le croit
» possible, et n'y songe. L'Empereur Napoléon
» en est encore à la même pensée, aux mêmes
» désirs qu'en abordant *librement et de bonne foi*
» le Bellérophon, d'aller chercher quelques jours
» tranquilles en Amérique, ou même en Angle-
» terre, sous la protection des lois.

    » Les choses une fois ainsi établies, je pro-
» teste de tout mon pouvoir, je m'oppose for-
» mellement à ce que vous lisiez désormais, je
» pourrais dire tous mes papiers secrets ; mais je
» me borne seulement à ceux que j'appelle *mon*
» *Journal.* Je dois cette mesure à mon grand
» respect pour l'auguste personnage qui s'y re-

» trouve sans cesse ; je la dois au respect de moi-
» même. Je demande donc de deux choses l'une :
» ou, si dans votre conscience vous croyez ces pa-
» piers étrangers à votre grand objet, qu'ils me
» soient rendus sur-le-champ; ou, si d'après ce que
» vous en avez lu vous pensez que certaines par-
» ties sont de nature à être mises sous les yeux
» de vos ministres, je demande que vous leur en
» envoyiez la totalité, et me fassiez suivre avec
» eux. Il y est trop question de vous, Monsieur,
» pour que votre délicatesse ne vous fasse une loi
» d'adopter l'un ou l'autre de ces partis. Vous
» ne sauriez chercher à profiter plus que je ne
» l'ai permis, de cette occasion d'y lire ce qui
» regarde votre personne. Autrement, à quelles
» inductions ne vous exposerait pas un abus d'au-
» torité, et comment empêcher qu'on ne liât cette
» circonstance au piége qui m'a été tendu, au
» grand bruit qu'on se trouvera avoir fait pour
» si peu de chose ?

» Arrivé en Angleterre avec ces papiers, je de-
» manderai aux ministres à leur tour, et j'appel-
» lerai le monde à témoin, de quelle utilité peut
» être aux yeux des lois un papier où se trouvent

» consignés, dans toute la négligence d'un mys-
» tère profond, jour par jour, la conversation,
» les paroles, peut-être jusqu'aux gestes de l'Em-
» pereur Napoléon? Je leur demanderai surtout
» quelle inviolabilité de secret je n'ai pas droit
» d'exiger d'eux sur toutes les parties d'un recueil
» qui n'était encore que ma pensée brute, qui
» n'existe pas, à bien dire, qui ne présente que
» des matériaux encore informes, dont je pouvais
» sans scrupule désavouer presque toutes les par-
» ties, parce qu'elles étaient loin d'être arrêtées
» encore vis-à-vis de moi-même; dans lequel,
» chaque jour, il m'arrivait de redresser, à l'aide
» d'une conversation nouvelle, les erreurs d'une
» conversation passée, erreurs toujours inévi-
» tables et fréquentes, et dans celui qui parle
» sans croire être observé, et dans celui qui re-
» cueille sans se croire tenu à garantir. Quant à
» ce qui vous y concerne, Monsieur, si vous avez
» eu à vous récrier maintes fois sur l'opinion et
» les faits que j'ai émis sur votre personne, rien
» ne vous est plus aisé, d'homme à homme, que
» de me faire connaître mon erreur. Vous ne me
» rendrez jamais plus heureux que de me donner

» l'occasion d'être juste ; et à la suite des éclair-
» cissemens, quelle que soit l'opinion dans la-
» quelle je persiste, vous serez forcé du moins de
» reconnaître ma droiture et ma bonne foi.

  » Du reste, quel que soit le parti que vous
» comptiez prendre à mon égard, M. le Gouver-
» neur, à compter de cet instant je me retire,
» autant que l'admet la position où je me trouve,
» de la sujétion volontaire à laquelle je m'étais
» soumis vis-à-vis de vous. Quand j'en pris l'en-
» gagement, vous me dîtes que je demeurais tou-
» jours maître de le rétracter ; or, à compter de
» cet instant, je veux rentrer dans la classe com-
» mune des citoyens. Je me remets sous l'action
» de vos lois civiles ; je réclame vos tribunaux. Je
» n'implore pas leur faveur, mais seulement leur
» justice et leur jugement. Je pense, M. le Gé-
» néral, que vous portez trop de respect à vos
» lois, et avez trop de justice naturelle dans le
» cœur, pour vous faire l'injure de vous observer
» que vous deviendriez responsable de toutes les
» violations que ces lois peuvent éprouver vis-à-
» vis de moi, directement et indirectement. Je
» ne pense pas que la lettre de vos instructions,

» qui vous porterait à me retenir ici ou au Cap
» plusieurs mois prisonnier, pût vous mettre à
» l'abri de l'esprit de ces mêmes instructions,
» invoqué par la force, la supériorité, la majesté
» des lois.

    » Ces instructions, si j'ai compris, en vous
» prescrivant de retenir toute personne de l'éta-
» blissement de Longwood un certain temps,
» avant de la rendre à la liberté, n'ont pour
» but, sans doute, que de dérouter et de laisser
» vieillir les communications que l'on pourrait
» avoir eues avec cette affreuse prison. Or, la ma-
» nière dont j'en ai été enlevé a suffi pour rem-
» plir ce but. On m'a rendu impossible d'en em-
» porter aucune idée du moment. J'y ai été comme
» frappé de mort subite. D'ailleurs, envoyé en
» Angleterre comme prévenu, et sous l'action
» des lois, si je suis trouvé coupable, elles pour-
» voiront assez à l'inconvénient qu'on a voulu
» éviter. Si je ne le suis pas, il restera contre moi
» *l'alien-bill*, ou même encore ma soumission
» volontaire donnée ici d'avance à toutes les pré-
» cautions, même arbitraires, qu'on croira devoir
» prendre à ce sujet, vis-à-vis de moi.

» M. le Gouverneur, sans connaître encore
» quels peuvent être vos projets sur ma personne,
» je me suis imposé déjà moi-même le plus grand
» des sacrifices. Je ne suis encore qu'à quelques
» pas de Longwood, et déjà peut-être l'éternité
» m'en sépare. Pensée affreuse qui me déchire et
» va me poursuivre!... Il y a peu de jours encore,
» vous m'eussiez arraché jusqu'aux dernières sou-
» missions par la crainte de me voir éloigner de
» l'Empereur Napoléon. Aujourd'hui, vous ne
» sauriez plus m'y faire revenir. On m'a souillé
» en me saisissant presqu'à sa vue. Je ne saurais
» plus désormais lui être un objet de consolation;
» ses regards ne rencontreraient en moi qu'un
» objet flétri, et des souvenirs de douleurs. Pour-
» tant, sa vue, les soins que je me plaisais à lui
» donner, me sont plus chers que la vie. Mais
» peut-être qu'au loin on prendra pitié de ma
» peine! Quelque chose me dit que je reviendrai;
» mais par une route purifiée, amenant avec moi
» tout ce qui m'est cher, pour entourer de nos
» soins pieux et tendres l'immortel monument
» que rongent sur un roc, au bout de l'univers,
» l'inclémence de l'air et la mauvaise foi, la du-

» reté des hommes. Vous m'avez parlé de vos
» peines, M. le Gouverneur; nous ne soupçon-
» nons pas, m'avez-vous dit, toutes vos tribula-
» tions; mais chacun ne connaît, ne sent que son
» mal. Vous ne soupçonnez pas non plus le crêpe
» funèbre que vous tenez étendu sur Longwood.
» J'ai l'honneur, etc. »

Une fois la correspondance établie avec sir
Hudson Lowe, je ne demeurai plus oisif. Dès le
lendemain je lui écrivis de nouveau pour lui dire
qu'en conséquence de ma lettre de la veille, je
le sommais officiellement et authentiquement de
m'éloigner de Sainte-Hélène, et de me renvoyer
en Europe. Le jour suivant je poursuivis auprès
de lui la même idée, sous mes rapports et ma
situation domestiques.

» Dans mes deux précédentes, lui mandais-je,
» qui traitaient toutes deux de ma situation poli-
» tique, j'avais cru peu digne et peu convenable
» de mêler un seul mot de ma situation domes-
» tique; mais aujourd'hui que, par suite de ces
» deux mêmes lettres, je me regarde comme
» rentré dans la masse de vos administrés, à titre
» de passager accidentel dans votre île, je n'hé-

» site pas à vous entretenir de toute l'horreur de
ma situation privée. Vous connaissez l'état af-
» freux de la santé de mon fils : les personnes de
» l'art doive vous en avoir instruit. Depuis qu'il
» a vu se briser le lien cher et sacré qui nous
» attachait à Longwood, toutes ses idées, ses
» vœux, ses espérances se sont tournés avec ar-
» deur vers l'Europe, et son mal va s'accroître
» de toute l'impatience, de tout le pouvoir de
» l'imagination. Voilà sa situation physique ; elle
» rend ma situation morale pire encore, s'il est
» possible. J'ai à combattre tout à la fois et la ten-
» dresse du cœur et les inquiétudes de l'esprit.
» Je ne me vois pas sans effroi responsable à moi-
» même de l'avoir amené ici, et d'être la cause
» qu'on l'y retiendrait. Que répondrais-je à une
» mère qui me le redemanderait? Que répondrais-
» je à la foule des oisifs et des indifférens même,
» toujours empressée de juger et de condamner?
» Je ne parle point de ma propre santé, elle
» m'importe peu dans de telles émotions et de
» telles anxiétés. Toutefois, je me trouve dans
» un état de débilité absolue, vraiment déplo-
» rable ; depuis que je n'ai plus sous les yeux la

» cause qui tenait en exercice les forces de mon
» âme, mon corps plie sous les ravages effrayans
» d'un an et demi de combats, d'épreuves et de
» secousses, tels que l'imagination a de la peine
» à les suivre. Je ne suis plus auprès de l'objet
» auguste auquel je consacrais avec charmes les
» peines de ma vie. Je n'en demeure pas moins
» éloigné de ma famille, dont le sacrifice m'avait
» tant déchiré. Mon cœur se brise entre les deux,
» privé de chacun; il s'égare dans un abîme; il
» ne saurait y résister long-temps. Je vous laisse,
» monsieur le Gouverneur, à peser ces considé-
» rations. Ne faites pas deux victimes. Je vous
» prie de nous envoyer en Angleterre, à la source
» de la science et des secours de toute nature.
» Ce sera la première, la seule demande d'au-
» cune espèce, qui sera sortie de moi vers vous
» ou votre prédécesseur. Mais le malheureux état
» de mon fils l'emporte sur mon stoïcisme. N'at-
» teindra-t-il pas votre humanité? Un bon nombre
» de motifs peuvent aider encore votre décision:
» ma lettre du trente novembre les renferme
» tous. J'ajouterai seulement ici l'occasion pré-
» cieuse pour vous de montrer à tous les yeux

» une grande et une rare impartialité, en en-
» voyant ainsi vous-même à vos ministres pré-
» cisément un de vos adversaires. »

A la réception de ces lettres, sir Hudson Lowe
se rendit auprès de moi ; et, à l'égard de la première, il me nia tout d'abord qu'il m'eût tendu
aucun piége par la voie de mon domestique. Il
convenait néanmoins que j'avais pu m'y mé-
prendre ; et comment en eût-il pu être autrement, lui disais-je ; ce domestique avait été
mandé plusieurs fois par l'autorité avant de m'a-
voir été retiré et après ; depuis, il était venu m'offrir bénévolement ses services pour l'Europe,
et m'avait assuré qu'il trouverait bien le moyen
de parvenir en secret jusqu'à moi pour prendre
mes commissions, et il y était venu en effet plusieurs fois, malgré la surveillance sévère qu'on
exerçait autour de nous. Quoi qu'il en fût, sir
Hudson Lowe me donna sur ce point sa parole
d'honneur, et il fallait bien que j'y crusse.

De là il passa à discuter verbalement quelques
articles de mes lettres, s'arrêtant surtout sur certaines expressions qu'il me représentait d'une
manière amicale, devoir lui être désagréables.

Il me trouva, non seulement en cette occasion, mais dans plusieurs autres qu'il fit naître de la sorte, toujours de la dernière facilité. Ma réponse d'ordinaire était de prendre la plume aussitôt, et d'effacer ou de modifier les mots qui lui déplaisaient.

Je fais grâce d'une assez volumineuse correspondance roulant toujours sur le même sujet. Je me contenterai de dire que sir Hudson Lowe s'abstenait de répondre; que sa coutume était d'accourir, ainsi qu'on vient de le voir, pour discuter verbalement avec moi les lettres qu'il avait reçues, obtenir quelques ratures, après quoi il se retirait en assurant qu'il ferait bientôt ample réponse, ce qu'il ne fit jamais alors, ce qu'il n'a jamais fait depuis; seulement m'a-t-on mandé d'Angleterre, il paye aujourd'hui des papiers périodiques ou des libellistes subalternes pour dépecer le Mémorial de Sainte-Hélène, et injurier son auteur.

Comme dans les nombreuses discussions verbales sur mes lettres, à la rature près de quelques expressions, il n'obtenait de moi rien d'important, et n'arrivait à rien de ce qu'il voulait, il s'en retournait me donnant à chacun pour un homme très-fin, très-dangereux, assurait-il; car pour lui on était très-fin, très-astucieux, tout à fait à craindre, dès qu'on n'était point assez sot pour donner dans ses vues, ou tomber lourdement dans ses piéges. Toutefois voici le seul tour que je lui aie joué, car la captivité, son oisiveté, ses rigueurs aiguisent l'imagination, et puis c'était de bonne guerre entre nous. Le droit incontestable du prisonnier est de chercher à tromper son geolier.

J'ai dit en commençant que l'Empereur, au moment de partir pour Sainte-Hélène, m'avait secrètement confié un collier de diamans d'un très-grand prix. L'habitude de le porter depuis si long-temps faisait que je ne m'en occupais plus aucunement, si bien que ce ne fut qu'au bout de plusieurs jours de réclusion, et véritablement par hasard qu'il me revint à l'esprit; j'en frissonnai. Gardé comme je l'étais, je ne voyais plus de moyen de le rendre à l'Empereur, qui n'y avait sans doute pas plus songé que moi. A

force de chercher j'imaginai d'y employer sir
Hudson Lowe lui-même. Je demandai à faire
parvenir mes adieux à mes compagnons, et j'é-
crivis la lettre suivante :

« Monsieur le Grand-Maréchal, — Arraché
» d'au milieu de vous, laissé à moi-même, privé
» de toute communication, j'ai dû trouver mes
» décisions dans mon propre jugement, et mes
» seuls sentimens. Je les ai adressées officielle-
» ment au gouverneur, sir Hudson Lowe, le
» trente novembre dernier. Pour répondre à la
» liberté qui m'est laissée, je m'abstiens de vous
» en dire aucun mot, et m'en repose sur la déli-
» catesse de l'autorité supérieure, pour vous
» communiquer ma lettre dans son entier, si
» jamais il était question d'une de ses parties...
» Je m'abandonne à ma destinée....

» Il ne me reste qu'à vous prier de mettre mon
» respect, mon amour, mes vœux, aux pieds de
» l'Empereur. Ma vie n'en demeure pas moins à
» lui toute entière. Je n'aurai jamais de bonheur
» qu'auprès de son auguste personne.

» Dans la malheureuse pénurie où vous êtes
» tous, j'aurais désiré ardemment laisser après

» moi quelques diamans de ma femme... un col-
» lier.... le denier de la veuve ! mais comment
» oser en faire l'offre ? J'ai souvent fait celle des
» quatre mille louis que je possède, disponibles
» en Angleterre, je la renouvelle encore; ma nou-
» velle position, quelle qu'elle puisse être, n'y
» doit rien changer. Je serai désormais fier du
» besoin ! Daignez peindre de nouveau à l'Em-
» pereur, Monsieur le Grand-Maréchal, mon dé-
» vouement, ma fidélité, ma constance inalté-
» rable.....

» Et vous, mes chers compagnons de Long-
» wood, que j'aie toujours vos souvenirs ! Je con-
» nais toutes vos privations et vos peines; j'en
» emporte la plaie dans mon cœur. De près, je
» vous étais de peu de chose; au loin vous con-
» naîtrez mon zèle et ma tendre sollicitude, si
» l'on a l'humanité de m'en permettre l'emploi.
» Je vous embrasse tous bien tendrement, et
» vous prie, M. le Grand-Maréchal, d'y ajouter
» pour vous le sentiment de ma vénération et de
» mon respect.

» P. S. Cette lettre vous était destinée depuis
» long-temps; elle avait été écrite lorsque je

» croyais m'éloigner de vous. Aujourd'hui, en
» recevant la liberté de vous l'envoyer, le Gou-
» verneur m'apprend que je dois attendre ici des
» réponses d'Angleterre. Ainsi, je serai des mois
» à Sainte-Hélène, et Longwood n'y existera pas
» pour moi, supplice nouveau que je n'avais pas
» calculé. »

Sir Hudson Lowe, à qui je remis cette lettre
ouverte, c'était sa condition, la lut, l'approuva,
et eut la bonté de se charger de la remettre lui-
même, ce qui réveilla en effet l'attention de l'Empereur, et ne contribua pas peu, bien qu'indirectement, à faire rentrer le riche dépôt dans
les mains de Napoléon.

Samedi 7 au Lundi 9.

Mes griefs personnels contre sir Hudson Lowe. — Traits caractéristiques.

Un de ces jours, j'ai invité l'officier de garde
à dîner avec moi. Il m'a raconté, dans la conversation, qu'il avait long-temps fait partie des prisonniers confinés à Verdun; mais qu'il avait enfin
obtenu d'en sortir pour venir à Paris. Et ce que

peut amener le hasard ! quand il a nommé son intermédiaire de Paris, il s'est trouvé que c'était précisément moi qui avais obtenu du duc de Feltre cette faveur alors très-difficile.

Toujours même uniformité dans notre situation ici, pas l'apparence d'un dénouement; voilà près de quinze jours depuis notre malheureuse aventure, et toujours même réclusion, même interdiction, même supplice !

Nous recevions à peine, et seulement par le Gouverneur lui-même, des nouvelles de l'Empereur. Nous nous trouvions, ainsi que je l'ai déjà dit, précisément en face de Longwood, et à peu de distance, mais séparés par des abîmes *; à quelque heure que nous levassions les yeux, nous avions devant nous cet objet de nos pensées et de nos vœux, et nous le recherchions sans cesse; nous pouvions en suivre toutes les habitudes, qui nous étaient si familières; nous en apercevions tous les édifices, mais il nous était impossible de distinguer aucun des objets animés. Cette perpétuelle attraction perpétuellement combat-

* Voyez vue D.

tue, ce voisinage et pourtant cette grande distance, cet objet désiré sans cesse offert et comme
sans cesse retiré; il y avait dans tout cela quelque
chose, disais-je, de l'enfer des Anciens. Sir Hudson Lowe en convenait, et avait promis, dès le
premier jour, de nous en retirer bientôt; nous
n'étions placés en cet endroit que provisoirement,
avait-il dit, et jusqu'à ce qu'on eût préparé ailleurs
quelque chose de plus convenable, dont on s'occupait déjà; mais des semaines étaient écoulées,
et rien ne venait. Sir Hudson Lowe, qui est très-
prompt dans une décision malfaisante, est extrêmement lent à la faire cesser, si toutefois cela a
lieu, ce qui n'arriva pas en cette occasion.

Du reste, ce Gouverneur, je dois le confesser,
était avec moi, depuis qu'il me tenait entre ses
mains, dans les rapports de la politesse la plus
attentive et des égards les plus recherchés. Je
l'ai vu déplacer lui-même, de sa propre personne,
une sentinelle qui eût pu blesser mes regards,
disait-il, et l'aller poser derrière des arbres, pour
que je ne l'aperçusse plus. Toutes ses dispositions
à mon égard, ses intentions réelles, m'assurait-il,
étaient des plus bienveillantes, son langage était

propre à m'en convaincre; et plus d'une fois j'ai
été à douter de la justice de l'opinion que nous
nous en étions faite jusque-là; mais il m'a fallu toujours finir par conclure que chez sir Hudson Lowe
les actes différaient étrangement des paroles : il
parlait d'une manière, et agissait de l'autre. Je lis,
par exemple, dans l'ouvrage de M. O'Méara, que
précisément dans ces momens où je me croyais
comblé par lui, où je me faisais une espèce de
scrupule de l'éloignement que je lui avais porté,
il faisait transmettre par ce docteur à Napoléon,
des aveux forgés par lui, déclarant les tenir de
ma bouche même ou de ma propre main; le tout
dans l'espoir, sans doute, d'obtenir en retour,
de Longwood, quelques paroles ou quelques
lumières dont il pût tirer avantage. Il me faisait
dire entre autres choses, que je lui avais avoué
qu'il n'avait point de torts à notre égard; mais
que nous étions convenus entre nous, à Longwood, de tout dénaturer à l'Empereur, afin de
le tenir exaspéré. Quels indignes moyens! Quelles
ignobles ressources!...

Je pourrais dire encore beaucoup pour mieux
faire connaître ce Gouverneur; mais tout doit se

taire devant le trait suivant, qui dispense de toute
autre citation.

Mon fils continuait à être extrêmement malade ; ses palpitations étaient parfois si violentes,
qu'il lui arrivait de se jeter subitement à bas de
son lit pour marcher à grands pas dans la chambre, ou venir prendre refuge dans mes bras, où
il était à craindre qu'il n'expirât. Le docteur Baxter, chef médical dans l'île, et le commensal de
sir Hudson Lowe, vint, avec une politesse dont
je conserve une douce et sincère reconnaissance,
joindre ses soins à ceux du docteur O'Méara.
Tous deux représentèrent à sir Hudson Lowe
l'état critique de mon fils ; ils appuyèrent vivement la demande que je faisais de l'envoyer en
Europe. Le docteur O'Méara, après une nouvelle crise, étant revenu seul à la charge, sir
Hudson Lowe mit fin à son importunité par ces
mots, que M. O'Méara a répétés depuis à mon
fils et à moi-même : « *Eh! Monsieur, après tout,*
» *que fait la mort d'un enfant à la politique !...* »
Je m'abstiens de tout commentaire, je livre la
phrase nue à tout cœur de père et à toutes les
mères !...

Mardi 10 au Dimanche 15.

La fameuse pièce clandestine. — Mon interrogatoire par sir Hudson Lowe. — Ma lettre au prince Lucien.

Le Gouverneur, dans ses nombreuses visites, qu'il répétait presque chaque jour, revenait souvent, par un motif ou par un autre, à fouiller de nouveau dans mes divers papiers : je m'y prêtais toujours avec la dernière facilité ; j'avais à cœur de lui prouver en cela ma complaisance et ma modération, ce qui m'obtenait bien quelques paroles flatteuses, mais jamais la moindre condescendance. Un jour, en remuant tous ces paquets, deux liasses demeurèrent par mégarde en dehors de la malle qui les contenait. Le lendemain, je me fis un malin plaisir de les lui remettre. Son étonnement fut grand : on eût cru qu'il me les eût laissées; il ne les en resserra pas moins soigneusement, et pour la stricte régularité, disait-il, bien que je l'assurasse que c'était inutile, lui faisant observer en riant, qu'il devait bien croire que s'il y avait eu quelques-uns de ces papiers à soustraire, il ne les y trouverait plus. Déjà, le premier jour j'avais été dans le cas de lui faire

voir qu'on avait oublié de sceller mon porte-
feuille, lorsqu'on s'en était saisi à Longwood :
il était convenu d'une grande irrégularité à cet
égard, et s'était dit fort touché que je ne remar-
quasse le fait que comme simple observation; je
n'avais d'autre but, en effet, que de lui bien
montrer combien il était hors de moi de profiter
de toutes les occasions qu'il me fournissait de le
quereller; mais tant de procédés de ma part ne
me valurent, je le répète, que quelques phrases,
jamais aucun acte en retour.

Il fut pris registre de toutes les lettres de mes
amis de Londres, pour pouvoir confronter dans
les bureaux des ministres s'il n'en serait arrivé
aucune par des voies détournées. J'avais commencé une seconde lettre au prince Lucien, le
Gouverneur s'y arrêta très-particulièrement. J'eus
beau lui montrer qu'elle était pleine de ratures,
surchargée au crayon, à peu près effacée; lui
dire qu'elle n'avait point été écrite, qu'elle n'existait donc réellement pas, que je pouvais la désavouer sans scrupule; qu'il était impossible d'en
faire aucun usage *légal ou honnête*, il n'en fit pas

moins retranscrire quelques parties, Dieu sait
pour quel emploi!

Un billet de la femme du lieutenant-gouver-
neur l'intrigua beaucoup. Partant pour l'Angleterre, elle nous avait dit que la loi lui défendait
de se charger d'aucune lettre; mais que si elle
pouvait nous être autrement agréable, ce serait
avec un vrai plaisir. Je lui avais envoyé, pour
mes amis de Londres, des objets qui avaient servi
à l'Empereur, ou venaient de sa personne. Un
petit encrier d'argent, je crois, quelques mots
de son écriture, peut-être de ses cheveux, je
ne sais; j'appelais cela de précieuses reliques.
Mme Skelton avait répondu qu'elle les traiterait
avec tout le respect qu'elles méritaient; mais
qu'elle devait m'avouer qu'elle n'avait pu résister
à en dérober une petite portion.

Sir Hudson Lowe ne revenait pas que je ne
pusse ou ne voulusse pas affirmer quels étaient
ces objets précieux. Je serais fâché qu'ils pussent
être la cause de quelques tracasseries pour cette
dame; je n'avais gardé son billet que par le respect et le souvenir qu'elle m'inspirait. M. et

Mme Skelton étaient un couple moral et vertueux,
à qui nous avions fait bien du mal, malgré nous
sans doute, mais qui avait reçu chacun de nos
torts en redoublant pour nous d'égards et d'attentions. Notre arrivée dans l'île les avait déposs-
sédés de Longwood; elle avait amené la suppress-
sion de leur emploi, et leur renvoi en Europe,
où ils doivent se trouver sans fortune.

Enfin, arrivèrent, avec le temps, les fameuses
pièces clandestines : ma lettre au prince Lucien,
et celle à ma connaissance de Londres. Sir Hudson
Lowe les avait fait soigneusement retranscrire ;
mais avec des lacunes, faute d'avoir pu tout lire,
certains mots s'étant trouvés effacés sur le satin
pour avoir été accidentellement mouillé depuis
que je m'en étais dessaisi. Je poussai la complaisance jusqu'à les rétablir bénévolement, et alors
commença sur moi une espèce d'interrogatoire.

Deux points occupaient beaucoup le Gouverneur, qu'il tenait fort à éclaircir, si je n'y avais
pas d'objection, disait-il. La première question
a été relative à ces paroles de ma lettre au prince
Lucien : « Ceux dont nous sommes entourés se
» plaignent amèrement que leurs lettres sont fal-

» sifiées par les papiers publics, etc. » Quelles
étaient ces personnes, me demandait-on. L'aide-
de-camp tenait la plume pour noter mes réponses.
J'ai fait écrire que ne voyant aucun inconvénient
à répondre, j'allais le faire purement à l'amiable;
car si le Gouverneur pensait m'interroger d'autorité, j'allais garder le silence, et j'ai dit : « Que
» ces paroles de ma lettre étaient vagues, géné-
» rales, sans aucune application quelconque, que
» c'était ce qui nous avait été dit partout le monde,
» lorsqu'on avait cherché à nous consoler des ex-
» pressions ou des peintures très-déplacées à notre
» égard, que nous rencontrions parfois dans les
» journaux de Londres, sous la date de Sainte-
» Hélène; qu'il m'en revenait en cet instant un
» exemple spécial, celui d'une dame du camp
» qui lui était connue, et qui répétait partout
» n'avoir point écrit la lettre ridicule qui avait
» paru sous son nom, soit que ses amis en An-
» gleterre y eussent fait des changemens, soit
» qu'ayant été lue en société, elle eût été mal re-
» tenue et infidèlement livrée à l'impression. »

La seconde question du Gouverneur s'appliqua
à ma lettre privée : j'y avais tracé la commission

de faire demander à lord Holland s'il avait reçu les paquets que je lui avais adressés. Sir Hudson Lowe me demandait ce que c'étaient que ces paquets, et par qui je les avais fait passer, etc.; et ici il redoublait visiblement d'aménité et de douceur pour obtenir une réponse satisfaisante: il convenait n'avoir aucun droit pour me forcer à répondre; mais ce serait, disait-il, abréger et simplifier de beaucoup mes affaires, etc., etc. Je répondis avec assez de solennité que cet article était mon *secret*, ce qui fit une impression évidente sur la figure de sir Hudson Lowe; et comme mes paroles étaient écrites à mesure, je continuai de dicter, ajoutant que la réponse que je venais de faire n'était, au demeurant, que celle de mon éducation et de mes mœurs; que toute autre eût pu entraîner les doutes du Gouverneur, et qu'il ne convenait pas que je dusse exposer la vérité de mes paroles au plus léger soupçon; que toutefois, après cet exposé préalable, je n'hésitais plus à déclarer à présent que je n'avais jamais eu de ma vie aucune communication avec lord Holland. Cette finale inattendue fut un coup de théâtre, une véritable scène de

comédie; il serait difficile de rendre la surprise
du Gouverneur, l'ébahissement des officiers, la
plume arrêtée dans les mains du greffier. Sir
Hudson Lowe n'a pas hésité à dire qu'il me
croyait assurément; mais qu'il devait avouer
qu'il n'y pouvait rien comprendre. Je lui con-
fessai de mon côté que je ne pouvais m'empêcher de rire de l'embarras que je lui causais;
mais que je lui avais pourtant tout dit. Le fait
est que j'avais compté, lorsque mon domestique
aurait reparu, le charger en outre pour lord Holland de plusieurs documens authentiques sur
notre situation; mais on ne m'en avait pas laissé
le temps, on s'était trop pressé de venir m'enlever. Je n'avais l'honneur de connaître Sa Seigneurie que par la noblesse et l'élévation de sa
conduite publique; mais lui adresser la vérité, à
lui législateur héréditaire de son pays, membre
de la Cour suprême de la Grande-Bretagne, ne
me semblait rien que de très-convenable dans
nous deux, de bienséant et d'utile, même pour
l'honneur du caractère anglais.

Du reste voici cette lettre au prince Lucien,
dont il a été tant question. J'aurais voulu pou-

voir l'épargner à mes lecteurs; mais elle a trop
de rapport avec Longwood, et joue un trop
grand rôle dans mes malheurs, pour que je
puisse m'empêcher de la reproduire ici telle
qu'elle a été publiée dans le temps, lors de mon
retour en Europe.

« Monseigneur, je viens de recevoir votre lettre
de Rome, datée du six mars dernier. Je m'estime
bien heureux que Votre Altesse ait daigné m'honorer de cette marque de son souvenir. Je m'ef-
forcerai d'y répondre, en lui donnant de temps
à autre, pour toute sa famille, un détail suivi de
tout ce qui concerne l'Empereur, sa santé, ses
occupations et les traitemens qu'on lui fait éprouver. Je vous manderai surtout, Monseigneur, les
choses telles qu'elles se seront passées et telles
qu'elles se trouveront, m'en reposant sur Votre
Altesse pour déguiser, au besoin, au cœur toujours sensible d'une mère, ce qu'il pourrait y
avoir de trop affligeant pour elle.

» Afin de rendre ma relation plus complète,
je la ferai remonter à peu près au moment où
je quittai Votre Altesse, au Palais-Royal, pour
m'aller mettre spontanément de service auprès

de l'Empereur; je la prendrai à l'instant où je suivis Sa Majesté à la Malmaison, pour ne plus la quitter; au moment enfin où, près de monter en voiture, l'Empereur, au bruit du canon de l'ennemi, fit dire au Gouvernement provisoire « que pour avoir abdiqué la souveraineté, il n'a-« vait pas renoncé à son plus beau droit de citoyen, « celui de combattre pour la patrie; que si on » voulait, il irait se mettre à la tête de l'armée; » que l'état des choses lui était bien connu; qu'il » répondait de frapper l'ennemi de manière à as-« surer au Gouvernement le temps et les moyens » de traiter avec plus d'avantage; que le coup » porté, il n'en poursuivrait pas moins immédia-» tement son voyage. »

« Sur le refus du Gouvernement provisoire, nous nous mîmes en route, dans la soirée du vingt-neuf juin, pour Rochefort, où deux fré-gates étaient commandées pour nous transporter aux États-Unis d'Amérique. C'était l'asile que l'Empereur s'était choisi.

» L'Empereur, avec une partie de sa suite, composée de plusieurs voitures, parcourut cet espace sans escorte, et au milieu des acclama-

tions de toute la population qui accourait sur les
routes. Il était difficile de n'être pas ému. L'Empereur seul se montrait impassible. On pouvait
aisément distinguer sur tous ces visages les vœux
pour ce qu'ils perdaient, l'anxiété pour ce qui
devait suivre. Ce spectacle avait quelque chose
de touchant et d'étrange. Il offrait beaucoup au
cœur et à la méditation.

» Arrivés à Rochefort, nous y attendîmes vainement plusieurs jours les passeports dont on
nous avait flattés en quittant Paris. Cependant
les événemens marchaient avec une grande rapidité. Tout nous commandait un appareillage sans
délai. Les ennemis étaient entrés dans Paris.
Notre armée principale se retirait en-deçà de la
Loire, pleine d'indignation et de fureur. Celle
de la Vendée, celle de Bordeaux, partageaient
les mêmes sentimens. Toute la population était
dans une fermentation extrême. De toute part on
sollicitait l'Empereur de revenir se charger de la
fortune publique ; mais sa détermination était irrévocable. D'un autre côté, les croiseurs anglais
étaient en présence ; toutes les passes étaient
fermées ; les vents nous demeuraient constam-

ment contraires. Ainsi, quand tout commandait, à terre, de précipiter le départ, tout concourait, du côté de la mer, à le rendre impraticable. Dans cette extrémité, l'Empereur m'envoya à la croisière ennemie, comme devant avoir, par mon ancienne émigration, plus de connaissance des Anglais. Je demandai si on y avait entendu parler de nos passeports pour l'Amérique; on ignorait cette circonstance. Je peignis notre véritable situation, les offres faites à l'Empereur, ses refus et son intention inébranlable. Je posai la supposition de notre départ sur un neutre; le capitaine anglais avait ordre de le saisir. Je parlai de la sortie des frégates sous pavillon parlementaire; il avait ordre de les combattre. Je lui représentai toute l'étendue des maux dont il pouvait être la cause, s'il forçait l'Empereur de redescendre à terre : il m'assura ne pouvoir rien prendre sur lui à cet égard; mais qu'il allait s'adresser immédiatement à son amiral, et me ferait une réponse sous deux jours.

» En attendant, de notre côté, nous avions épuisé, pour notre sortie, tout ce que l'imagination pouvait fournir. On avait été jusqu'à la proposition désespérée de traverser l'Océan sur

deux frêles chasse-marées. De jeunes aspirans,
pleins d'ardeur et d'enthousiasme, étaient venus
s'offrir pour en composer les équipages. L'Empereur accepta; mais au moment de partir, il
fallut bien y renoncer : entre autres difficultés ils
déclarèrent qu'on serait obligé de relâcher sur
les côtes d'Espagne et de Portugal, pour faire
de l'eau.

» Cependant, la tempête morale allait toujours croissant autour de nous; elle s'approchait
sans cesse; les sollicitations se multipliaient auprès de l'Empereur. Des généraux venaient en
personne le supplier de se mettre à leur tête.
L'Empereur demeurait inébranlable. « Non, ré-
» pondit-il toujours, le mal est à présent sans
» remède. Je ne puis plus rien aujourd'hui pour
» la patrie. Une guerre civile serait désormais
» sans objet, sans résultat pour elle. Elle ne pour-
» rait être utile qu'à moi, à qui elle obtiendrait
» quelques termes sans doute; mais je l'achete-
» rais par la perte infaillible de ce que la France
» a de plus généreux. Je le dédaigne. »

« C'était ce même sentiment qui, lors de son
abdication, rendue si nécessaire par la perfidie,

8.   4

l'empêcha de se réserver la Corse, où aucune croisière ennemie n'eût pu l'empêcher d'arriver. Mais il ne voulut pas qu'on pût dire que, dans le naufrage du peuple français, qu'il ne prévoyait que trop, lui seul avait su se créer un asile, en se retirant chez lui.

» Ne voyant pas venir de réponse, je retournai à bord du vaisseau anglais. Le capitaine n'avait pas encore eu de nouvelles de son amiral; mais il me dit cette fois qu'il avait autorité de son gouvernement de conduire Napoléon et sa suite en Angleterre, si cela lui était agréable. Je lui répondis que j'allais transmettre cette offre, et que je ne doutais pas que l'Empereur n'en profitât avec magnanimité et sans défiance, pour aller demander en Angleterre même les moyens de se rendre en Amérique. Le capitaine m'observa qu'il ne garantissait pas qu'on nous les accordât; mais il m'assura, et plusieurs officiers le secondèrent, que nous ne devions avoir nul doute d'y recevoir le traitement digne de l'élévation, de la grandeur, de la générosité de leur nation.

» A mon retour, l'Empereur nous réunit autour

de lui, pour connaître notre pensée. L'opinion fut unanime pour accepter l'hospitalité qui nous était offerte; il ne s'éleva pas la moindre inquiétude. « C'est une occasion de gloire, disait-on, » qui sera avidement saisie par le Prince-Régent. » Quel plus beau triomphe pour l'Angleterre que » cette noble confiance de son grand ennemi, » que cette préférence obtenue sur un beau-père » et un ancien ami! Ce sera, disait-on, une des » belles pages de son histoire! Quel hommage » rendu à l'excellence, à la supériorité de ses » lois! » Ici, Monseigneur, j'osai m'appuyer de la haute opinion de Votre Altesse même, sur le caractère national du peuple anglais, sur sa moralité, sa noblesse et son influence sur les actes de la souveraineté même. L'Empereur pensait bien que sa retraite en Amérique serait vue avec jalousie, sans doute, et que cet article éprouverait quelques difficultés; mais comme il ne choisissait cet asile que pour vivre sous des lois positives, et que l'Angleterre lui offrait les mêmes avantages, il lui importait peu d'être contraint d'y demeurer. Il s'y détermina même, et écrivit au Prince-Régent une lettre remarquable, qu'ont répétée tous les papiers de l'Europe *.

» Je retournai le soir même coucher à bord du *Bellérophon*, annonçant l'arrivée de l'Empereur pour le lendemain matin. J'étais accompagné du général Gourgaud, aide-de-camp de Sa Majesté, qui fut expédié sur-le-champ pour l'Angleterre. Il était porteur de la lettre pour le Prince-Régent, et devait faire connaître à S. A. R. le désir de l'Empereur de débarquer dans ses Etats, sous le titre de *colonel* DUROC, et de se fixer, avec son agrément, dans une des provinces les plus favorables à sa santé.

» A peine l'Empereur était arrivé à bord du *Bellérophon*, que l'amiral de la croisière parut, et vint mouiller auprès de nous. S. M. témoigna le désir de visiter son vaisseau, *le Superbe,* et l'amiral Hotham lui en fit les honneurs avec une grâce et une élégance qui recommandent son caractère.

» Nous partîmes, et telle était notre sécurité,

* Voyez cette lettre au tome 1ᵉʳ, page 55.

que, dans l'abandon de notre bonne foi, chacun de nous remplit le temps du voyage de rêves innocens sur nos nouvelles destinées, au sein du repos et de l'hospitalité britannique. Que nous étions loin de soupçonner toutes les horreurs de notre affreux mécompte !

» A peine nous eûmes jeté l'ancre sur les plages anglaises, que tout prit autour de nous l'aspect le plus sombre. Le capitaine avait communiqué sur-le-champ ; à son retour ce nous fut assez de son visage pour pressentir nos malheurs. C'était un homme de bien, qui avait exécuté ses instructions, sans connaître l'horrible secret qui les avait dictées. Nous avions été condamnés d'avance à être jetés sur le roc stérile de Sainte-Hélène, au milieu des mers, à cinq cents lieues de toutes terres.

» Nous fûmes mis, dès cet instant, sous l'interdit le plus sévère ; toute communication nous fut défendue. Des bateaux armés rôdèrent autour de nous, éloignant à coups de fusil les curieux qui osaient nous approcher. On nous signifia bientôt, dans les termes les plus durs et dans les formes les plus amères, l'inique, la fatale sentence, et l'on ne perdit pas un instant pour la mettre à exécution. On saisit nos épées, on visita nos effets, pour nous prendre et gérer, disait-on, notre argent, nos billets, nos diamans; on supposait des trésors à l'Empereur. Qu'on le connaissait mal! On ne lui trouva que quatre mille napoléons, qu'on retint, et quelque peu d'argenterie qu'on lui laissa. Les objets de service du moment, quelque linge, des vêtemens, quelques caisses de sa bibliothèque de campagne, composaient toute la fortune de celui qui avait gouverné le monde, distribué des royaumes et créé des Rois.

» On nous transvasa du *Bellérophon* sur le *Northumberland*, et nous fûmes lancés sur le vaste Océan, vers nos destinées nouvelles, aux extrémités de la terre.

» Nous avions suivi l'Empereur en très-grand nombre; il ne fut permis qu'à quatre de partager son supplice. En le voyant partir, ceux qui restaient en arrière sanglotaient de douleur; un de ceux qui avaient le bonheur de le suivre ne put s'empêcher de dire à l'amiral Keith, qui se trouvait à côté : « Vous observerez du reste, Milord,

» que ce sont ceux qui demeurent qui versent
» des pleurs. »

   » L'Empereur laissa après lui une protestation
courte, simple et énergique; je la transcris ici
en note, parce que les papiers ne l'on publiée
qu'imparfaite *. Pour nous, Monseigneur, nous
nous demandions, dans l'amertume de nos cœurs
et l'indignation de tels actes : Quel est donc ce
guet-apens ! Ne sommes-nous plus parmi les nations civilisées? Où en est donc le droit des gens,
la morale publique? Nous en appelions à Dieu
qui venge les perfidies; nous le prenions à témoin
de la bonne foi trahie. Il me serait difficile de
vous rendre la tempête qu'allumait en nous cet
abus insultant de la force et du mensonge sur
notre innocente crédulité. Encore à présent, de
vous en parler, Monseigneur, me fait courir le
sang plus vite. « Nous lisions dans les papiers
qu'on nous avait faits prisonniers, nous qui étions
venus si librement et avec tant de magnanimité !
Que nous avions été contraints de nous rendre
à discrétion, nous qui avions dédaigné par gran-

---

* Voyez cette protestation au tome 1er, page 95.

deur d'âme, de profiter des hasards de la guerre
sur terre, et qui eussions pu tenter le sort des
armes par mer ! Et qu'aurait donc eu de pire
notre traitement, si nous n'eussions succombé
qu'à la force ? Qui osera douter que nous n'eussions épuisé toutes les chances, couru même volontiers celle d'une mort certaine, si nous eussions pu soupçonner le sort qui nous était réservé ?
Mais la lettre même de l'Empereur au Prince-
Régent met hors de doute les intentions de la
croyance réciproque. Le capitaine anglais, à qui
elle fut communiquée d'avance, les avait sanc-
tionnées tacitement en n'y faisant aucune objection. On nous a dit plus tard, que le traitement
de l'Empereur Napoléon n'était pas un acte exclusif de l'Angleterre, mais une convention des
quatre grands pouvoirs alliés. Vainement les ministres britanniques croiraient par là couvrir la
tache dont ils ont flétri leur nation ; car on leur
crie : Ou vous aviez arrêté cette convention avant
d'avoir en vos mains l'illustre victime, et vous avez
eu l'indignité de lui tendre un piége pour vous
en saisir ; ou bien vous avez conclu quand elle
était déjà en votre pouvoir, et alors vous avez

commis le crime de sacrifier l'honneur de votre pays, la sainteté de vos lois à des considérations étrangères, auxquelles rien ne pouvait vous contraindre.

» Que de maux ces violations monstrueuses préparent à notre pauvre Europe! Que de passions elles vont rallumer! Qui ne voit dans ces mesures arbitraires et tyranniques, dans ce mépris de toutes les lois vis-à-vis de l'Empereur Napoléon, une réaction étudiée de doctrines politiques? La tempête était appaisée, on la réveille. On affecte de répéter sans cesse que la révolution s'éteint dans la proscription de Napoléon : aveuglement étrange! On oublie qu'il l'avait finie ; on la recommence. Les populations de l'Europe vont fermenter plus que jamais.

» Les instructions des ministres anglais commandaient, pour l'Empereur, le titre de *Général*, et défendaient toute espèce d'égards et de respects inusités. L'Empereur eût pu être fier de ce titre, il l'avait immortalisé ; mais la circonstance et l'intention le rendaient un outrage. Nous ne crûmes pas qu'il convînt au ministère anglais de changer à son gré l'ordre des choses de l'Europe, et qu'il pût annuller selon son caprice une qualification créée par la volonté d'un grand peuple, consacrée par la religion, sanctionnée par la victoire, reconnue par les traités, avouée de tout le continent; et nous persistâmes, dès cet instant, à continuer le titre d'EMPEREUR à celui qui, peu de jours auparavant, s'était choisi celui de *Colonel*. ,

» Notre traversée de deux mois fut, du reste, heureuse, uniforme et paisible. Le vaisseau, comme tous les points de la domination britannique, fourmillait de pamphlets et de libelles sur la personne, le caractère, les traits, les formes, les manières et les actes de l'Empereur. Il tombait au milieu de tous les préjugés hérissés contre lui; et ce ne fut pas un spectacle peu curieux pour l'observateur attentif, que de voir les nuages du mensonge se dissiper devant l'éclat de la vérité, et l'horizon prendre tout à fait d'autres couleurs. Aucun d'eux ne revenait de son calme, de sa sérénité : ils admiraient sa connaissance de toutes choses, surtout l'égalité de son humeur. Quand nous nous sommes quittés, il a échappé de dire à celui qui avait eu le plus de

relations avec lui, qu'il n'avait jamais pu le surprendre mécontent ou désireux.

» L'Empereur passait toute la matinée dans sa
petite chambre. Vers les cinq heures, il entrait
au salon, où il jouait une partie d'échecs avant
de se rendre à table. Durant le dîner, l'Empereur parlait peu et rarement. Vous savez, Monseigneur, qu'il ne restait jamais plus de dix-huit
à vingt minutes à table; ici on y demeurait plus
de deux heures : c'était un supplice qu'il n'eût
pu supporter. On lui servait du café au bout
d'une heure, et il se levait pour aller sur le pont.
Le Grand-Maréchal et moi le suivions régulièrement. C'était le seul moment où il parût en public. Il faisait approcher l'officier de service ou
quelques personnes de profession : le chirurgien,
le commissaire ou l'aumônier, et s'informait de
ce qui les concernait. Dans les premiers jours,
l'équipage montrait une grande curiosité; bientôt
ce ne fut plus que de l'intérêt. S'il arrivait quelque manœuvre qui pût procurer du mouvement
ou de la confusion sur le pont, les jeunes aspirans accouraient, et par un mouvement touchant, formaient un cercle autour de lui pour

le préserver de toute injure. L'Empereur se retirait dans sa chambre de très-bonne heure. Ce fut là sa vie de tous les jours.

» Arrivés à Sainte-Hélène, après deux ou trois jours de mouillage nous fûmes débarqués à la nuit dans James-Town, espèce de village, de colonie, ou de hameau composé de quelques maisons, parmi lesquelles la relâche annuelle de la flotte des Indes en a fait construire quelques-unes assez considérables, pour la commodité des voyageurs.

» Le lendemain au matin, l'Empereur, conduit par l'amiral, fut voir, dans l'intérieur de l'île, la demeure qu'on lui destinait. Elle demandait des réparations absolues, qui ne pouvaient être prêtes de quelques jours. L'Empereur devait donc revenir à James-Town, où la chaleur était suffocante, insalubre, sans parler d'autres inconvéniens plus graves encore, surtout celui d'une curiosité importune. Il préféra de s'arrêter à trois ou quatre milles de la ville, et me fit venir le soir même : le peu d'espace de cette nouvelle demeure ne permettait d'admettre personne autre. C'était une espèce de guinguette,

à cinquante pas de la maison du propriétaire,
composée d'une seule pièce au rez-de-chaussée,
de quelques pieds carrés. L'Empereur y fit dresser son lit de campagne, et dans cette seule
pièce, il dut dormir, s'habiller, travailler, manger et se promener. Je couchais au-dessus dans
une petite mansarde, où mon fils et moi avions
à peine notre surface. Les valets de chambre de
l'Empereur couchaient par terre en travers de sa
porte. La famille du propriétaire, tout à fait
honnête et bonne, était à cinquante pas. Il y
avait deux petites demoiselles de treize à quatorze ans : ce sont elles sur lesquelles les papiers-
nouvelles se sont trouvés si heureux de pouvoir
s'égayer. L'Empereur y entra quelquefois les
premiers jours. Mais les qualités hospitalières
du propriétaire y réunissant souvent des curieux,
l'Empereur y renonça. Les autres officiers de sa
suite qui étaient demeurés à la ville, venaient
auprès de lui le plus souvent qu'ils le pouvaient;
mais à cause des méprises ou de la confusion
des consignes, c'était presque toujours au travers des mortifications et des peines. L'Empereur était très-mal, plus mal encore que vous

ne l'imaginerez, Monseigneur. On était obligé,
les premiers jours, d'apporter son dîner de la
ville. Plus tard, on trouva moyen d'organiser
une cuisine tant bien que mal. Il ne fut jamais
possible de lui procurer un bain, bien que ce
fût devenu pour lui un objet de première nécessité. Il était obligé de sortir de sa chambre pour
qu'on pût la balayer et faire son lit. Nous nous
promenions sur le sol rocailleux autour de la
maison, ou dans une allée du voisinage, quand
le soleil baissait, ou que le clair de lune nous le
rendait praticable.

» Nous passâmes deux mois de la sorte, au
bout desquels nous fûmes transportés à Longwood, que nous occupons en cet instant. Il avait
fallu tout ce temps pour les premières réparations. La colonie s'y trouva toute réunie, à l'exception du Grand-Maréchal et de sa femme : le
manque d'espace les força de demeurer à deux
ou trois milles, dans une maison séparée.

» Longwood n'était, dans le principe, qu'une
ferme de la compagnie ; elle avait été abandon-
née au dernier Sous-Gouverneur, qui était venu
à bout d'en faire une demeure de campagne. Les

additions actuelles ont été faites avec une telle
hâte, qu'elles n'offraient que des réduits fort
insalubres, et elles sont si frêles, qu'au bout de
l'année, la plupart se trouveront probablement
hors de service.

» L'Empereur est très-mal, et nous à peu près
au bivouac. Pour votre parfaite connaissance,
Monseigneur, je joins ici le plan de l'établissement que mon fils avait tracé pour sa mère *.
N'ajoutez donc aucune foi au fameux palais de
bois dont ont retenti tous les papiers d'Angleterre. La pompe est pour l'Europe, la misère
pour Sainte - Hélène. Il est bien vrai qu'il y a
quelque temps, il est arrivé un grand nombre
de madriers bruts; mais comme il a été calculé
qu'il faudrait de sept à huit ans pour accomplir
leur emploi, que nous demeurerions tout ce
temps au milieu des ouvriers, et que cela coûte-
rait des sommes énormes, on y a renoncé. Ils
pourrissent sur la plage.

» Ce n'est pas qu'il n'y ait dans l'île des demeures préférables à Longwood : *Plantation-*

---

* Voyez ce plan au tome 2.

House surtout, la demeure des Gouverneurs, est une bâtisse européenne, avec un joli jardin, de l'ombrage et tous les agrémens qu'on peut attendre ici. L'Empereur y eût été beaucoup plus convenablement, et l'on eût épargné de grandes dépenses. Mais le déplacement d'un Gouverneur pour l'illustre proscrit, eût été une mesure d'égards que les ministres anglais, nous a-t-on dit, se sont empressés d'interdire. Les dehors de Longwood sont vraiment misérables; on ne saurait y rien faire venir, ou du moins cela demanderait des soins fort au-dessus de ceux dont nous sommes capables. Pour dire tout en un seul mot, c'est la partie déserte de l'île; la nature en a repoussé constamment jusqu'ici la population et la culture; l'eau y est très-rare; il n'y a point d'ombre; on n'y trouve que des bruyères marines, quelques arbrisseaux, et des gommiers, espèce d'arbre bâtard et difforme, ne donnant ni feuilles, ni ombrage. On y est littéralement infesté de rats et de souris.

» Toutefois, le voyageur qui vient de traverser les mers, dont l'œil fatigué de la monotonie des vagues est tout prêt à admirer le premier sol

qu'il rencontre, s'il grimpe, par un beau jour,
sur notre plateau., dans l'étonnement des affreux
rochers qui pointent autour de lui, et des abîmes
creusés à ses pieds ; à l'aspect riant de la verdure
sauvage qui dessine les gorges environnantes, il
s'écrie que c'est fort beau. C'est souvent un de
nos supplices. Mais, Monseigneur, pour celui
qui est condamné à cette habitude, c'est un vrai
lieu de désolation. Il en est de même du climat,
que ceux qui ne font que passer peuvent trouver
doux et innocent. Sous le soleil dévorant du tropique, cette île est, la plupart du temps, couverte de nuages, et Longwood sujet à de fréquentes pluies ; d'où il suit que si le soleil paraît,
on est brûlé, et que quand il se cache, l'on demeure dans une affreuse et constante humidité.
On a donc à souffrir presque tout à la fois du
froid et du chaud, contraste destructeur qui
produit des ravages effrayans sur la structure humaine. La saison, toujours la même, laisse l'année sans couleur ; c'est une monotonie qui affecte l'imagination, l'esprit et le corps ; il serait
difficile de rendre la fadeur et l'ennui qu'elle
engendre : c'est une peine de tous les jours, de

tous les instans. C'est ce tourment physique qui,
joint à toutes les peines morales dont on abreuve
journellement l'Empereur, lui a fait dire en
apprenant le sort funeste de Murat : « Les Cala-
» brois se sont montrés moins barbares, plus gé-
» néreux que les gens de Plymouth ! »

» En arrivant à Longwood, l'Empereur essaya
de reprendre l'exercice du cheval : la prodigieuse
activité de sa vie passée lui en rendait l'interruption dangereuse ; et vous savez peut-être, Monseigneur, que Corvisard le lui recommandait
comme nécessaire contre une incommodité dont
il est menacé. On nous avait assigné des limites
assez rétrécies que nous pouvions parcourir
sans aucune surveillance étrangère. On connaît
les prodigieuses et rapides courses auxquelles
l'Empereur était habitué. Ici, le peu d'espace,
la monotonie de l'endroit, la course toujours la
même, qui réduisait cet exercice à une espèce
de manége, le dégoûtèrent bientôt ; il y renonça
tout à fait ; nos sollicitations et nos prières n'ont
jamais pu venir à bout de le lui faire reprendre.
« Je ne saurais tourner ainsi sur moi-même , di-
» sait-il ; quand j'ai un cheval entre les jambes,

» l'envie me prend de courir, et je ne puis la
» satisfaire : c'est un tourment que je dois m'é-
» pargner. »

L'île a vingt-cinq ou trente milles de tour ;
l'Empereur eût pu la parcourir sous la surveillance d'un officier anglais : il n'a jamais pu s'y
soumettre. La couleur de l'habit ou la différence
de nation n'est pas son objection ; car quand on
a reçu le baptême du feu, disait-il, on est à ses
yeux d'une même religion ; mais il ne voudrait
sortir que pour se procurer une jouissance ; c'est
le moment où il pourrait s'épancher avec nous ;
un étranger le lui interdirait. Il voudrait se distraire de sa situation, et la présence de son geolier la lui rappellerait sans cesse. Tout se calcule dans la vie, dit-il, tout se pèse ; or, le bien
qu'en retirerait son corps demeurerait fort au-
dessous du mal qu'éprouverait son esprit. Un
instant, l'amiral Cockburn se prêta avec assez
de grâce à lui faciliter ses excursions extérieures,
mais ce ne fut que l'arrangement d'un jour. Dès
le lendemain, soit qu'il se repentît ou autrement, il fut prétendu qu'on ne s'était pas compris, et il n'en fut plus question.

« La grande occupation de l'Empereur est de lire dans sa chambre, où de dicter à chacun de nous sur les principales époques de sa vie. Sainte-Hélène ne sera pas tout à fait perdue pour l'histoire ni pour la gloire française ; les campagnes d'Italie et l'expédition d'Égypte sont déjà assurées : ce sont des ouvrages dignes de leur sujet. Il n'appartenait qu'à celui qui avait accompli ces prodiges de les décrire dignement.

» L'Empereur a appris l'anglais, Monseigneur, et j'ai la gloire de l'enseignement. En moins de trente leçons, il a pu lire les papiers-nouvelles ; aujourd'hui il parcourt tous les ouvrages.

» Tout ce qui concerne la vie animale se trouve ici de la plus mauvaise qualité, ou manque même tout à fait. C'est mauvais : d'abord parce qu'à cette latitude et dans cette colonie, sa nature est telle ; ensuite parce que nous sommes pourvus à l'entreprise, par contrat, sans aucune autorité ni contrôle de notre part. Nous n'avons jamais pu obtenir qu'on nous fournît les animaux vivans, on en devine la cause ; non plus que d'être pourvus autrement qu'au jour la journée ; si bien qu'il est arrivé plus d'une fois de voir les heures de nos repas retardées, parce que les provisions n'étaient pas encore venues, et qu'on s'est trouvé quelquefois, dans le courant du jour, privé de boire et de manger, parce qu'on se trouvait précisément entre la ration consommée et la ration à venir. La viande est détestable; le pain n'est pas le nôtre; le vin fort souvent ne saurait se boire; l'huile, sur laquelle l'Empereur est délicat, et qu'il aime, ne peut s'employer dans son état naturel; il a été impossible de se procurer de la liqueur passable, et elle eût fait plaisir, etc. L'Empereur, qui a été si long-temps gâté sur tous ces objets à un tel point qu'on ne saurait le dire et qu'il l'ignorait lui-même; lui, pour qui ces jouissances ne sont que négatives, c'est-à-dire qu'il ne s'apercevrait pas si toutes ces choses étaient bonnes, est sensible néanmoins à ce qu'elles se trouvent si mauvaises. Il ne se plaint pas, il vivrait de la ration du soldat; mais enfin il en souffre, et nous encore en souffrons pour lui bien davantage. Croirait-on jamais que l'autorité se soit opposée à ce que notre sollicitude attentive cherchât à lui procurer, à son insu, ces petites jouissances!

» L'Empereur n'a aucune distraction extérieure. Il ne reçoit plus ou à peu près : le nouveau Gouverneur a mis aux visites de telles difficultés, qu'elles équivalent à une interdiction. L'Empereur lui-même y a trouvé des inconvéniens qui l'en ont éloigné : les voyageurs venaient employer auprès de nous les plus ardentes sollicitations pour obtenir l'honneur de lui être nommés, et rien de plus commun que de lire, cinq mois après, dans les papiers anglais, les rapports les plus déplacés sous les noms même de ceux qui nous avaient montré les expressions les plus vives, les formes les plus obséquieuses, la reconnaissance la plus exaltée. Une fois pour toutes, Monseigneur, ne croyez aucun de ces papiers, ni aucune de leurs plates absurdités. Quand ces anecdotes nous reviennent ici, elles sont la risée, l'indignation des Anglais qui nous entourent.

« Ils se plaignent que leurs lettres sont défigurées ; ils nous démontrent qu'aucun d'eux n'aurait pu écrire ces choses, qu'elles ont dû être fabriquées à Londres, ou recueillies de la bouche des domestiques des voyageurs qui passent. Monseigneur, l'Empereur, votre auguste frère, est toujours lui ; et nous, qui avons le bonheur de l'entourer, nous apprenons par expérience ce dont on doutait proverbialement : qu'un grand homme peut le demeurer, et croître encore aux yeux de ceux qui le voient à nu, et ne le quittent ni nuit ni jour.

» L'Empereur dort fort peu : il se couche de bonne heure ; et comme il sait que je dors aussi très-difficilement, il me fait appeler souvent pour lui tenir compagnie jusqu'à ce qu'il s'endorme. Il se réveille assez régulièrement sur les trois heures ; on lui donne de la lumière, et il travaille jusqu'à six ou sept, qu'il se recouche pour essayer de dormir encore. A neuf heures on lui sert son déjeûner sur une petite table ronde ou espèce de guéridon près de son canapé. Il y fait appeler parfois l'un de nous ; puis il lit, travaille ou sommeille durant la grande chaleur du jour ; il nous dicte ensuite. Pendant long-temps il a eu l'habitude, vers les quatre heures, de faire une course en calèche, entouré de nous tous ; mais il vient de s'en dégoûter comme du cheval. Au lieu de cela, il se promène jusqu'à ce que l'humidité le force de rentrer. S'il lui arrive de s'oublier au-delà de cinq heures, il est sûr d'être enrhumé du cerveau le soir, d'avoir une toux assez forte et de violens maux de dents. L'Empereur rentré, dicte encore jusque vers huit heures, où il passe au salon, et fait une partie d'échecs avant d'aller à table. Au dessert, les gens retirés, il nous lit lui-même quelques pièces de nos grands poëtes, ou quelque autre ouvrage choisi.

» Tels sont les plus petits détails de la vie de l'Empereur: heureux, si dans l'isolement de l'univers, il lui était permis de jouir en paix, au milieu de nos soins pieux et tendres et dans l'entier oubli du monde, de quelques heures dérobées à ses peines! Mais depuis l'arrivée du nouveau gouverneur, il n'est pas de jour, d'heure, d'instant où il ne reçoive quelque nouvelle blessure : on dirait un aiguillon sans cesse occupé à réveiller les plaies dont un instant de sommeil aurait pu susprendre les douleurs.

» A notre arrivée dans la colonie, nous étions très-mal; mais nous tombions de si haut, qu'eussions-nous été très-bien, nous n'aurions su encore que nous plaindre. Les Anglais généreux

qui se trouvaient autour de nous, ceux qui passaient, jugeant la vérité de notre position, nous
répétaient sans cesse, soit qu'ils voulussent nous
consoler, soit qu'ils le prissent dans leur cœur :
« Votre situation actuelle n'est que provisoire ;
» elle ne saurait durer de la sorte. La politique,
» à ce qu'on a cru, demandait à s'assurer de vos
» personnes ; mais le droit naturel, la généro-
» sité, l'honneur veulent qu'on vous entoure
» de toutes les indulgences possibles ; la partie
» pénible est accomplie. Des vaisseaux cernent
» la côte, des soldats bordent le rivage, des si-
» gnaux peuvent vous tracer à chaque instant
» dans l'intérieur de l'île. Toutes les précautions
» de sûreté sont complètes. A présent les me-
» sures de douceur vont se développer. On vous
» envoie un lieutenant-général pour gouverneur.
» Il a passé sa vie sur le continent, au quartier-
» général, ou à la Cour des souverains : il y aura
» appris tout ce qu'on doit à Napoléon. Ce choix
» doit vous dire assez : on aura voulu un homme
» distingué, digne de sa haute mission, d'une
» élévation d'âme, d'une noblesse et d'une élé-
» gance de manières propres à la délicatesse de

» sa situation. Encore un peu de patience, et
» tout s'arrangera bientôt au mieux possible....»
Il arriva enfin ce nouveau messie.... Mais bon
Dieu, Monseigneur! le mot échappe : on n'avait
envoyé qu'un gendarme, un exécuteur. A sa
voix tout a pris l'aspect et les formes les plus
sinistres. Les apparences d'égards, les formalités de bienséance ont disparu. Chaque jour depuis a été pour nous un jour d'aggravation de
douleur et d'injure. Il a resserré nos limites,
attenté à notre intérieure, interféré dans nos
plus petits détails domestiques; il a interdit tout
rapport avec les habitans, éloigné la communication des officiers de sa propre nation; il nous
a entourés de fossés, ordonné des palissades,
multiplié les soldats, encerclé des prisons dans
des prisons; il nous a environnés de terreur et
mis au secret. L'Empereur ne se voit plus que
dans un donjon. Il ne sort plus de sa chambre.
Le peu d'audiences qu'il a accordées à cet officier ont été désagréables et pénibles. Il y a mis
un terme, et est résolu de ne plus recevoir ce
Gouverneur. « J'avais à me plaindre de l'amiral,
» a-t-il dit; mais du moins il avait un cœur; pour

» celui-ci, il n'a rien d'anglais, ce n'est qu'un
» mauvais sbire de Sicile. »

» Sir Hudson Lowe se rejette de tous ces griefs,
il est vrai, sur les instructions de ses ministres.
Si sir Hudson Lowe est exact, ses instructions
sont barbares. Pour nous, nous pouvons affirmer
qu'il les exécute barbarement.

» L'Empereur ne saurait survivre long-temps
à de pareils traitemens. Toute la faculté le pense
ainsi. Et que ne dira pas l'histoire ! Sir Hudson
Lowe ne disconvient pas que sa vie ne soit en
danger ; mais il répond froidement que ce sera
sa faute, que c'est lui qui l'aura voulu. La dernière conversation de l'Empereur avec lui a été
vive et remarquable. Ayant prétexté des communications importantes, l'Empereur s'en est
laissé accoster dans sa promenade. C'était pour
lui dire que les dépenses annuelles de l'établissement étant de vingt mille livres sterling, et le
gouvernement n'en accordant que huit mille, il
voulût bien lui remettre entre les mains les
douze mille qui restaient de déficit. L'Empereur, choqué, l'a prié de vouloir bien lui épargner ces objets ; et comme sir Hudson Lowe

s'obstinait à vouloir les discuter, l'Empereur s'est
emporté, et lui a dit : « De le délivrer de ces
» ignobles détails, et de le laisser tranquille;
» qu'il ne lui demandait rien; que quand il au-
» rait faim, il irait s'asseoir à la gamelle de ces
» braves (en montrant de la main le camp du
» 53ᵉ), lesquels ne repousseraient sûrement pas
» le plus vieux soldat de l'Europe. » Il en est
résulté néanmoins que l'Empereur a été réduit à
faire briser et vendre son argenterie pour fournir, mois à mois, à compléter le strict nécessaire; et vous auriez été touché, Monseigneur,
de la douleur et des larmes des gens, à ce spectacle si éloigné de leurs idées.

» Vous, Monseigneur, qui connaissez l'abondance à laquelle l'Empereur était accoutumé,
vous vous récrierez sans doute; mais vous savez
aussi le véritable prix qu'il attachait à toutes ces
choses. Il s'indigne, et ne se plaint pas. Toutefois, s'être saisi par la fraude de ce grand homme,
l'avoir séquestré violemment de ses moyens et
de ses ressources, avoir soigneusement stipulé,
avec les autres intéressés, qu'on prenait sur soi
toutes les charges, afin de demeurer seul maître

de sa personne ; et puis venir marchander avec lui sa propre existence, l'appeler en paiement de ses propres besoins : il y a dans tout cet ensemble quelque chose de si choquant, qu'on manque d'expression pour le qualifier.

» Tout est ici, du reste, d'un prix fou, bien que si mauvais. Je ne crois pas trop dire que de le porter à six ou sept fois ce que vous le payez en Italie ; d'où il devient facile d'évaluer les huit mille liv. sterl. que les ministres anglais y consacrent. Aussi je n'hésite pas à affirmer que nos propriétaires de province, de quinze à dix-huit cents francs de rente, sont mieux logés, mieux meublés, mieux nourris que ne l'est l'Empereur.

» Avec la connaissance de nos maux, vous soupçonnerez peut-être, Monseigneur, qu'aigris par la douleur et les circonstances, nous sommes portés à nous plaindre toujours et de tout. Certes, nous serions excusables, peut-être. Toutefois, l'excès de nos maux ne nous a pas rendus assez injustes pour ne pas apercevoir et prendre de la reconnaissance pour l'intérêt et les attentions que nous ont témoignés quelques habitans et un bon nombre des officiers de la garnison. Nous

avons distingué surtout la franchise des manières
et la droiture de l'amiral Malcom. Notre suscep-
tibilité dans le malheur, et la délicatesse de sa
situation officielle, nous ont seuls empêché de
lui témoigner, ainsi qu'à lady Malcom, dont
nous honorons le caractère, toute la sympathie
qu'ils nous inspiraient. Cet amiral ayant recueilli
dans la conversation de l'un de nous que nous
étions sans ombrage, et que nous nous occupions
de procurer à l'Empereur une tente où il pût
passer quelques instans, il arriva qu'à quelques
jours de là l'Empereur put déjeûner sous une
tente spacieuse, soudainement élevée par les
matelots et avec les voiles de la frégate. C'était
une galanterie européenne à laquelle nous n'é-
tions plus faits; nous avons dû y être sensibles.
L'Empereur a joui et jouit encore de cette tente ;
mais non sans mélange. Combien de fois, à l'approche d'un ennemi importun, il y a interrompu
sa conversation et ses dictées, en s'écriant :
« Rentrons dans nos tannières; on m'envie l'air
» que je respire. »

» Tout, jusqu'au plus petit détail, trahit le
caractère et les dispositions personnelles de notre

gardien. Il nous permet le papier-nouvelle qui nous maltraite davantage, et nous interdira celui qui s'exprime avec moins d'inimitié. Il retiendra les ouvrages qui nous seront favorables, comme n'étant pas venus par le canal des ministres, et s'empresse de nous envoyer de sa bibliothèque des libelles contre nous.

» Mais c'est surtout à ce que *sa propre et seule vérité* parvienne en Europe, que sir Hudson Lowe donne sa plus grande attention. Toutes ses inquiétudes et sa jalousie sont tournées à ce que rien *de la nôtre* ne puisse percer au dehors. Il éloigne de nous les voyageurs; il nous fait un crime de propager nos détails, de chercher à les faire connaître. Il m'a fait dire dernièrement que si je continuais à écrire à mes amis en Europe sur mon ton habituel, il m'ôterait d'auprès de l'Empereur, et me renverrait de Sainte-Hélène. J'écrivais la vérité, je ne pouvais écrire que nous étions heureux et bien traités. Sir Hudson Lowe se défierait-il de ses ministres, qui lisent mes lettres après lui? Car autrement ils peuvent, au besoin, les supprimer à leur gré, après s'en être éclairés, s'ils en ont le désir. Quoi qu'il en soit,

je ne me le suis pas fait dire deux fois : je n'é-
crirai plus à ma famille; me voilà mort pour elle.
Cette présente relation même, Monseigneur,
vous était destinée par les propres mains du Gouverneur : je suis réduit à attendre désormais une
occasion clandestine. Vous y gagnerez; car vrai-
semblablement mon écrit ne vous fût pas parvenu. Quant à cette occasion clandestine, elle
se trouvera sans doute tôt ou tard; quelque
voyageur généreux, ami de la vérité, se chargera
de ce papier étranger aux affaires politiques, mais
important à l'honneur de son pays; et il croira
n'avoir rempli que le devoir d'un honnête homme
et d'un bon citoyen.

» Sir H. Lowe outre sans cesse tout ce qui nous
regarde, et tord tout ce qui nous concerne. On a
voulu s'assurer de nos personnes; il pense qu'il
faut nous mettre au cachot. On a voulu nous
isoler du monde politique; il se croit tenu de
nous enterrer tout vivans. On a pensé à surveiller
notre correspondance contre toute trame ou
complot; il n'y voit que de nous faire oublier
tout à fait et d'annihiler notre existence. Si telles
sont ses instructions secrètes, les ministres s'é-

loignent de leur propre parole au parlement ; ils
s'éloignent de l'opinion de leur pays, des vœux
de tout ce qu'il y a de généreux en Europe,
quelle que soit d'ailleurs la différence d'opinions.
Ils chargent leur administration d'un odieux
inutile ; la vérité sera connue, et l'on s'indignera,
se demandant qu'ont à faire de pareils traitemens
avec la sûreté du prisonnier. D'un autre côté,
si tout cela n'était qu'un excès de zèle dans sir
Hudson Lowe, cet excès de zèle condamne son
cœur, avilit son caractère, déshonore sa mémoire.

» Quoi qu'il en soit, nous gémissons ici, en
dépit du sens et des expressions de la législature
anglaise, sous la tyrannie et l'arbitraire d'un seul
homme ; d'un homme qui, depuis vingt ans,
n'a eu d'autre occupation que d'enrégimenter et
régir les malfaiteurs et transfuges de l'Italie ; d'un
homme qui ne reconnaît point de limites à ses
craintes ni à ses précautions, tant son cœur est
endurci et son imagination effrayée. Cette affreuse
situation est la funeste conséquence de nous
trouver ainsi, au bout de la terre, dans les déserts de l'Océan. Combien de temps encore doit
durer notre supplice ? Quand la vérité se frayera-

t-elle un passage jusqu'au peuple d'Angleterre ?
Quand son indignation viendra-t-elle à bout de
redresser des excès qui le flétrissent? Devons-
nous périr sans secours sur notre affreux rocher?
Nous causons de grandes dépenses à la métro-
pole, et nous ruinons cette misérable colonie.
Elle maudit notre séjour, comme nous maudis-
sons son existence. Et puis, à quoi bon tout cela?
L'Empereur disait assez gaîment, il y a peu de
jours : « Bientôt nous ne vaudrons pas l'argent
» que nous coûtons, ni les soins que l'on se
» donne. » Et pourquoi les ministres ne nous
rappelleraient-ils pas? Notre retour prouverait
leur force, et fixerait leur caractère. On pourrait
croire alors que notre exil passager aurait été la
nécessité de la politique, et non l'ouvrage de la
haine. Ils obtiendraient une grande économie,
et se créeraient une véritable gloire. L'Empereur en est encore et demeure à jamais dans les
mêmes intentions et les mêmes vœux que lorsqu'il vint librement et de bonne foi à bord *du
Bellérophon*. Sa carrière politique est terminée.
Le repos, sous la protection des lois positives,
est tout ce qu'il demande, tout ce qu'il veut.

Le dépérissement de sa santé, les infirmités nais-
santes, le nombre de ses années, le dégoût des
choses humaines, peut-être celui des hommes,
le lui rendent plus désirable, plus nécessaire
que jamais.

» Quant à nous qui sommes autour de lui,
quelque inique que demeurât notre captivité, il
n'est plus aujourd'hui de cachot sur le sol de
l'Angleterre qui ne fût un bienfait pour nous.
Nous serions sous la main d'un pouvoir protecteur, nous échapperions à l'arbitraire d'un agent
subalterne, nous respirerions l'atmosphère européen ; et si nous venions à succomber, nos osse-
mens reposeraient en terre chrétienne.

» Il y a quelques mois que les commissaires
des pouvoirs alliés sont débarqués dans la colonie. Sir H. Lowe leur a signifié que leur mission
y était purement passive ; qu'ils n'avaient ni autorité ni *interférence* sur ce qui s'y passait à notre
égard. Après quoi, il a envoyé à Longwood le
traité du deux août, et requis l'admission de ces
commissaires. L'Empereur les a refusés dans leur
capacité politique ; mais n'a montré aucune objection à les voir comme simples individus. Il a

fait faire à sir H. Lowe, par M. de Montholon, une réponse officielle, foudroyante de logique et sublime de pensées. J'espère qu'avec le temps elle vous parviendra, en dépit de tous les efforts de sir Hudson Lowe pour la tenir secrète. Il serait difficile de vous peindre son inquiétude à cet égard ; elle m'a déjà valu des reproches personnels.

» Monseigneur, l'Empereur parle bien souvent de vous tous. Il a des portraits de la plupart, autour de lui, dans sa chambre. Son petit réduit est devenu un sanctuaire de famille. Il a reçu votre lettre, celle de Madame, du cardinal Fesch et de la princesse Pauline. Il lui en a coûté beaucoup d'imaginer que vos expressions de tendresse avaient subi l'inspection de toute la filière des agens qui nous surveillent. Il désire qu'on ne lui écrive plus à ce prix. Il a voulu, de son côté, écrire aux siens par l'intermédiaire du Prince Régent ; mais on lui a dit ici qu'on n'expédierait pas sa lettre, si elle n'était ouverte, ou qu'on en briserait le sceau. Il s'est abstenu, et nous, nous avons souri de voir que l'outrage qu'on prétendait lui faire, se per-

daịt dans celui dont on menaçait le Prince
Régent.

» Pour nous, Monseigneur, qui sommes autour de l'Empereur, je vous ai beaucoup parlé
de nos peines ; mais nous n'en connaissons plus
à côté du bonheur de pouvoir lui témoigner
notre dévouement. Nous ne souffrons qu'en lui.
Nos privations, nos tourmens personnels deviennent et sont pour nous les mérites et la
joie des martyrs. Nous vivons à jamais dans les
cœurs généreux. Des milliers envient notre situation sans doute ! Nous en sommes fiers, elle
nous rend heureux.

» Daignez agréer l'hommage, etc., etc.

» *Signé :* le comte de LAS CASES. »

Lundi 16.

Mes vives anxiétés. — Lettre de l'Empereur, vrai
bonheur.

Plus de vingt jours s'étaient écoulés, et rien
n'annonçait encore aucun changement à notre
affreuse situation. La santé de mon fils continuait à présenter les symptômes les plus alar-

mans. La mienne dépérissait visiblement par
mes peines et mes anxiétés. Notre réclusion était
si sévère, que nous n'avions point encore appris
un seul mot de Longwood; j'ignorais tout à fait
comment y avait été interprétée ma malheureuse
affaire, j'avais appris seulement que l'Empereur
n'était pas sorti de sa chambre durant ces quinze
ou dix-huit jours, qu'il y avait presque toujours
mangé seul. Tout ce que ces circonstances du-
rent me faire éprouver ! Evidemment l'Empereur avait été affecté, mais dans quel sens? Ce
doute, le dirai - je, était en moi un véritable
tourment qui me rongeait dans tous les instans
depuis que j'avais quitté Longwood; car l'Empereur ignorait tout à fait la cause qui avait
amené mon enlèvement : la fatalité l'avait fait
ainsi. Qu'aurait-il pensé en entendant parler de
mes lettres clandestines ? Quelles auraient été
ses opinions, quel motif assignerait-il à ma dis-
simulation vis-à-vis de lui, moi qui d'habitude
n'aurais pas fait un pas, ni hasardé une parole
sans lui en faire part? Je rapprochais ces torts,
que je m'exagérais encore, de la bonté touchante
de ses derniers momens. Quelques minutes avant

d'en être arraché , il était avec moi plus gai ,
semblait mieux disposé encore que de coutume,
et quelques instant plus tard il avait pu être
amené à trouver quelque chose d'inexplicable
dans ma conduite. Il s'était élevé peut-être en
lui l'apparence ou le droit du reproche et des
doutes. Cette idée m'affligeait plus que je ne
pourrais le rendre, elle prenait visiblement sur
ma santé. Heureusement le Gouverneur vint lui-
même me rendre à la vie. Il s'est présenté aujourd'hui vers la fin du jour. Il paraissait fort
préoccupé de ce qu'il avait à me dire, et après
un long préambule, auquel il m'était difficile de
rien deviner, il a fini par m'apprendre qu'il avait
dans ses mains une lettre que ma situation lui
donnait le droit de me soustraire; mais qu'il savait combien la main qui l'avait écrite m'était
chère, quel prix j'attachais aux sentimens qu'elle
m'exprimait; qu'il allait donc me la montrer,
malgré toutes les raisons personnelles qu'il aurait de ne pas le faire. C'était une lettre de l'Empereur. Mes larmes coulèrent, elle était si touchante!... Eussé-je souffert pour lui mille morts,
j'étais payé !

Quelque mal que nous ait fait sir Hudson Lowe, et quels qu'aient été ses motifs en cet instant, je lui dois une véritable reconnaissance pour le bonheur qu'il me donna; et quand je m'y arrête, je suis tenté de me reprocher bien des détails, certaines imputations; mais je le devais à la vérité et à de hautes considérations. Je me montrais si ému, qu'il sembla y devenir sensible; et lui ayant demandé de me laisser prendre copie de ce qui m'était strictement personnel, il y consentit. Mon fils le transcrivit à la hâte, tant nous redoutions qu'il ne se ravisât; et quand il fut parti, nous le recopiâmes de plusieurs manières et en plusieurs endroits; nous l'apprîmes par cœur, tant nous craignions que les réflexions de la nuit ne portassent sir Hudson Lowe à se repentir. En effet, quand il reparut le lendemain, il m'exprima des regrets à cet égard, et je ne balançai pas à lui offrir de rendre la copie, l'assurant que ma reconnaissance n'en serait pas diminuée : nous nous étions ménagé les moyens d'être facilement généreux. Soit qu'il le jugeât ainsi, soit continuation de procédés de sa part, il n'en fit rien. Voici cette lettre dont l'original fut retenu par lui, au-

quel il me promit sur sa parole de faire suivre
les mêmes destinées que le reste de mes papiers,
et que néanmoins j'ai eu toutes les peines du
monde à obtenir lorsque le Gouvernement anglais, après la mort de Napoléon, n'a pas cru
pouvoir se dispenser de me restituer mon Journal. Je vais transcrire ici les seules portions de la
lettre que sir Hudson Lowe me permit de copier
alors, et telles qu'elles ont été rendues publiques
à mon arrivée en Europe ; ce qu'il retint est ici
mis en note au bas des pages : leur ensemble re-
produira tout l'original.

« Mon cher comte de Las Cases, mon cœur
» sent vivement ce que vous éprouvez ; arraché,
» il y a quinze jours, d'auprès de moi, vous êtes
» enfermé, depuis cette époque, au secret, sans
» que j'aie pu recevoir ni vous donner aucunes
» nouvelles ; sans que vous ayiez communiqué
» avec qui que ce soit, Français ou Anglais ; privé
» même d'un domestique de votre choix.

» Votre conduite à Sainte-Hélène a été, comme
» votre vie, honorable et sans reproche : j'aime
» à vous le dire.

» Votre lettre à une de vos amies de Londres

» n'a rien de répréhensible, vous y épanchez votre
» cœur dans le sein de l'amitié.

(Manquait ici une moitié de la lettre. *)

» Votre société m'était nécessaire. Seul, vous

---

* « Cette lettre est pareille à huit ou dix autres que
» vous avez écrites à la même personne, et que vous avez
» envoyées décachetées. Le commandant de ce pays ayant
» eu l'indélicatesse d'épier les expressions que vous con-
» fiez à l'amitié, vous en a fait des reproches dernière-
» ment; vous a menacé de vous renvoyer de l'île, si vos
» lettres contenaient davantage des plaintes contre lui. Il
» a par là violé le premier devoir de sa place, le premier ar-
» ticle de ses instructions et le premier sentiment de l'hon-
» neur; il vous a ainsi autorisé à chercher les moyens de
» faire arriver vos épanchemens dans le sein de vos amis,
» et de leur faire connaître la conduite coupable de ce
» commandant. Mais vous avez été bien simple, votre
» confiance a été bien facile à surprendre !!!

» On attendait un prétexte de se saisir de vos papiers ;
» mais votre lettre à votre amie de Londres n'a pu auto-
» riser une descente de police chez vous, puisqu'elle ne
» contient aucune trame ni aucun mystère, qu'elle n'est
» que l'expression d'un cœur noble et franc. La conduite
» illégale, précipitée qu'on a tenue à cette occasion porte
» le cachet d'une haine personnelle bien basse.

« Dans les pays les moins civilisés, les exilés, les pri-
» sonniers, même les criminels sont sous la protection
» des lois et des magistrats; ceux qui sont préposés à
» leur garde ont des chefs dans l'ordre administratif et

» lisez, vous parlez et entendez l'anglais. Com-
» bien vous avez passé de nuits pendant mes ma-
» ladies ! Cependant, je vous engage, et au be-
» soin vous ordonne de requérir le commandant

» judiciaire, qui les surveillent. Sur ce rocher, l'homme
» qui fait les réglemens les plus absurdes, les exécute
» avec violence, et transgresse toutes les lois : personne
» ne contient les écarts de ses passions.

   » Le Prince Régent ne pourra jamais être instruit de la
» conduite que l'on tient en son nom : on s'est refusé à
» lui faire passer mes lettres, on a renvoyé, avec empor-
» tement, les plaintes qu'adressaient le comte Montholon;
» et depuis on a fait connaître au comte Bertrand qu'on
» ne recevrait aucunes lettres, si elles étaient libellées
» comme elles l'avaient été jusqu'à cette heure.

   » On environne Longwood d'un mystère qu'on vou-
» drait rendre impénétrable, pour cacher une conduite
» criminelle, et qui laisse soupçonner de plus criminelles
» intentions !!!

   » Par des bruits répandus avec astuce, on voudrait
» donner le change aux officiers, aux voyageurs, aux ha-
» bitans, et même aux agens que l'on dit que l'Autriche
» et la Russie entretiennent en ce pays. Sans doute que
» l'on trompe de même le gouvernement anglais par des
» récits adroits et mensongers.

   » On a saisi vos papiers, parmi lesquels on savait qu'il
» y en avait qui m'appartenaient, sans aucune formalité,
» à côté de ma chambre, avec un éclat et une joie féroce.
» J'en fus prévenu peu de momens après; je mis la tête

» de ce pays de vous renvoyer sur le continent :
» il ne peut point s'y refuser, puisqu'il n'a action
» sur vous que par l'acte volontaire que vous
» avez signé. Ce sera pour moi une grande con-
» solation que de vous savoir en chemin pour de
» plus fortunés pays.

» Arrivé en Europe, soit que vous alliez en
» Angleterre ou que vous retourniez dans la pa-
» trie, oubliez le souvenir des maux qu'on vous
» a fait souffrir; vantez-vous de la fidélité que vous
» m'avez montrée, et de toute l'affection que je
» vous porte.

» Si vous voyez un jour ma femme et mon fils,
» embrassez-les; depuis deux ans je n'en ai au-
» cunes nouvelles ni directes ni indirectes.

(Manquait ici trois ou quatre lignes. *)

———————————————————

» à la fenêtre, et je vis qu'on vous enlevait. Un nom-
» breux état-major caracolait autour de la maison; il me
» parut voir des habitans de la mer du Sud danser autour
» du prisonnier qu'ils allaient dévorer.

* « Il y a dans ce pays, depuis six mois, un botaniste
» allemand qui les a vus dans le jardin de Schœnbrun,
» quelques mois avant son départ. Les barbares ont em-
» pêché soigneusement qu'il ne vînt me donner de leurs
» nouvelles ! »

» Toutefois consolez-vous et consolez mes amis.
» Mon corps se trouve, il est vrai, au pouvoir de
» la haine de mes ennemis : ils n'oublient rien
» de ce qui peut assouvir leur vengeance : ils me
» tuent à coups d'épingle; mais la Providence
» est trop juste pour qu'elle permette que cela
» se prolonge long-temps encore. L'insalubrité
» de ce climat dévorant, le manque de tout ce
» qui entretient la vie, mettront, je le sens, un
» terme prompt à cette existence,

(Manquait ici quatre ou cinq lignes. *)

» Comme tout porte à penser qu'on ne vous
» permettra pas de venir me voir avant votre dé-
» part, recevez mes embrassemens, l'assurance
» de mon estime et mon amitié; soyez heureux! »

Votre dévoué : NAPOLÉON.

Longwood, le 11 décembre 1816.

---

* » dont les derniers momens seront un acte d'op-
» probre pour le caractère anglais; et l'Europe signalera
» un jour avec horreur cet homme astucieux et méchant:
» les vrais Anglais le désavoueront pour Breton. »

Mardi 17 au Jeudi 19.

Sur la lettre de l'Empereur. — Réflexions. — Détails. —
— Nouvelles difficultés de sir Hudson Lowe.

La lettre de l'Empereur était pour moi un
véritable bonheur, j'y revenais sans cesse ; elle
détruisait mes inquiétudes, raffermissait mes
pensées ; elle me rendait heureux. Je la relisais
soigneusement, j'en pesais toutes les paroles ; je
me plaisais, d'après la connaissance que j'avais
de l'Empereur, à imaginer comment elle avait
été amenée ; je voyais son inquiétude sur ce qui
pouvait avoir produit mon enlèvement, sa surprise d'entendre parler de correspondance clandestine ; je le suivais dans sa manière habituelle
de considérer une affaire sous toutes ses faces ;
j'apercevais sa sagacité se fixer précisément sur
ce qui avait eu lieu, et se déterminer alors à m'é-
crire en conséquence ; et je devinais si juste en
toutes ces choses, que j'ai appris depuis, qu'a-
près quelque délai, il m'avait écrit sans savoir en
effet nullement quelles pouvaient être les pièces
qui m'avaient fait arrêter.

Et quel prix je devais mettre à cette lettre !

moi qui lui avais entendu dire si souvent qu'il n'écrirait pas à sa femme, à sa mère, à ses frères, puisqu'il ne le pouvait pas sans que ses lettres fussent ouvertes et lues par ses geoliers. Or, ici ma lettre avait été ouverte, et de son consentement et de ses propres maius; car, après avoir été expédiée à sir Hudson Lowe par l'officier de garde, elle avait été renvoyée par sir Hudson Lowe avec cette observation, qu'elle ne pouvait être remise qu'après qu'il l'aurait lue, et s'il le jugeait convenable. On la reporta donc à l'Empereur : il était étendu sur son canapé quand elle lui fut remise avec cette nouvelle difficulté; alors, alongeant la main au-dessus de sa tête, sans prononcer une parole, il la saisit, brisa le cachet, et la rendit immédiatement sans avoir aperçu la figure de celui qui la lui avait présentée.

Autre prix à mes yeux : cette lettre portait la signature pleine et entière de l'Empereur, et je savais combien il y répugnait dans ces circonstances nouvelles; c'était la première, je crois, qu'il ait donnée dans l'île, et il est aisé de voir à l'original, que ce n'est pas sans hésitation, et qu'il a dû lui en coûter; car il se contente d'abord d'écrire de sa main la simple date : *Longwood,* *le* 11 *décembre* 1816, terminant avec son paraphe accoutumé; puis on voit qu'il se ravise, ne jugeant pas la chose suffisante, et ajoute plus loin : *Votre dévoué, Napoléon,* renouvelant son paraphe. Le tout porte les traces évidentes d'une grande contrariété *.

Mais la plus grande satisfaction intérieure que me procura cette lettre de l'Empereur, fut la joie de l'avoir deviné dans ce que j'avais à faire. « Je vous *engage,* et au besoin vous *ordonne* de » quitter cette île, » me disait-il; or l'on a vu qu'au secret, isolé de tous, n'ayant d'autre conseil que moi-même, c'était précisément le parti que j'avais pris dès les premiers jours de ma réclusion. Je ne saurais plus être aujourd'hui, m'étais-je dit, d'une grande consolation pour l'Em-

---

* Cette lettre est écrite par un des gens de l'Empereur; mais lui-même en à marqué, de sa propre main, la ponctuation; et j'observerai en passant, à l'appui de la singularité que j'ai fait remarquer vol. 6, p. 387, que lui, qui quand il écrivait ne mettait pas un mot d'orthographe, se trouve en avoir corrigé ici de légères imperfections.

pereur; mais peut-être qu'à présent je pourrai
lui être utile au loin; j'irai en Angleterre, j'aborderai les ministres; je ne saurais leur être suspect
de préméditation; j'ai été enlevé comme de mort
subite : tout ce que je leur dirai ne viendra évidemment que de moi et de mon cœur. Je leur
peindrai la vérité; ils seront touchés des maux
que je leur ferai connaître, ils amélioreront le
sort de l'illustre proscrit, et je viendrai porter
moi-même à ses pieds les consolations que mon
seul zèle aura conquises.

Je renouvelai donc avec instance mes prières
et mes sommations. Ce qui m'y portait encore
davantage en ce moment était une nouvelle crise
de mon fils, qui l'avait laissé près d'une demiheure sans connaissance et sans autre secours que
mes soins et mon inexpérience. Qu'on juge de
mon état et de ma douleur, je n'étais guère moimême en meilleure situation. J'écrivis au Gouverneur : « Vous me mettez au désespoir; de
» quelle responsabilité vous vous chargez dans
» mon cœur! Vous êtes père, puissent un jour
» de semblables alarmes ne pas trop vous rappeler
» mes impuissantes sollicitations d'aujourd'hui! »

8.   7

Il est sûr qu'en nous gardant il nous conduisait au tombeau, et j'avais peine à comprendre comment il se plaisait à compliquer ainsi les affaires, et pourquoi il ne préférait pas nous laisser aller mourir ailleurs.

Sir Hudson Lowe est arrivé le même jour, amené, m'a-t-il dit, par mon billet au sujet de mon fils ; il avait fait mander le docteur Baxter, qui le suivit de près.

Dans une fort longue conversation j'ai pu démêler que sir Hudson Lowe était aujourd'hui fort préoccupé de quelque but secret à mon égard. Nous nous sommes sondés réciproquement sur plusieurs points ; il a fini par observer d'abord n'avoir pu me renvoyer en Angleterre, l'Empereur ayant réclamé mon Journal, me disait-il, comme écrit par son ordre, tandis que moi j'exigeais, de mon côté, que cette pièce m'accompagnât en Angleterre ; raisonnement, de sa part, tout à fait d'une astucieuse absurdité ; puis, comme frappé d'un trait de lumière et d'un éclair de condescendance, il en est arrivé à me dire que si je voulais retourner à Longwood, il s'y prêterait volontiers. J'en tressaillis... Néanmoins, me rap-

pelant la lettre et les paroles significatives de
l'Empereur, je répondis que c'était, quant à présent, tout à fait contre mon intention; mais qu'au
seul désir connu de l'Empereur, ma résolution
changerait aussitôt. A cela il m'a dit qu'il avait
des raisons de croire que l'Empereur le désirerait, et il se montrait fort préoccupé; il avait
évidemment quelque intention nouvelle à mon
sujet; mais je ne la devinais pas. Lui ayant fait
observer qu'il me faudrait écrire à Longwood
pour connaître ce désir de l'Empereur, il ne s'y
refusait pas précisément; mais il s'exprimait de
la manière la plus entortillée. Enfin il me quitta,
du moins je le crus, et je le supposais déjà bien
loin; mais il était demeuré; il avait conféré tout
ce temps à l'écart avec son officier de confiance,
et est rentré pour me dire qu'après avoir réfléchi,
il trouvait bon que j'écrivisse au Grand-Maréchal
touchant mon retour; mais qu'il demeurait certain que ce serait la manière dont je présenterais
mes idées qui porterait l'Empereur à exprimer
son désir ou non. Cela n'était pas douteux et j'en
ai ri. Au surplus, voulant constater les points les
plus importans de notre longue conversation, et

dans l'espoir d'avancer vers un dénouement, je lui adressai, aussitôt après son départ, la lettre suivante :

« M. le Gouverneur. — Il m'est revenu à l'es-
» prit que dans votre visite, me parlant des em-
» barras qui avaient gêné votre détermination à
» mon sujet, vous avez dit qu'une des difficultés
» qui vous empêcherait de m'envoyer en Europe,
» serait que mon Journal, que je réclamais qui
» m'y suivît, avait été réclamé en même temps à
» Longwood; double circonstance, disiez-vous, à
» laquelle il vous était impossible de satisfaire.
» Sans doute, Monsieur, que vous avez eu dans
» votre sagesse de puissans motifs pour laisser sub-
» sister cette difficulté qu'il vous eût été si facile
» de détruire. Tout vœu, tout mot de Longwood
» est ma loi suprême : j'eusse renoncé à mes pa-
» piers dès que vous me l'eussiez fait connaître,
» comme aussi on s'y serait peut-être désisté dès
» que vous auriez donné connaissance de ma ré-
» solution. Dans tous les cas, je regarderai comme
» une obligeance de votre part, que vous vouliez
» bien y faire parvenir mes dispositions à ce sujet,
» comme une marque de mon profond et éternel

» respect, et prévenir toute difficulté ultérieure
» à cet égard. Du reste, plus je vais, et plus je
» m'étonne de ce qu'une affaire aussi simple et
» d'aussi peu d'importance que la mienne, s'en-
» toure de tant de bruit et de complication. Cela
» ne servira qu'à propager et à donner plus d'ap-
» parence à l'idée que mes deux lettres clandes-
» tines n'ont été que le prétexte, et mes autres
» papiers le véritable motif; et ce qui gênera sur-
» tout toujours votre position morale dans cette
» affaire, c'est le grand intérêt qu'on vous sup-
» posera à retenir mon Journal, dont une por-
» tion vous est personnelle. En ne m'envoyant
» pas en Angleterre, vous confirmerez la crainte
» qu'on vous suppose, que rien d'ici ne transpire
» dans votre pays. Vous deviez remercier le Ciel
» de l'occasion que je vous donnais de montrer
» solennellement le contraire à tous les yeux. Je
» vous avais présenté des moyens qui obviaient
» à tout. Mais, au demeurant, ceci n'est que du
» ressort moral et de l'opinion ; ce qui serait plus
» positif, comme du ressort direct des lois, c'est
» que vous gardassiez au secret, plusieurs mois,

» jusqu'au retour des réponses d'Angleterre, quel-
» qu'un qui, s'étant retiré de la sujétion volon-
» taire où il s'était placé vis-à-vis de vous, et
» vous ayant demandé authentiquement de s'éloi-
» gner de cette île, s'était réduit à ce dilemme
» si simple :

 » Vous exercez sur moi un *acte arbitraire*. Je
» vous somme d'observer les lois. Si je ne suis
» pas coupable, renvoyez-moi. Si je le suis, li-
» vrez-moi aux tribunaux, faites-moi juger. Mais
» vous avez des papiers, dites-vous : si ces papiers
» sont étrangers à mon affaire, rendez-les moi;
» s'ils en font partie, adressez-les à mes juges, et
» moi avec eux. Mais ces papiers sont réclamés
» aussi par une autre personne, dites-vous encore.
» J'y renonce, dès que vous me ferez parvenir son
» vœu; ou peut-être cette personne se désistera-
» t-elle, si vous lui faites connaître le mien. Voilà
» la question toute nue. Au surplus, le grand objet
» de ma lettre est que vous vouliez bien faire par-
» venir à Longwood une nouvelle preuve de mon
» respect à cet égard. Quant à y écrire moi-
» même au sujet de la faveur que vous m'avez fait

» entrevoir, la faculté d'y revenir, j'attendrai que
» j'aie l'honneur de vous revoir avant de m'y
» déterminer. J'ai l'honneur, etc.

Vendredi 20. — Samedi 21.

Décision officielle de ma déportation au Cap. — Mesures
astucieuses et ridicules de sir H. Lowe. — Lettres.

Cependant, sir Hudson Lowe, poursuivi par
mes constantes sommations, gêné dans la position où il s'était placé vis-à-vis de moi, commençait à être embarrassé d'avoir fait autant de
bruit pour aussi peu de chose ; il éprouvait évidemment le désir de me voir revenir auprès de
l'Empereur, ce qui, en effet, l'eût tiré d'embarras en remédiant à tout. Afin de me déterminer
plus promptement, sans doute, il m'a adressé
la décision officielle par laquelle il me déportait
au cap de Bonne-Espérance, et l'a accompagnée
d'une lettre où il me répétait, dans des expressions fort calculées, la facilité qu'il me laissait
de retourner à Longwood. Voici ces deux pièces.
J'écarte, autant qu'il est en mon pouvoir, les
documens de notre correspondance, j'abrège
même parfois quelque-unes de mes lettres, dans

la crainte d'en fatiguer le lecteur; mais encore faut-il que je produise tout ce qui demeure indispensable pour l'intelligence et le fil de mon affaire *.

DÉCLARATION.

«Le Gouverneur, ayant pris en pleine consi-
» dération toutes les circonstances relatives à l'af-
» faire du comte de Las Cases, a adopté la déci-
» sion suivante :

» Le comte de Las Cases ayant commis une
» violation directe et préméditée des réglemens
» établis dans cette île en vertu de l'autorité du
» gouvernement britannique, relativement au
» général Bonaparte, en ébranlant la fidélité
» d'un habitant de l'île, au point de le rendre,
» d'une manière coupable et feinte, porteur
» d'une correspondance secrète et clandestine
» pour l'Europe, et ayant ainsi manqué à l'une
» des conditions indispensables auxquelles il a
» signé volontairement sa déclaration tendante

---

* Toutes ces pièces se trouvent insérées littéralement dans le Recueil de pièces authentiques sur le Captif de Sainte-Hélène, par Corréard; Paris, 1821.

» à obtenir la permission de résider à Sainte-
» Hélène, a été séparé de la personne du géné-
» ral Bonaparte; et, conformément aux instruc-
» tions du gouvernement britannique, il sera
» transporté au cap de Bonne-Espérance.

» Il est permis au comte de Las Cases d'em-
» porter tous ses effets et papiers, à l'exception
» toutefois de ceux de ces derniers qui peuvent
» avoir rapport au général Bonaparte, depuis
» que celui-ci se trouve placé sous l'autorité du
» gouvernement britannique, comme aussi de
» telle correspondance qui se trouverait n'avoir
» pas passé par le canal officiel des autorités
» anglaises.

» On attendra les ordres du gouvernement
» britannique à l'égard des papiers sur la nature
» desquels il pourrait s'élever des contestations.

» Plantation-House, le 20 décembre 1816.

» *Signé* : Hudson Lowe. »

*Lettre de sir Hudson Lowe, accompagnant la
pièce précédente.*

« Monsieur, en vous communiquant la déci-
» sion si incluse, qu'il me soit permis de vous

» prévenir qu'ainsi que je vous l'ai annoncé ver-
» balement, je ne m'opposerai point à ce que
» vous restiez dans cette île, si vous le préférez,
» plutôt que de vous rendre au cap de Bonne-Es-
» pérance, pour y demeurer jusqu'à ce que j'aie
» pu recevoir, à cet égard, les instructions du
» gouvernement britannique.

» Mais, dans ce cas, je croirai nécessaire de
» vous demander votre déclaration écrite, qui
» exprime votre désir à cet effet, et l'engagement
» de vous soumettre aux mêmes restrictions sous
» lesquelles il vous a été jusqu'à présent permis
» de résider à Sainte-Hélène.

» Ainsi, Monsieur, vous aurez entièrement
» l'option de vous rendre au cap de Bonne-Es-
» pérance, ou de rester ici avec vos papiers mis
» sous scellé, jusqu'à ce que j'aie pu recevoir des
» instructions du gouvernement: J'ai l'honneur
» d'être, etc. Signé : HUDSON LOWE. »

J'accusai sur-le-champ réception des deux
pièces, et demandai en même temps accusé de
réception de toutes mes lettres, n'en ayant jamais reçu jusqu'ici un seul; et voulant répondre
à l'offre du Gouverneur de me laisser retourner

à Longwood, je lui adressai immédiatement, à ce sujet, une lettre pour le Grand-Maréchal, dont voici l'extrait, afin qu'il en prît connaissance et voulût bien la transmettre.

» Monsieur le Grand-Maréchal, — Le Gou-
» verneur sir Hudson Lowe vient de m'offrir,
» avec beaucoup de politesse et d'intérêt, de re-
» tourner à Longwood. Sur mon refus et l'ob-
» servation dont je l'ai accompagné, que je ne
» pouvais y retourner que sur l'exprès désir de
» l'Empereur, le Gouverneur m'a ajouté qu'il
» avait des raisons de croire que l'Empereur le
» désirerait. Ce désir, M. le Grand-Maréchal,
» serait ma loi suprême; il comblerait mon
» cœur, et vaincrait à l'instant la constance avec
» laquelle j'étais résolu de souffrir un supplice
» inexprimable, en l'honneur des lois et de mon
» caractère.

» Toutefois, avant de recevoir l'expression de
» ce désir, que j'invoque de toute mon âme, je
» m'estimerais heureux de pouvoir vous faire
» connaître les motifs qui avaient déterminé
» tout d'abord mon refus.

» Je prie donc M. le Gouverneur de vouloir

» bien vous communiquer ma correspondance
» avec lui du trente novembre et des deux, quatre
» et dix-huit décembre. Il ne pourrait avoir d'ob-
» jection à une chose agréable pour nous, indiffé-
» rente pour lui ; car si je retourne à Longwood,
» je vous ferai connaître suffisamment ces pièces ;
» et si je n'y retournais pas, vous le sauriez, il
» est vrai ; mais ce serait de peu d'importance,
» puisque ne pouvant communiquer ensemble,
» nous n'en saurions tirer aucun avantage res-
» pectif. Le seul résultat réel ne serait donc que
» la satisfaction morale pour moi de vous avoir
» fait connaître mes pensées et mes sentimens
» en cette occasion.

　　» Ma reconnaissance serait entière, et la gé-
» nérosité du Gouverneur complète, s'il voulait
» me faire connaître que ce retour ne saurait
» préjudicier en rien à mes intérêts, vis-à-vis de
» la loi, et demeurerait tout à fait étranger aux
» siens, ce qui lui serait bien facile, etc., etc.

　　» Quoi qu'il en soit, M. le Grand-Maréchal,
» toutes ces considérations disparaîtront au seul
» geste, au seul signe de l'Empereur, me per-
» mettant d'aller retrouver à ses pieds, un bon-

» heur qui me manque. J'y eusse volé dès que
» j'ai pu en entrevoir la liberté : en cela il n'y
» eût rien eu que pour moi, tout y eût été dans
» l'intérêt de mes sentimens ; mais mon dévoue-
» ment à l'Empereur, contre moi-même, mon
» respect profond pour tout ce qu'il peut vou-
» loir, sont bien supérieurs encore ; etc. »

On aura de la peine à croire que sir Hudson
Lowe renvoya cette lettre, en ayant effacé au
crayon tout ce qui lui convenait ; il la réduisait
à fort peu de lignes, prétendant ainsi me dicter
ce que je devais écrire au comte Bertrand. Il
accompagna ce renvoi de la lettre suivante, qui
répondait, disait-il, à mes précédentes :

« Je considère la lettre et la décision qui y
» était incluse, que j'ai eu l'honneur de vous
» adresser hier, comme une réplique générale
» aux divers argumens contenus dans votre cor-
» respondance avec moi.

» Ce fut, Monsieur, l'état de la santé de votre
» fils et de la vôtre propre, et la complication
» des peines de l'esprit et du corps, si fortement
» dépeintes dans vos lettres des six et sept du
» courant qui m'induisirent, à la réception de

» cette dernière, à me transporter aussitôt en
» personne auprès de vous, pour vous faire l'offre
» de retourner à Longwood, où se trouvaient
» constamment des secours médicaux disponi-
» bles dont, durant le séjour que vous y avez
» fait, on ne s'est jamais plaint à moi.

. » Un sentiment d'égards pour la personne de
» qui vous aviez été séparé, détermine aussi mes
» offres dans cette occasion.

» Je ne saurais néanmoins consentir à devenir
» l'intermédiaire d'une discussion ou négocia-
» tion quelconque entre vous et Longwood rela-
» tivement à cet objet. La seule communication
» que je puisse autoriser serait celle qui tendrait
» à faire connaître si on désire votre retour, aux
» conditions attachées à la prolongation de votre
» séjour dans l'île, telles que je vous les ai ex-
» primées par ma lettre d'hier. Des communica-
» tions sur ce point avec un sommaire succinct
» au Général, voilà tout ce que je puis me charger
» de transmettre.

. » La permission de retourner à Longwood
» implique la nécessité d'une explication franche
» sur tous les points.

» Si vous n'y retournez pas, je ne vois, en me
» rendant le canal d'une correspondance pro-
» longée sur l'objet dont il s'agit, qu'un sujet
» d'irritation et d'inconvéniens pour tous.

  » Une grande diversité de détails purement
» personnels et étrangers à la question, con-
» tenus dans vos différentes lettres, ne me paraît
» pas, Monsieur, exiger d'aveu ou de réponse
» officielle. Ces lettres sont en même temps si
» entremêlées de ce que l'on pourrait considérer
» comme portant une sorte de caractère officiel,
» que l'une ne devrait pas plus que l'autre rester
» sans réponse.

  » Pour pouvoir entrer dans tant de particula-
» rités, il me faudrait plus de loisirs qu'une infi-
» nité d'autres affaires ne me permet d'en con-
» sacrer à cet objet. Je m'occupe en ce moment
» à rédiger des observations sur l'ensemble de
» vos communications; je vous adresserai copie
» de ce travail dès qu'il sera achevé *. Je pour-
» rais même, dans ce cas, les communiquer à

---

* Le comte de Las Cases n'en a jamais entendu parler;
jamais une seule ligne ne lui a été adressée à cet égard.

» Longwood. En attendant, la décision que je
» vous ai envoyée, et la lettre qui l'accompagnait
» servent de réponse à toutes ces lettres.

   » Je vous renvoie votre lettre au comte Ber-
» trand ; j'ai souligné des passages de cette lettre
» qui paraissent très-déplacés, ou qu'il est du
» moins inutile de lui communiquer.

   » J'ai l'honneur d'être, etc. *Signé,* H. Lowe.

Dimanche 22. — Lundi 23.

Continuation de correspondance. — Le Gouverneur
déconcerté par ma résolution finale.

Le Gouverneur est venu pour connaître l'effet
de sa déclaration et de ses deux lettres : il ne
doutait pas qu'elles ne dussent avoir produit une
grande impression, et il croyait certain de trouver
prête, et avec les corrections qu'il avait indiquées, ma lettre au Grand-Maréchal, laquelle
devait amener, selon lui, mon retour à Longwood ; mais je lui ai dit froidement que, puisqu'il
s'était permis de vouloir me dicter, je n'écrirais
plus. Il en a paru fort surpris et très-déconcerté,
et après de longues réflexions en lui-même, il a
été aussi loin que de me demander si les cor-

rections qu'il avait faites étaient mon seul em-
pêchement. Cette condescendance inusitée de
sa part, devenait pour moi un guide assuré;
aussi ai-je tenu ferme, et coupé court, en lui
disant que le soir même il recevrait de moi ma
détermination irrévocable et mes motifs aussi
bien que mes observations aux diverses pièces
qu'il m'avait adressées. Je voulais en cela éviter
des paroles fugitives toujours faciles à nier, j'aimais bien mieux les consacrer d'une manière authentique sur le papier. Voici ma lettre :

« M. le Gouverneur, vous me renvoyez, avec
» vos corrections indiquées, la lettre que j'avais
» écrite au comte Bertrand, sur l'offre verbale
» que vous m'aviez faite de retourner à Long-
» wood. Ainsi, comme cela vous arrive presque
» toujours ici, l'offre n'était réelle qu'en appa-
» rence, et devait s'évanouir dans les détails de
» l'exécution. J'en suis peu surpris. Réfléchissant
» l'autre jour à votre offre, après votre départ,
» j'avais conclu qu'il en serait ainsi. Vous aviez
» eu la bonne foi de me dire que vous ne vouliez
» pas permettre qu'entre Longwood et moi nous
» combinassions nos idées, c'est-à-dire, en d'au-

8.   8

» tres mots, que nous connussions nos *véritables*
» *désirs*. Vous pouvez avoir sans doute de bonnes
» raisons pour cela, je ne dis pas le contraire;
» mais aussi, de mon côté, je ne dois pas me
» rendre dupe, et concourir à induire en erreur
» peut-être ceux qui s'intéressent à moi. Vous
» êtes trop avantageusement situé, Monsieur,
» entre Longwood et moi, et je ne dois point
» écrire au comte Bertrand, non mes pensées,
» mais ce que vous me dicteriez. Je m'en abs-
» tiendrai donc; je regarderai votre offre comme
» non avenue, parce que l'acceptation en a été
» impraticable, et je me référerai irrévocable-
» ment, pour mes pensées, mes sentimens, mes
» décisions sur cet objet, à ma lettre du trente
» novembre.

» Vous êtes dans l'erreur, Monsieur, si vous
» avez compris que je vous demandais des ré-
» ponses à tous les argumens et à tous les arti-
» cles de mes lettres. Je respecte vos occupations
» et le prix de votre temps; aussi n'ai-je demandé
» que le simple accusé de réception, et pour la
» régularité des choses; je ne pense pas que vous
» puissiez avoir aucune raison pour me le refuser.

» Vous paraissez surpris, Monsieur, de l'état
» déplorable de la santé de mon fils et de la
» mienne en cet instant; et vous revenez deux
» fois à vous étonner que je ne vous en aie pas
» fait parvenir mes plaintes lorsque j'étais à Long-
» wood. Monsieur, je ne songeais guère à mon
» corps à Longwood; et d'ailleurs, quand je
» souffrais, je me plaignais au docteur, et non
» à l'autorité : vous pouvez vous en informer
» auprès de lui. Quant à mon fils, je suis bien
» étonné, Monsieur, qu'il ne vous soit rien re-
» venu, par la voix publique, de sa situation,
» des consultations qui ont été faites à son sujet,
» des crises qu'il a éprouvées, de ses saignées
» nombreuses, etc., etc. Est-il bien extraordi-
» naire que nos circonstances présentes accrois-
» sent nos maux, empirent rapidement notre
» état?

   » Je viens à votre arrêté de ma déportation au
» Cap. J'y vois que l'on retiendra tous ceux de
» mes papiers qui auront des rapports avec l'au-
» guste personne à laquelle je trouvais doux de
» consacrer mes soins et ma vie. Quels autres
» papiers, Monsieur, pourrais-je avoir? Que veut

» donc dire que je serai libre d'emporter tous les
» autres? N'est-ce pas encore ici offrir quelque
» chose, et ne rien donner?

» Vous retenez mon Journal, ce seul et véri-
» table objet de tant de bruit, ce dépositaire
» encore informe, inexact, jusqu'ici inconnu à
» tous, où, jour par jour, j'écrivais ce que je
» pensais, ce que je voyais, ce que j'entendais.
» Est-il de papier plus sacré, plus à moi que
» celui-là? et pouvez-vous prétexter cause d'i-
» gnorance de son contenu? Je vous l'ai laissé
» parcourir deux heures à discrétion, à feuille
» ouverte, ou à article choisi dans la table des
» matières. Ne deviendriez-vous pas responsable
» de la tournure que vous aurez donnée; de l'a-
» bus que vous en aurez fait faire? N'aurez-vous
» peut-être pas à vous justifier un jour de l'idée
» très-fausse que vous en aurez présentée, sans
» doute, à vos ministres? Vous me l'avez dit un
» *Journal politique.* Je n'avais pas le droit, ajou-
» tiez-vous, dans la situation où je me trouvais,
» de tenir registre de ce que disait l'Empereur
» Napoléon. C'était un abus surtout, que j'y
» eusse introduit des pièces officielles, *disiez-*

» *vous.* Comme si tout ce que je voyais, lisais,
» touchais, entendais, n'était pas, de droit et
» sans inconvénient, du domaine de ma pensée
» et de ma propriété tant que le recueil en de-
» meurait mystérieux et secret. Soupçonnerait-on
» de pareils principes puisés au sein des idées
» libérales d'Angleterre? n'y reconnaîtrait-on pas
» bien plutôt les maximes odieuses de la police
» du continent? Et que, trouvera-t-on dans ce
» Journal? des dires, des actes, des mots su-
» blimes, sans doute, de l'auguste personne qui
» en était l'objet; des matériaux de sa vie, et
» aussi des choses peu agréables pour vous peut-
» être! Mais qui leur aura donné de la publicité?
» Ne devait-ce pas être retouché? Ne pouvait-ce
» pas être changé, altéré, rectifié? Qui l'aura
» empêché? Ce n'est pas, du reste, Monsieur,
» que rien de ce qui arrive aujourd'hui puisse
» d'ailleurs me porter jamais à dire sur ce qui
» vous concerne autrement que ce que je pen-
» serai, ce que je croirai vrai.

   » Enfin, dans votre arrêté en date du vingt
» octobre, vous prononcez que je serai séparé
» de Longwood, et envoyé au cap de Bonne-

» Espérance. Qui ne croirait, à la forme et aux
» expressions, que vous portez cette décision
» en opposition de moi-même, tandis que vous
» prononcez là un jugement désormais étranger,
» et depuis nombre de jours, à la cause nou-
» velle dont il s'agit. Vous séparez de Longwood
» celui qui, depuis vingt jours, s'est retiré entre
» vos propres mains; de la sujétion volontaire à
» laquelle il s'était soumis; qui, depuis dix-huit
» jours, vous a authentiquement sommé de l'é-
» loigner de l'île. Qui se douterait de tout cela
» dans votre pièce? Une lettre de vous l'accom-
» pagne, me laissant le choix de me soumettre
» à ce jugement, ou de retourner à Longwood.
» Mais si je cédais à l'appât du bonheur que vous
» me présentez, je vous laisserais, triomphant et
» tranquille, maître de mes papiers les plus se-
» crets; je serais de nouveau votre captif, sou-
» mis encore aux mêmes fouilles, aux mêmes
» saisies, aux mêmes enlèvemens, quand cela
» vous plairait..... *Non, Monsieur,* je n'ai point
» de choix à faire; je n'ai qu'à vous répéter dé-
» sormais toujours les mêmes choses : Remplis-
» sez les lois vis-à-vis de moi. Si je suis cou-

» pable, faites-moi juger; si je ne le suis point,
» rendez-moi à la liberté. Si mes papiers sont
» étrangers à cette affaire, rendez-les moi; si
» vous les croyez susceptibles d'examen grave,
» envoyez-les à vos ministres, et faites-moi suivre
» avec eux. De plus, la santé de mon fils et la
» mienne demandent impérieusement de se re-
» trouver au sein de toutes les ressources. Je vous
» implore de nous renvoyer en Angleterre. »

» Rien n'était plus simple, et pourtant rien
» ne s'est plus compliqué. Vainement vous ob-
» jecteriez vos instructions; elles n'ont pu pré-
» voir ces cas particuliers. Vos incertitudes même
» me prouvent qu'elles ne sont ni précises ni
» claires. Vous avez d'abord voulu me garder
» dans l'île, au secret, séparé de Longwood;
» vous ne croyiez pas devoir m'envoyer au Cap.
» Vous tordez ici la lettre de vos instructions
» pour en faire sortir un résultat forcé. Mais crai-
» gnez d'être responsable aux ministres de les avoir
» mal saisies, et à moi, d'avoir violé la loi en
» ma personne. Craignez que la plupart de ces
» mesures ne se trouvent à la fin des actes
» vexatoires et arbitraires. J'ignore quels droits,

» quels recours vos lois peuvent me ménager ;
» mais heureusement je peux dormir sur mon
» ignorance ; je sais qu'elles veillent pour moi.
» Vous croirez-vous quitte quand je serai au Cap,
» séparé de mes papiers, que vous retenez près
» de vous? Mais si je demeure captif dans ce
» nouvel endroit, les vents rapporteront ici mon
» dilemme et mes plaintes sur les tourmens mo-
» raux que vous aurez accrus, et les souffrances
» du corps que vous aurez empirées; car ce sera
» vous qui m'y retiendrez, ou par vos ordres di-
» rects, ou par vos instructions secrètes. On ne
» saurait lever des scellés qu'en présence de
» celui qui y est intéressé; me ferez-vous reve-
» nir du Cap pour les lever ici? Me retiendrez-
» vous au Cap jusqu'à ce que l'ordre vienne de
» les envoyer en Angleterre ? où tout cela vous
» mènera-t-il? Et il était, et il est encore un
» moyen si simple, qui arrangerait tout ! Mon
» penchant naturel à aplanir les affaires me fai-
» sait courir au-devant de toutes les difficultés;
» j'obviais à tout ; je me soumettais volontaire-
» ment, d'avance, en Angleterre, à toutes les
» mesures, même arbitraires, qui pourraient équi-

» valoir à la quarantaine du Cap. J'ajoutais en-
» core la raison si valable de la santé de mon fils
» et de la mienne.

» La crainte de blesser la lettre de quelque
» point de vos instructions, aura été plus forte
» à vos yeux que la nécessité et le bon droit de
» céder à leur esprit, à la force des choses, à
» l'impulsion de l'humanité. Il en est temps en-
» core, Monsieur, rendez-vous à ce que je sol-
» licite; je croirai que ce dernier sentiment,
» l'humanité, vous aura décidé, et je croirai vous
» devoir quelque chose. La double réclamation
» des papiers par Longwood et par moi, ne sau-
» rait être une difficulté excusable. On vous de-
» mandera : Quel pas avez-vous fait pour la lever?
» Voulez-vous que j'écrive moi-même à ce sujet?
» trois mots suffiront pour nous mettre indubi-
» tablement d'accord.

» Quoi qu'il en soit, Monsieur, à quelque
» décision que vous vous arrêtiez, quelque
» peine qui me soit ménagée, il n'en saurait être
» de comparable à celle de demeurer sur ce roc
» maudit, lorsque j'y suis séparé de l'objet au-
» guste qui m'y avait attiré. Toute heure, toute

» minute que j'y passe dans cette situation, sont
» des années pour ma malheureuse et peut-être
» courte existence. Elles aggravent dangereuse-
» ment l'état de mon malheureux fils. Je vous
» demande donc, et vous le redemanderai sans
» cesse, à chaque instant : éloignez-moi de ce
» lieu de souffrance. Recevez, etc. »

Le Gouverneur, frappé de ma lettre et de ma
détermination de ne pas retourner à Longwood,
ce qui le contrariait évidemment beaucoup, sans
que je pusse en deviner précisément le motif,
mais ce qui suffisait pour me maintenir inébranlable, accourut le lendemain ; et, après un long
préambule fort obscur sur sa sincérité et ses
bonnes intentions, il me dit, que pour m'en
donner des preuves, et faciliter mes rapports
avec Longwood, il consentait à y envoyer ma
première lettre telle que je l'avais écrite d'abord
au comte Bertrand ; il offrait de plus d'y joindre
copie de toute ma correspondance, chose qu'il
m'avait constamment refusée jusque là ; mais plus
il faisait de concessions, plus je devais tenir bon :
« Il n'est plus temps, lui répondis-je avec une
» espèce de solennité, le sort en est jeté, j'ai

» prononcé moi-même mon jugement, ma propre
» sentence. Je n'écrirai pas à Longwood, et je
» vous demande, pour la centième fois, de vou-
» loir bien m'éloigner à l'instant.—Mais du moins
» voudriez-vous bien écrire à Longwood, mes
» offres et votre refus.—Oui, je le ferai. » Et il
partit extrêmement déconcerté, nous faisant entendre pour dernière tentative que nous ne pour-
rions faire voile que sur un transport; qu'il ne
pouvait dire quand, et qu'il n'avait point de médecin à bord, ce qui serait un bien grand inconvénient à l'état de mon fils, etc., etc.

Mardi 24.

Départ de Balcombe's cottage; translation à la ville.

Mon fils a été extrêmement malade dans la
nuit, j'étais moi-même fort souffrant. Au point
du jour, j'ai envoyé auprès des docteurs Baxter
et O'Méara, pour réclamer leur immédiate assistance; et dans mon désespoir, poussé à bout,
j'ai écrit à sir Hudson Lowe, qu'il nous était impossible de supporter plus long-temps le traitement sous lequel nous succombions mon fils et
moi; que malgré l'état dangereux de mon fils,

il y avait plus de sept jours que nous n'avions vu
les médecins, que nous étions tellement hors de
la route, que toute leur bienveillance personnelle
ne pouvait l'emporter sur la difficulté de nous
donner leurs soins; que je réclamais donc qu'il
voulût bien nous tirer de notre isolement, sans
le moindre délai; que je lui demandais d'être
transporté à la ville, fût-ce à la geole publique
s'il le jugeait nécessaire. Pour cette fois ma lettre
eut son effet immédiat; je reçus, par le retour
de l'ordonnance, un billet du Gouverneur, m'annonçant que, le jour même, il me ferait conduire dans sa propre demeure à la ville. En effet,
vers le soir, un officier est venu nous prendre.
Combien, au moment du départ, Longwood a
fixé nos regards! Combien, tout le long de la
route, il a occupé mes pensées, remué mes sentimens! Ce que j'ai éprouvé lorsque arrêté pour
le considérer une dernière fois, il m'a fallu le
voir disparaître en me remettant en route, mon
cœur seul le connaît!.....

Mercredi 25 au Samedi 28.

Séjour au château du Gouvernement, meilleurs procédés ; détails, etc., etc.

Nous nous sommes trouvés établis dans la demeure du Gouverneur, appelée le château, lieu
vaste et assez agréablement situé. Un grand changement s'était opéré subitement à notre égard :
nous étions encore gardés par des sentinelles, il
est vrai ; mais tout avait été mis à mes ordres,
et l'on semblait s'efforcer de nous entourer de
profusions en tout genre. « Ne vous faites faute de
» rien, me répétait souvent le majordome, c'est
» l'honorable Compagnie des Indes qui paye. »
Mais ces soins tardifs me touchaient peu ; il n'é-
tait plus qu'une chose à mes yeux, c'était un
prompt dénouement, et je ne pouvais l'obtenir.
Le Gouverneur venait bien chaque jour ; mais
c'était pour laisser échapper quelques mots de
politesse seulement, et pas un seul d'affaires.
Cependant, il devenait indispensable pour moi
d'en finir : depuis mon enlèvement de Longwood,
les difficultés ou les embûches sans cesse renais-
santes dont je me trouvais environné, ma préoc-

cupation de leur échapper m'avaient tenu dans un constant harrassement ; à ces peines d'esprit se joignait encore tout le chagrin du cœur. Une telle complication produisit en moi une espèce de révolution, je me sentis subitement dix ans de plus, et c'est là qu'ont pris naissance et se sont déclarés les premiers symptômes des infirmités qui ne m'ont plus quitté depuis, qui se sont accrues chaque jour, et ne doivent finir qu'avec ma vie.

Ce fut donc dans un véritable état de crise que j'arrivai à la ville. Le Gouverneur demeura frappé de mon changement et de mon extrême faiblesse ; à peine pouvais-je suivre la conversation. Dans l'intention sans doute de me ranimer, il m'a laissé savoir que l'Empereur avait témoigné un bien vif désir de me revoir avant mon départ. Ce ressouvenir m'a vivement ému, mes larmes ont coulé, et j'étais si peu en état de soutenir aucune émotion, que j'ai été sur le point de m'évanouir. Mon fils me dit plus tard que le Gouverneur en avait semblé fort embarrassé. Ramassant néanmoins mes forces, j'en suis revenu à supplier encore le Gouverneur de m'éloigner le plus promptement possible; alors il a fixé mon départ à deux jours de là, et m'a appris qu'il s'était procuré un bâtiment de guerre, comme plus convenable pour moi, et en même temps plus commode, à cause du médecin qui s'y trouvait.

Dimanche 29.

Paroles de l'Empereur. — Adieux du Grand-Maréchal.

Aujourd'hui de grand matin, un officier est enfin venu nous dire de mettre en ordre tous nos effets pour être transportés à bord ; qu'il était décidé que nous partirions à peu de temps de là. C'était pour nous l'heure de la délivrance. En moins de quelques minutes, tout ce que nous possédions se trouva emballé, nous étions prêts, nous attendions. Il approchait enfin ce moment désormais si désiré ; car quelles ne peuvent pas être les variations de nos sentimens selon des circonstances nouvelles. Moi qui eusse regardé, il y a peu de temps encore, comme le plus grand supplice qu'on m'eût séparé de l'Empereur et déporté de Sainte-Hélène; aujourd'hui, au contraire, depuis mes dernières résolutions, d'après le désir manifeste de sir Hudson Lowe, d'après ces paroles

positives de l'Empereur : « Je vous invite, et au
» besoin je vous *ordonne* de sortir de cette île »,
d'après des antécédens précieux, puisés dans ses
conversations, et que je ne saurais indiquer, bien
qu'étrangers à la politique ; enfin, par suite des
chimères même que je m'étais forgées, toutes
ces causes réunies faisaient que mon plus grand
tourment désormais était d'appréhender qu'on
ne m'y retînt ; et, bien qu'on m'eût annoncé
déjà l'heure du départ, je n'en demeurais pas
moins dans une anxiété mortelle. Le Gouverneur sembla la justifier en se faisant attendre
presque tout le jour. Il se faisait tard ; l'impatience, l'attente, l'inquiétude m'avaient donné
de la fièvre ; sur les six heures, le Gouverneur,
sur lequel je ne comptais plus, parut ; et, après
un petit préambule à sa façon, me dit qu'il venait
d'amener le Grand-Maréchal, auquel il permettait de prendre congé de moi, et il m'a conduit
dans la salle voisine, où j'ai pu embrasser, en
effet, ce digne compagnon de Longwood. Il était
chargé de me dire de la part de l'Empereur :
« Qu'il me verrait rester avec *plaisir*, et me ver-
» rait partir avec *plaisir*. » C'étaient là ses propres

expressions. « Qu'il connaissait mes sentimens,
» qu'il était sûr de mon cœur ; qu'il avait con-
» fiance pleine et entière en moi. Que quant aux
» chapitres de la campagne d'Italie, que j'avais
» demandé la permission de garder comme res-
» souvenir cher et précieux, il l'accordait sans
» hésitation, aussi bien que tout autre objet quel-
» conque qui pourrait être demeuré dans mes
» mains, se plaisant à les considérer comme n'é-
» tant pas sorti des siennes. » Sir Hudson Lowe
était demeuré présent, c'était de rigueur. Le
Grand-Maréchal a ajouté quelques commissions
de livres, l'envoi des moniteurs surtout, et de
divers autres objets nécessaires ou utiles à l'Empereur, terminant par me dire significativement
de faire du reste, en toutes choses, ce que je
croirais pour le mieux.

Il était dit que l'amitié du Grand-Maréchal
ajouterait à mon supplice ; il me voyait partir
avec peine, et s'ingéniait à me donner des raisons pour me décider à rester. « Mon départ
» était une perte pour eux tous, disait-il avec
» grâce, en s'adressant au Gouverneur. C'en était
» une pour l'Empereur, et c'en serait une pour

8.

9

» lui-même, sir Hudson Lowe, qui ne tarderait
» pas à s'en apercevoir. » Le Gouverneur répondait par une inclination approbative, et tous deux
cherchaient à m'ébranler : je le comprenais de
la part du Gouverneur; mais je n'en pouvais deviner la véritable cause dans le Grand-Maréchal,
surtout d'après les paroles qu'il venait de me
transmettre au nom de l'Empereur; d'autant plus
qu'auprès des nombreux et puissans motifs qui
m'entraînaient, sir Hudson Lowe, ainsi que je
crois l'avoir déjà dit, n'offrait pas de son côté la
moindre concession; il conservait mes papiers,
il exigeait ma soumission pure et simple; et par-
là je légalisais, pour ainsi dire, tout ce qu'il avait
fait; je l'autorisais, par le précédent, à renouveler à son gré la saisie et l'emprisonnement du
premier venu d'entre nous, toutes les fois qu'il
lui en prendrait fantaisie. Je ne devais, je ne
pouvais me prêter sans ordre à de pareils outrages : je résistai donc héroïquement.

Cependant la nuit était venue tout à fait, et le
Gouverneur trouvant qu'il était trop tard, nos
derniers arrangemens d'ailleurs n'étant pas terminés, il renvoya le départ au lendemain; et

comme il m'en voyait chagrin , pour me consoler il dit qu'il permettait que le Grand-Maréchal vînt me revoir encore. Quelque bonheur que j'eusse sans doute à embrasser de nouveau un compagnon de Longwood et à recevoir encore une fois des nouvelles de l'Empereur, néanmoins ce retard n'était pas sans une vive peine pour moi; il prolongeait ma tempête intérieure et remuait mes plaies. On sait qu'il est des victoires que l'on ne remporte que par la fuite; celle que je poursuivais était de cette nature.

Lundi 30.

Derniers adieux. — Scellé des papiers. — Départ.

D'assez bonne heure j'ai reçu la visite de l'amiral Malcolm : il venait me présenter, disait-il, le lieutenant Wrigth , chargé de me conduire au Cap sur le brick le Griffon, me le recommandant comme son ami, ajoutait-il avec grâce, et m'assurant que je n'aurais qu'à me louer de tous ses efforts pour m'être agréable. J'appréciai dignement, dans l'Amiral, cette marque d'un intérêt si délicat, et j'en ressentis une sincère et tendre reconnaissance beaucoup mieux que je ne la lui exprimai. Sa bienveillance pour moi devait avoir un prix d'autant plus grand à mes yeux, que ses rapports avec le Gouverneur rendaient fort délicat de la témoigner; aussi avait-il eu la circonspection de se faire accompagner précisément par l'homme de confiance de sir Hudson Lowe.

J'attendais avec mon anxiété habituelle le moment décisif, craignant toujours de voir le Gouverneur finir par opposer des obstacles imprévus, tant il me laissait apercevoir le désir de me faire rester.

Le Grand-Maréchal arriva vers les onze heures, conduit par le Gouverneur et quelques officiers. Il renouvela ses efforts de la veille pour me faire revenir à Longwood, mais sans jamais m'exprimer néanmoins le *désir positif* de l'Empereur. Connaissant si bien ma situation, il n'avait qu'à dire un mot pour être sûr de l'emporter; mais il ne le disait pas, et même s'en éloignait si je le pressais, se référant alors aux paroles sacramentelles de l'Empereur, qu'il m'avait rendues la veille. Ainsi, j'avais à me défendre encore contre celui-là même dont j'aurais voulu recevoir du renfort ; son affection me devenait funeste, et je demeurais au supplice, déchiré entre le désir de rester, et la volonté de partir : si le cœur dictait l'un, le courage commandait l'autre ; je demeurai inébranlable.

Je ne dois pas oublier de mentionner que le Grand-Maréchal, dans le cours de la conversation, me dit que l'Empereur avait désiré me voir avant mon départ ; mais que le Gouverneur exigeant qu'il se trouvât un officier anglais entre nous, il s'était vu contraint d'y renoncer, me faisant dire que je savais bien qu'à cette condition, il se priverait de voir sa femme même et son propre fils. Quelles paroles pour moi !...

Passant aux affaires, je remis au Grand-Maréchal treize lettres de change sur mon banquier de Londres, c'étaient mes quatre mille louis que j'avais si souvent offerts à l'Empereur, et que le Grand-Maréchal m'avait appris la veille qu'il s'était enfin décidé à accepter, ce qui combla mes vœux, et fut pour moi un vrai bonheur.

Ces objets terminés, on permit au général Gourgaud, qui avait obtenu d'accompagner le Grand-Maréchal, de venir aussi prendre congé

de moi; et cette nouvelle preuve d'intérêt, jointe
à toutes celles qu'il n'avait cessé de me donner
depuis mon emprisonnement, ne fut pas perdue
pour mes sentimens.

La séance durait depuis long-temps, et sir
Hudson Lowe eut la galanterie de dire à ces Messieurs qu'ils pouvaient demeurer à déjeûner avec
moi, et il s'en alla, emmenant avec lui tout son
monde, à l'exception du seul officier de service
à Longwood, qui avait escorté ces Messieurs,
l'honnête capitaine Popleton, dont nous n'avons
jamais eu qu'à nous louer infiniment. Il est certain qu'en dépit de sa présence, durant tout le
déjeûner, qui ne laissa pas que d'être long, il
nous eût été très-aisé de lui dérober les communications que nous aurions eu à nous faire ; mais
il n'en existait aucune, et il ne fut pas dit un mot
en secret de part ou d'autre. Si j'avais prévu cette
circonstance inopinée, j'aurais pu faire garder à
mon fils toute ma correspondance avec sir Hudson
Lowe, et elle fût aisément parvenue à Longwood; mais en y réfléchissant, je me félicitais
de n'en avoir pas le moyen, me défiant toujours
de sir Hudson Lowe, qui, évidemment si occupé

de me faire rester, eût pu profiter d'une découverte de la sorte pour changer toutes les dispositions arrêtées, et en imposer de nouvelles.

Le déjeûner fini, j'eus le courage d'être le premier à vouloir prendre congé. Je demandai que le Gouverneur fût rappelé pour mettre fin aux dernières mesures. J'embrassai mes compagnons, et ils me quittèrent; le général Gourgaud, en partant, revint à différentes reprises avec tant d'effusion et de grâce, sur les petites contrariétés que nous avions pu nous causer réciproquement, qu'il me fut doux de me convaincre que les circonstances pénibles où nous nous étions trouvés, avaient pu seules les amener, et que le cœur n'y avait jamais été pour rien ; aussi ne m'en est-il resté qu'un agréable souvenir et une sincère reconnaissance pour ces derniers instans.

Sir Hudson Lowe, de retour, voyant sortir ces Messieurs, me dit d'un air significatif, et pourtant pas sans quelque embarras mêlé de dépit : « Vous n'avez donc pas jugé à propos de retourner à Longwood. Il faut croire que vous » avez des bonnes raisons pour cela. » Je m'in-

clinai pour toute réponse, et le priai de procéder
immédiatement au scellé des papiers, seul objet
qui me retînt. Déjà, depuis plusieurs jours, j'a-
vais exigé et obtenu qu'il en fût fait un inventaire,
dont je réclamai une copie authentique, signée
de sir Hudson Lowe. Il ne s'agissait plus, en cet
instant, que d'apposer les scellés; sir Hudson
Lowe avait retardé le plus possible et jusqu'au
dernier moment cette formalité, et il la conclut
d'une manière qui le caractérise. Il me dit avec
assez de gêne, en belles paroles, que par respect
pour l'Empereur, aussi bien que par égard pour
mes qualités personnelles, il voulait bien me
laisser apposer mon sceau, pourvu que je con-
sentisse à ce qu'il pût le lever en mon absence
s'il le jugeait nécessaire. Sur mon souris et mon
refus, il marcha quelques temps à grands pas;
puis, comme s'il avait remporté une grande victoire sur lui-même, il s'écria : « Je le prends sur
» moi, je m'en passerai. » Et faisant appeler le
secrétaire du gouvernement, il fit apposer les
sceaux de l'île en ma présence; alors je lui demandai une déclaration du refus qu'il m'avait fait

de laisser apposer mes armes, ou de la condition
singulière qu'il y avait mise ; ce fut le sujet d'une
hésitation nouvelle qu'il termina pourtant en me
la faisant expédier ainsi qu'il suit :

DÉCLARATION DE SIR HUDSON LOWE AU COMTE DE LAS CASES.

« En conséquence de ce qui a été énoncé dans
» la décision du Gouverneur touchant l'affaire
» du comte de Las Cases, il a été retenu, lors de
» son départ de l'île, un très-grand nombre de
» papiers.

» Le Gouverneur, dont le devoir spécial est
» de ne pas souffrir que des papiers quelconques
» venant de Longwood, sortent de cette île sans
» au préalable avoir été examinés, s'est toutefois
» jusqu'à présent abstenu, par des motifs parti-
» culiers, de prendre connaissance de tous ceux
» du comte de Las Cases, et a décidé que les
» papiers à lui appartenant, qui ont été retenus
» (papiers dont lui, Gouverneur, n'a connu que
» la teneur générale) seraient mis en deux pa-
» quets séparés, et déposés à la trésorerie de
» l'île, pour y rester jusqu'à ce qu'il eût reçu des

» ordres de son gouvernement en ce qui les
» concerne.

» Le comte de Las Cases pourra apposer son
» cachet sur chacun de ces paquets, bien entendu
» que ce cachet sera susceptible d'être levé, soit
» dans le cas où ces paquets devraient sortir de
» l'île, par suite de la réception d'ordres du gouvernement, soit au cas que l'intérêt du service
» l'exigeât.

« Ainsi, l'apposition de ce cachet n'est autre
» qu'une garantie morale que lui offre le Gouver-
» neur, pour sa propre satisfaction, en ce qu'elle
» lui donnera l'assurance que les paquets ne se-
» ront point ouverts, si ce n'était par l'un des
« motifs urgens prévus ci-dessus.

» Si, dans de telles circonstances, le comte
» de Las Cases répugnait à apposer son cachet à
» ces paquets, ou refusait d'accéder à la condition
» à laquelle cette apposition est permise, le Gou-
» verneur, qui ne peut permettre qu'aucun pa-
» quet cacheté, ou que des papiers quelconques
» venant de Longwood, sortent de ses mains sans
» être ouverts, ne pourra que regarder comme
» nécessaires toutes précautions propres à assurer

» à son gouvernement, jusqu'à la réception de
» ses ordres, la connaissance des mesures qu'il a
» prises pour la sûreté de ceux qu'il a retenus.

» Le comte de Las Cases s'étant refusé à ap-
» poser son cachet, aux conditions mentionnées
» ci-dessus, les papiers, partagés en deux pa-
» quets distincts, ont été déposés dans deux boîtes
» scellés du sceau du gouvernement et de l'île.
» 31 décembre 1816. *Signé* : H. Lowe. »

Tout fini entre nous, sir Hudson Lowe, par
une tournure qui lui était caractéristique vis-à-
vis de moi depuis que je me trouvais entre ses
mains, passa tout aussitôt, soit bonté, soit calcul,
à écrire pour moi quelques lettres de recommandation privée à de ses connaissances du Cap,
qui, m'assurait-il, me seraient fort agréables, et
que je n'eus pas le courage de rejeter, tant elles
semblaient être offertes de bon cœur. Enfin vint
le moment de cet éternel départ; sir Hudson
Lowe descendit avec moi, m'accompagnant jusqu'à la porte de sortie, et là, ordonna à tous ses
officiers de me suivre jusqu'au lieu de l'embar-
quement pour me faire honneur, disait-il. Je me

jetai avec empressement dans le canot préparé pour me recevoir; je traversai la rade, passant assez près d'un bâtiment qui venait d'arriver du Cap, d'où je reçus, par gestes, les salutations du Polonais et des trois domestiques qu'on nous avait enlevés quelques mois auparavant. Ils repassaient pour regagner l'Europe. Je fus saisi à leur vue : l'un d'eux était porteur de la seule pièce qui eût été échappée de l'île, la belle lettre au sujet des commissaires des alliés. Je ne doutais pas que la découverte faite sur mon domestique ne servît au Gouverneur pour faire faire des recherches sur ces personnes, qui étaient loin de s'y attendre; heureusement il n'en fut rien, et le brave et fidèle Sentini eut le mérite d'être le premier à faire paraître en Europe quelque chose d'authentique sur Longwood.

Enfin, je mis le pied sur le brick, il leva l'ancre, et je crus le plus utile de mes vœux accompli. Vaines illusions que le temps devait détruire si cruellement, et qu'une dernière expérience du cœur de certains hommes devait me prouver n'avoir été que d'absurdes chimères!...

Et comment ai-je pu en effet m'abuser au point
de croire à la sensibilité de ceux-là même qui,
contre tout droit, avaient prononcé la sentence
et ordonné le supplice....... Ah! que n'ai-je
choisi de demeurer! que n'ai-je continué des
soins domestiques, au lieu d'aller rêver des services lointains! J'aurais prolongé quelque temps
encore mes attentions de chaque jour... j'aurais
recueilli quelques marques d'intérêt de plus...
et le moment fatal arrivé, j'aurais eu ma part de
la douleur commune, ma part des soins de tous;
j'aurais concouru à adoucir les derniers momens;
moi aussi j'aurais aidé à fermer les yeux!.... Mais
plutôt non, cédant de bonne heure au climat
et à ma débile santé, j'aurais succombé long-
temps auparavant; je n'aurais pas été le témoin
de l'horrible événement!... j'aurais sauvé d'éter-
nelles douleurs, je ne serais plus!... je n'en
serais pas à me débattre encore sous des infirmités cruelles rapportées du lieu même; j'y re-
poserais en paix!.... et bien des gens regarderaient ma dernière demeure comme un nouveau
bonheur de mon étoile ou une dernière faveur
du Ciel!

Je devrais peut-être terminer ici, puisque me voilà hors de Sainte-Hélène, et que je n'ai plus à citer les paroles de l'Empereur; néanmoins, ce qui va suivre se trouve en général trop directement lié à ce qui le concerne, pour qu'on ne me pardonne pas d'avoir continué.

TRAVERSÉE

DE SAINTE-HÉLÈNE AU CAP.

Espace de dix-huit jours.

Mardi 31 Décembre 1816, au Vendredi 17 Janvier 1817.

Traversée. — Les griefs de Longwood. — Détails, etc.

Au jour, il n'était plus question de Sainte-Hélène pour nous, que dans nos cœurs. Nous naviguions avec vitesse loin de ce lieu cher et maudit, sur notre léger esquif, au milieu du vaste Océan, à une immense distance du vieux et du nouveau monde. Il se trouva que les officiers, l'équipage, étaient remplis pour nous d'une bienveillance toute marquée : à leurs soins, à leur empressement, à leurs égards, à leur sympathie, j'aurais pu me croire, si ce n'eût été le langage, à bord d'un bâtiment français. Ce n'était plus la circonspection, la réserve de Sainte-Hélène : l'abandon avait succédé. J'appris là tout ce que je devais à l'amiral Malcolm : c'était lui

qui m'avait valu la faveur d'un brick de guerre,
au lieu du mauvais transport dont j'avais été menacé. Dès qu'il avait connu la détermination de
sir Hudson Lowe, l'Amiral avait couru chez lui
pour lui offrir un de ses bâtimens, l'assurant qu'il
en aurait toujours un pour m'épargner le désagrément et les privations auxquelles je serais autrement condamné; et faisant un signal, il avait
fait rentrer le Griffon, dont le capitaine était un
de ceux qu'il aimait davantage : on a vu qu'il me
l'avait amené. L'Amiral avait montré de bonne
heure le désir de me voir; mais il avait attendu,
par circonspection, le moment du départ; il
avait redouté surtout, me disait-on, que je ne lui
exposasse mon affaire, et ne voulusse le prendre
pour juge entre moi et le Gouverneur, vis-à-vis
duquel il se trouvait très-délicatement placé. Mais
il eût pu être tranquille, je sortais d'une trop
bonne école pour donner dans un pareil travers.

Une partie de notre traversée fut employée
par mon fils, à retranscrire quelques papiers que
nous avions déchirés à dessein, et placés épars
dans nos effets ou sur nous-mêmes : Sir Hudson
Lowe m'avait rendu cette précaution nécessaire,

m'ayant dit quelque temps auparavant qu'il fouillerait de nouveau tous mes papiers avant notre départ, pour voir ce que j'aurais pu écrire durant ma détention. « Un tel acte serait tout à
» fait tyrannique et sans délicatesse, m'étais-je
» permis de lui dire : vous ne m'auriez donc
» permis l'usage de plumes et de papier que pour
» vous saisir d'idées, qu'autrement j'aurais retenues en moi-même : ce serait un piége révoltant, condamné sans doute par vos tribunaux,
» et flétri bien davantage encore par tous les
» cœurs honnêtes. » Sir Hudson Lowe sentit apparemment la justesse de ce raisonnement, car il n'en fut plus question.

Le plus important de ces papiers, celui auquel je tenais davantage, était ce que j'ai appelé les griefs de Longwood.

Pendant que je me trouvais au pouvoir de sir Hudson Lowe, nos entretiens me conduisirent, sur son propre désir, à lui tracer à la hâte l'énumération de nos griefs. L'état de mon fils, celui de mes yeux nous empêchèrent de pouvoir le transcrire au net pour notre propre compte. J'avais demandé au Gouverneur un copiste, qu'il

8.   10

ne me donna point. Je trouvai peu délicat d'insister, puisque ce n'était que pour lui présenter des choses qui devaient lui être peu agréables. D'un autre côté, comme je parlais à l'insu de mes compagnons, et néanmoins souvent en leur nom, il m'était essentiel qu'ils en eussent connaissance, pour me redresser si je m'étais mépris. Au moment de partir, je dis à sir Hudson Lowe avoir complété cette pièce, je lui en montrai le paquet cacheté, me proposant, lui disais-je, de le faire copier au Cap, ou même à bord du brick, et de lui en envoyer deux exemplaires, l'un pour lui, et l'autre pour Longwood. Sir Hudson Lowe sembla y attacher un très-grand prix; et, préférant un autre arrangement, il fut convenu que je laisserais dès cet instant mon manuscrit en main tierce, afin que chacune des parties en pût prendre copie, et que l'original me serait renvoyé. Je cherchai à cet effet quelqu'un dont le caractère honorable commandât ma confiance; et le général Bingham, le second de l'île, fut le premier qui me vint à la pensée. Je lui adressai donc ce papier, du consentement même du Gouverneur, sous la condition expresse d'être communiqué également, et tout à la fois, à sir Hudson Lowe et au comte Bertrand, instruit de l'arrangement. Voici cette pièce : elle ne présentera sans doute que des répétitions; mais pourrait-il en être autrement? Du moins retracera-t-elle un résumé suivi, et sous ce rapport, elle doit trouver de l'indulgence ; d'ailleurs, c'est un document qu'il m'est indispensable de produire.

EXPOSÉ DE NOS GRIEFS A LONGWOOD.

« M. le Gouverneur, — Dans les différentes rencontres qu'ont amenées entre nous les circonstances de ma détention personnelle, il s'est échangé, en passant, quelques réflexions sur Longwood, qui me sont revenues plusieurs fois à l'esprit. Vous avez répété souvent *que nous y étions dans l'erreur*, et *que nous nous efforcions d'y demeurer.* J'ai eu beau vous répondre que c'était precisément l'observation que nous faisions nous-mêmes chaque jour vis-à-vis de vous, vous y êtes revenu toujours avec l'air de la plus intime persuasion. Une autre fois vous m'avez dit que nous eussions dû vous adresser *nos griefs;*

que vous les eussiez envoyés à vos ministres, et eussiez livré volontiers vous-même à la publication ce qui vous eût été personnel. Je vous ai observé que mes lettres, qui vous passaient par les mains, remplissaient assez bien cette intention; que celle au prince Lucien même, qui, dans cet instant, faisait l'objet de ma réclusion, vous avait été destinée de la sorte, et que vous me les aviez néanmoins interdites. *Mais c'était à cause des réflexions,* m'avez-vous dit. Nos peines étant principalement morales, ne doivent-elles pas entraîner, de nécessité, principalement *des réflexions?*

» Ces objets et plusieurs autres de même nature, pour être bien compris, eussent demandé plus de développement; ils eussent exigé entre nous une conversation régulière et tranquille. Or, vous n'y donniez pas lieu, et je ne le cherchais pas. Toutefois il m'en est resté, ainsi que par d'autres circonstances accessoires, que vous ne vous doutiez pas de votre position avec Longwood, ou que vous ne compreniez pas et ne soupçonniez même pas une partie de vos torts envers nous; ce qui, sans les détruire à mes yeux, en ferait disparaître du moins la portion la plus odieuse, la mauvaise intention.

» J'ai imaginé dès-lors de consacrer l'oisiveté de ma réclusion à vous les faire connaître. Ma situation et le moment sont des plus favorables : j'écrirai dans le calme et sans passion; je n'aurai pas le fiel que j'aurais eu sans doute à Longwood avant de vous voir ici; de plus, ceci ne sera que mon opinion personnelle; mes rapports seront purement particuliers : ils seront dictés par l'amour de la vérité, et, le dirai-je (voyez si je puis être juste), par une espèce d'intérêt à présent pour vous-même; car la contrainte peu agréable que vous exercez sur moi en ce moment ne m'empêche pas de discerner les égards dont vous l'avez entourée. Surtout lisez avec calme, Monsieur; songez que ceci sont *nos griefs*, ce que j'appelle *vos torts* vrais ou apparens, et que je les écris ici en toute franchise, comme dans mon Journal, et comme si vous ne deviez pas les lire.

» S'il m'arrive de me tromper dans quelques détails, je vous prie d'observer que vous m'avez privé de tous mes papiers; que je suis loin des pièces officielles; que je n'écris que de mémoire, èt que je suis prêt à rétracter toute erreur matérielle que vous me feriez apercevoir.

„» Je vais prendre les choses dès leur origine.

» En un clin-d'œil, un grand souverain, au faîte de la puissance, trahi par la fortune et les hommes, avait perdu un trône, sa liberté, et se trouvait jeté sur un roc affreux au milieu de l'Océan; et tous ces événemens s'étaient accumulés avec tant de rapidité, que tout s'était accompli, mais que rien n'avait été déterminé. Nous attendions donc à Sainte-Hélène avec anxiété la fixation de nos destinées; mais nous l'attendions du moins avec la consolation de l'excès du malheur; bien sûrs, nous semblait-il, qu'il était impossible que notre situation s'empirât.

» L'Europe, disions-nous, a les yeux sur notre
» rocher; les peuples vont juger de la conduite
» des rois. Sans doute que les égards, les soins
» vont être prodigués, du moins, en expiation
» de ce qu'ils appellent la nécessité de la poli-
» tique. La législature, l'opinion publique en
» Angleterre l'ont fait entendre ainsi, et les mi-

» nistres anglais, dépositaires et responsables de
» la gloire de leur nation, ne sauraient ici subs-
» tituer des haines personnelles, s'ils en avaient,
» à la moralité, aux sentimens publics.

   » Un homme arrive pour commander ici (on
» vous désignait, Monsieur), qui tient un rang
» distingué dans l'armée : son mérite personnel
» a fait, dit-on, sa fortune : il a passé sa vie en
» missions diplomatiques, aux quartiers-géné-
» raux des Rois du continent : dès-lors il a dû
» se familiariser auprès d'eux avec le nom, le
» rang, la puissance, les titres de l'Empereur
» Napoléon. Il connaîtra ses rapports publics et
» secrets avec ces souverains, qui lui donnèrent
» long-temps le titre de frère, et ont été ses
» amis, ses alliés, ou demeurent ses proches.

   » Il saura qu'à Châtillon il n'a tenu qu'à Na-
» poléon de régner en France du consentement
» même de l'Angleterre ; que, plus tard, il n'eût
» encore tenu qu'à lui de se réserver d'autres
» contrées.

   » Cet homme, disions-nous, du sein du nuage
» diplomatique, aura pris des idées justes des
» personnes et des choses : il se rit sans doute

» lui-même, à présent que le fruit en est recueilli,
» de ces amas de calomnies et de libelles que la
» crainte et la politique avaient créés pour le
» vulgaire : après de telles circonstances, il n'ac-
» cepterait pas une mission qui ne serait pas en
» harmonie avec elles, et dont le résultat ne se-
» rait pas d'améliorer notre condition présente.
» Sa venue seule est donc d'un augure suffisam-
» ment favorable pour la nature de ses instruc-
» tions vis-à-vis de nous. *Ne m'avez-vous pas dit*
» *qu'il était à Champ-Aubert et à Montmirail?*
» nous disait un jour l'Empereur; *nous aurions*
» *donc échangé des boulets ensemble? C'est toujours*
» *à mes yeux une belle relation.* » Telles étaient
les dispositions dans lesquelles était attendu sir
Hudson Lowe.

» Vous arrivez, Monsieur, et votre première
visite à Longwood est à une heure indue, à une
heure où l'Empereur n'avait jamais reçu, sans
qu'un de vos aides-de-camp soit venu lui demander l'instant qui pouvait lui être agréable,
formalité que vous n'eussiez certainement pas
négligée vis-à-vis de vos ministres, ou même
vis-à-vis d'un de vos simples supérieurs en An-

gleterre ou sur le continent : et pourtant à qui vous adressiez-vous?.... Vous ne fûtes pas reçu. Ce premier pas n'était pas heureux, il faut en convenir. Mais telles étaient nos préventions en votre faveur, que nous nous plûmes à imaginer que, fraîchement débarqué dans l'île, on abusait malignement de cette circonstance pour vous faire débuter par une injure. Peu de jours après, faisant le tour de l'établissement, vous vantiez à quelqu'un de nous la beauté de ce lieu, qui ne peut être pour nous qu'un séjour de désolation. On vous observa qu'il n'y avait point d'ombre, et que c'était une grande privation pour l'Empereur. *On plantera des arbres*, répondites-vous; mot affreux qui nous pénétra jusqu'au fond du cœur, mais dont je veux bien croire à présent que vous ne soupçonnâtes pas toute la barbarie.

» Vous apportâtes avec vous l'obligation, pour nous, de faire des déclarations comme quoi notre séjour à Sainte-Hélène était volontaire, et que nous nous soumettions de plein gré à toutes les restrictions qu'on pourrait nous imposer. Il fut alors sourdement répandu autour de nous, je ne sais par qui, ni dans quel motif, que nous allions signer là notre exil pour la vie. Cependant vous dûtes voir du reste avec quelle alacrité, tous, depuis le premier officier jusqu'au dernier domestique, s'empressèrent d'y satis-faire. Vous revîntes quelques jours après avec la signature des domestiques; vous aviez besoin, disiez-vous, de les rassembler, de leur parler, et vous demandiez l'agrément de l'Empereur. Je vous répondis que vous aviez la force, qu'il était en votre pouvoir d'agir; mais qu'il vous était inu-tile de faire une prévenance qui ne serait qu'un outrage de plus : nous étions dans l'habitude de regarder l'entourage de l'Empereur comme un sanctuaire sacré. Si vos ministres avaient accordé douze domestiques, qu'on ne leur demandait pas, c'était là, sans doute, la maison privée qu'on avait prétendu lui faire. Était-il séant de venir s'y mêler, mettre pour ainsi dire le doigt entre l'Empereur et son valet de chambre? La grande mission du gouverneur de Sainte-Hélène pou-vait-elle avoir d'autres règles que de veiller sur l'enceinte extérieure de Longwood, et de res-pecter scrupuleusement l'asile, les mœurs du dedans? Devait-il pénétrer dans un intérieur de famille? Cependant vous vîtes ces domestiques pour vérifier leur détermination, sans songer à tout ce que cette mesure solennelle avait d'éminemment injurieux pour nous. Si vos lois demandaient cette garantie, vous aviez tant de moyens indirects de vous procurer la certitude que vous cherchiez !

» Nous ne vîmes donc là que le projet arrêté de nous charger d'humiliations et d'outrages. Nous nous dîmes qu'on ne nous avait envoyé d'Angleterre qu'un geolier; nos cœurs se resserrèrent, nos espérances s'évanouirent, et la brèche fut décidée. De votre côté, bientôt vous ne nous montrâtes plus qu'une figure hostile et sinistre; nous n'échangeâmes que des paroles peu agréables.

» Vous répétiez, nous disait-on, et vous nous dîtes à nous-mêmes que nous nous abusions étrangement sur notre situation. « Que prétend-» il par-là, nous disions-nous? Comment pour-» rions-nous nous abuser? Nous étions aux Tui-» leries, nous y donnions des ordres; nous som-» mes sur un roc, et nous portons des chaînes.

» Voir, parler ainsi, est-ce s'abuser? Serait-ce
» l'aisance de nos manières dont il s'étonne-
» rait? Nous voudrait-il obséquieux? Nous trou-
» verait-il de la fierté? Et pourquoi ne nous se-
» rait-elle pas naturelle? Qu'y aurait-il de plus
» simple qu'elle s'accrût dans l'adversité? Ne
» serait-ce pas bien plutôt lui qui s'abuserait et
» méconnaîtrait sa situation? Ignorerait-il que c'est
» au pouvoir que sied la condescendance; qu'elle
» le relève et l'honore? Ne verrait-il pas qu'ici
» sa gloire n'est pas de nous soumettre, mais
» bien plutôt de nous satisfaire; qu'il va se pri-
» ver d'une belle page dans l'histoire? Que, s'il
» était permis de montrer de l'humeur, ce ne
» devait être qu'à nous, victimes ulcérées? Se
» croirait-il au milieu d'objets, de circonstances
» ordinaires? L'Empereur Napoléon n'est déchu
» que de son trône : un revers le lui a ravi; la
» fortune l'y eût fixé : il n'a perdu que des biens;
» tous ses caractères augustes lui demeurent. Il
» n'en est pas moins l'élu d'un grand peuple,
» consacré par la religion, sanctionné par la vic-
» toire, reconnu par tous les souverains; il en a
» créé! Ses actions demeurent des merveilles,

» ses monumens couvrent la terre , son nom
» remplit le monde; ses institutions, ses idées
» recueillies, imitées, brillent parmi ses enne-
» mis : il n'a perdu que son trône; tout le reste
» lui demeure, et commande les respects des
» hommes! Le Gouverneur se trompe, nous ne
» nous abusons pas. »

» Il nous revenait aussi que vous nous portiez
peu d'égards, parce que, disiez-vous, nous ne
vous en témoignions pas assez ; et vous en faisiez
peser victorieusement sur nous votre grand avantage dans cette sorte de lutte, bien que nous
ignorassions et de quel manque d'égards vous
pouviez vous plaindre, et à quels égards vous
vouliez prétendre.

» Les choses en étaient là quand il vous arriva
une passagère de distinction. Vous l'accueillîtes
à *Plantation-House;* et, pour lui être agréable
et satisfaire sa curiosité, sans doute, vous écri-
vîtes à Longwood pour inviter le *général Bonaparte* à venir rencontrer votre hôte à dîner. Mais
y pensâtes-vous bien ? Crûtes-vous bien l'acceptation possible ? et dans quel embarras ne vous
eût-elle pas mis ? Eussiez-vous adressé à votre

convive le titre de général, qui, par les circonstances, lui est devenu une insulte? Où l'eussiez-
vous placé? Comment l'eussiez-vous traité? En
général de division, en général en chef? Monsieur, chaque combinaison, chaque parole, est
un outrage. Et à qui les adressiez-vous? A l'âme
la plus fière, peut-être, qui soit dans l'univers.
Je dois vous le dire; en lisant ce billet, je pâlis
de surprise et d'indignation. Lui, calme, impassible, me le fit rendre au Grand-Maréchal, qui
demanda quelle réponse. Aucune, se contenta-
t-il de dire froidement. Mais, grand Dieu! que
devait-il se passer dans son cœur! Que n'éprou-
vâmes-nous pas nous-mêmes! Que n'eussiez-
vous pas éprouvé! Vous le regretterez en lisant
ceci, et ne le referiez pas sans doute.

» Presque aussitôt commencèrent les griefs
individuels. Un étranger étant venu nous voir à
Longwood, car alors nous n'étions point encore
sous la machine pneumatique où l'on doit infailliblement expirer bientôt dans cette horrible
demeure, cet homme, qui allait en Angleterre,
et devait, disait-il, repasser ici sous cinq à six
mois, me persécuta pour me rendre quelques

services à Londres. On manque ici de toute ressource quelconque, vous le savez. Je lui donnai une montre, ne pouvant la faire raccommoder à Sainte-Hélène, et lui fis remettre, par mon
valet de chambre, un vieux soulier pour modèle.
Si je descends ici, Monsieur, à d'aussi bas détails, les circonstances me l'imposent et me jus-
tifient. Quelques jours après, cet homme me
renvoya ces objets, en s'excusant par la lettre
la plus polie : Le Gouverneur, disait-il, lui avait
défendu de se charger de ces objets, à moins
qu'ils ne passassent par ses mains, et que je ne
lui adressasse directement ma demande. Il réi-
téra plusieurs fois son avis, parce qu'il n'eut
jamais de réponse de moi, et je n'avais garde
d'en faire : je me fusse désormais passé de montre
toute ma vie, et j'aurais plutôt marché pieds nus.
J'avais senti l'injure, et je la dévorais en silence :
qu'y a-t-il de mieux à faire, quand on ne peut
se la faire réparer? D'ailleurs, pouvais-je bien
envoyer mon vieux soulier à un général, à un
Gouverneur? Ce n'eût été qu'exécuter à la rigueur, il est vrai, la lettre de ses réglemens;
mais ne devais-je pas me respecter moi-même?

J'en conclus donc que c'était une intention d'injure directe et personnelle. Ne l'eussiez-vous pas cru vous-même ; je vous le demande? « Au-
» trement, me disais-je, sir Hudson Lowe m'eût
» fait l'honneur d'entrer chez moi, quand il vient'
» ici; il m'eût dit qu'il avait su par hasard que
» j'avais irrégulièrement remis à quelqu'un des
» objets pour l'Europe ; qu'il s'était empressé,
» pour m'être agréable, de légitimer leur pas-
» sage ; qu'il m'indiquait, pour l'avenir, la voie
» régulière, et que je lui ferais plaisir de la
» suivre. » Quelles qu'eussent été mes dispositions antérieures, j'eusse été sensible à un tel procédé ; j'en eusse été touché, il m'eût du moins
fort embarrassé, et je ne crois pas que sir Hudson Lowe eût eu jamais à se plaindre de moi
sur cet objet. Mais il devait en être autrement.
Du reste, comme je suis ennemi des tracasseries et des querelles, que ceci m'était personnel,
j'en fis long-temps mystère : une circonstance
accidentelle le fit connaître, et ne contribua
pas peu à accroître nos peines et nos chagrins à
Longwood.

« Un de nous avait pris un domestique depuis

quelques jours, vous le rencontrâtes à la porte
de la maison, vous l'arrêtâtes vous-même près·
d'un seuil que jusque-là nous avions dû croire
sacré. Heureusement l'Empereur se promenait
au loin; car cela eût pu s'exécuter sous ses yeux.

« Il a flétri le court espace où je me promène, »
dit-il en parlant de vous lorsqu'il sut la chose;
« il ignore peut-être nos mœurs; il ne sait pas
« que tout l'or des Amériques, des monceaux de
« diamans ne sauraient compenser de telles in-
« jures ! » Vous avez assuré plus tard que vous
ignoriez que cet homme fût à l'un de nous. Je
le crois; mais cette ignorance, votre précipitation, l'acte lui-même, qui n'en demeure pas
moins, n'attestent-ils pas assez le manque d'é-
gards qui dut nous blesser si vivement?

» La comtesse Bertrand écrit un billet à la
ville; vous vous en emparez et le lui renvoyez,
en l'accusant d'infraction, et nous rappelant, à
ce sujet, qu'à l'avenir, *et comme cela s'était toujours pratiqué,* disiez-vous, nous devions nous
abstenir de communiquer par écrit avec qui que
ce fût dans l'île, autrement que par votre intermédiaire, et en vous envoyant nos billets ouverts.

8.   11

Nous eûmes beau nous récrier qu'il n'en avait
jamais été ainsi; invoquer le témoignage de vos
propres gens, qui en demeuraient d'accord;
ajouter qu'il était bien en votre pouvoir de l'établir de la sorte, mais qu'il ne fallait pas dire du
moins que vous ne changiez rien aux réglemens
de votre prédécesseur; vous n'en persistâtes pas
moins, et nous n'eûmes d'autre consolation que
de rire du ridicule, par lequel nous pouvions aller
voir des gens et causer avec ceux auxquels il ne
nous était pas permis d'écrire. Toutefois, nous
ne pouvions voir et nous ne vîmes en effet dans
cette inconséquence que l'évident désir de nous
tourmenter et de nous faire sentir indélicate-
ment le poids de l'autorité.

» Jusque-là on était entré à Longwood sur
des passes du Grand-Maréchal. C'était une condescendance de pure courtoisie. Celui qui avait
l'autorité et la police de l'île pouvait à son gré
et sans bruit interdire tout accès auprès du Grand-
Maréchal, et annuller ainsi son apparente préro-
gative. Vous la supprimâtes, Monsieur, et don-
nâtes néanmoins, de votre chef, des permissions
de venir à Longwood, vous réservant ainsi, dans

nos idées, d'une manière choquante, le moyen
de montrer à votre gré votre illustre captif comme
une curiosité. Il vous fut écrit à ce sujet que si
vous ne rétablissiez pas les choses telles qu'elles
étaient, l'Empereur se résoudrait à ne plus voir
personne; et l'on vous pria surtout de lui épargner les importunités de ceux qui ne viendraient
que de votre part.

» Quelle fut votre réponse? « Que vous étiez
» désolé d'apprendre que le général Bonaparte
» avait été importuné d'aucune visite; que vous
» alliez prendre les plus promptes mesures pour
» que cet inconvénient ne se renouvelât pas; »
et vous nous mîtes, dès cet instant, à peu près
au secret. Nous fûmes révoltés de votre mesure,
et surtout de votre ironie; elle nous parut barbare, et nous transporta d'indignation. Mais ce
ne devait pas être là tout. De vos agens, ou je ne
sais qui, dont le zèle dépassait sans doute vos
intentions, firent circuler partout que l'Empereur ne voulait plus voir personne; qu'il se plaignait d'avoir été importuné par plusieurs. Ce bruit
fut général au camp, à la ville, partout. Pour ma
part, j'ai détrompé à moi seul trois ou quatre

personnes imbues de cette croyance. Et vous êtes surpris, offensé de certaines défiances, de certains doutes entretenus sur vous à Longwood! Mais vous, Monsieur, qui m'avez répété que vous aimeriez surtout à juger sur l'examen des deux côtés, passez un moment du nôtre, jugez ces faits, et prononcez.

» Alors notre horizon prit une teinte beaucoup plus sombre. Nous perdîmes du terrain chaque jour. La terreur apparut autour de nous. On s'éloigna sensiblement du lieu frappé de malédiction; et nous marchâmes à grands pas vers une littérale réclusion. Cependant vos notes étaient loin de porter ce témoignage; elles nous semblaient très-habilement rédigées : il en fut une surtout qui nous frappa singulièrement : ma mémoire ne saurait me la rappeler : elle était relative à quelques mauvais traitemens pour l'Empereur, et ne respirait que les plus respectueux égards. Ce contraste attira l'attention de celui qu'on est si loin de connaître; dont les paroles sont promptes peut-être, mais dont la condamnation est toujours lente et le jugement exquis. Il avait flotté long-temps encore après que, de

notre côté, nous avions déjà depuis long-temps tranché sévèrement. « L'homme est incompré-
» hensible, avait-il dit souvent; qu'il est difficile
» à juger! il peut même faire une mauvaise ac-
» tion, et n'être pas méchant. » Mais cette fois, il dit : « Agir si mal et écrire si bien ; frapper d'une
» main et se blanchir de l'autre, ah ! c'est habile
» et profond ! » et il lâcha la parole fatale : « *Sir*
» *Hudson Lowe est un méchant homme !* » Si vous aviez été au milieu de nous, Monsieur, entouré de nos circonstances, vous auriez infailliblement pensé, dit la même chose.

» Nous abordons un point délicat, celui des dépenses. Un jour il nous fut signifié que de vingt et quelques mille livres sterling employées pour nous, des ordres supérieurs vous forçaient de descendre à huit mille ; que si l'Empereur voulait vous remettre entre les mains le surplus, les choses resteraient sur le même pied ; mais qu'à défaut de cela, des réductions devenaient indis-
pensables. L'Empereur n'avait pas d'argent! toute communication avec l'Europe lui est interdite. Vous procédâtes aux réductions. Vous jugeâtes vous-même la somme de huit mille livres abso-

lument insuffisante; vous prîtes sur vous, m'avez-
vous dit ici, de la porter à douze mille, et vous
m'avez montré de l'étonnement de n'avoir obtenu
aucune reconnaissance pour cet objet. Monsieur,
l'indignation, et l'indignation portée au comble,
ne laisse de place à aucun autre sentiment. Si
vous ne rencontrâtes et ne recueillîtes que cette
indignation, elle ne s'adressait pas plus à vous
qu'à vos supérieurs, qu'à la nature entière. Et
quel autre sentiment pouvaient éprouver des
captifs qui, en ce moment, sentaient renouveler
dans leur cœur, et dans toute son amertume, le
souvenir de la bonne foi trahie, *la terrible hospitalité du Bellérophon* ? qui se regardaient ici
comme par la plus inique perfidie; qui se disaient
arrachés insidieusement à leur liberté, à leur fortune; qu'on avait chargés de chaînes, et avec qui
on marchandait en cet instant leur subsistance,
comme si elle eût été le résultat d'une faveur men-
diée, d'un asile sollicité ? Que devaient éprouver
des gens avec qui on voulait discuter des objets,
qu'au milieu de leurs grandes infortunes ils comp-
taient pour rien ? qui, les eût-on comblés, n'eussent encore jamais vu que ce dont on les privait ?

Que pouvaient-ils éprouver quand on venait leur
supputer les trois ou quatre places qu'on disait
avoir permis de composer la table de l'Empereur ; un dîner qu'on lui avait accordé de donner
par semaine, et autres choses semblables ? Ce
contraste du froid calcul des bureaux, avec la
tempête de nos passions, n'aurait-il pas dû vous
frapper vous-même ? De tels détails offerts à celui
qui naguère avait gouverné le monde et faisait
des rois ! Croire qu'il pût y descendre et les écouter !...... La plume tombe, le sang bouillonne ;
on ne sait à qui s'en prendre !... « O cœurs nobles
» et généreux de la Grande-Bretagne, nation an-
» glaise, et vous Prince Régent qui la représentez
» et ambitionnez la gloire, ce n'est pas vous que
» j'accuse ; je pense que vous seriez vous-mêmes
» des accusateurs inexorables, si ces détails vous
» étaient bien connus ! Vous vous indigneriez
» qu'on pût ainsi compromettre votre caractère ;
» qu'au milieu de ces grands intérêts il fût ques-
» tion de quelques pièces d'argent là où il s'agit
» de l'honneur ! Est-ce là la générosité, le faste,
» la grandeur dont vous vous vantez ? Sont-ce là
» vos sentimens ? Etait-ce votre volonté ? Et c'est

» ainsi que l'on traite, en votre nom, ce grand
» ennemi de vingt ans, qui, à l'heure de l'adver-
» sité, vous estima assez pour choisir son refuge
» précisément au milieu de vous, par préférence
» à des souverains dont l'un s'était dit son ami,
» l'autre était devenu son père ! Ce traitement
» était-il dans l'intention de votre législature, où
» l'on avait mis en question si, sur ce roc mal-
» heureux, on devait considérer Napoléon en
» souverain ou en captif privé ? Etait-il dans le
» langage de vos ministres même, qui avaient dit
» qu'à la liberté près, tout serait prodigué pour
» adoucir cette situation extraordinaire ? Et pour-
» tant tels sont les ignominieux traitemens dont
» on entoure celui pour lequel vos gazettes ont
» fait embarquer des palais et des superfluités
» splendides. Qu'on s'étonne donc peu si ce per-
» sonnage auguste commande de lui épargner
» de si ignobles détails, et que, montrant de la
» main le camp du 53ᵉ, il s'écrie : Qu'on me laisse
» tranquille ; si j'ai faim, j'irai m'asseoir parmi
» ces braves : ils ne repousseront pas le plus vieux
» soldat de l'Europe.

    » Déjà l'Empereur, lors de notre arrivée, avait

dit, au sujet de quelques difficultés de la sorte :
« Si je n'avais pas de femmes avec moi, je ne
» voudrais que la ration d'un soldat. »

» Cependant vous opérâtes vos réductions
comme vous voulûtes. On nous retira d▓▓ômes-
tiques nécessaires ; on nous fit des retranchemens
sensibles, si bien que n'ayant réellement plus
le nécessaire, il fallut y pourvoir soi-même. L'Empereur ordonna donc de vendre de son argenterie, et ce fut un sujet de peines et de vexations
nouvelles. D'un côté, les gens de l'Empereur
pleurant de briser ce qu'ils regardaient comme
des reliques ; de l'autre, les difficultés suscitées
par vous, à la ville, et vos plaintes de ce qu'on
s'était permis d'y envoyer ces objets sans vous en
demander l'autorisation.

» Ce fut vers ce temps qu'il fut beaucoup question de lettres venues à notre adresse, et qu'on
nous dit que vous aviez renvoyées en Europe,
sans nous en parler, parce qu'elles étaient arrivées en dehors du canal des ministres. Ce reproche vous a fort touché : il était mal fondé, m'avez-
vous dit ; jamais vous n'en avez renvoyé. Ici je
vous crois ; vous m'en donnez votre parole ; mais

à Longwood nous ne fîmes que rire de la tournure que vous employâtes, nous-sommant de dire
quand et quelles lettres vous aviez renvoyées :
vous seul pouviez le savoir.

» Il est certain que vous m'en gardâtes une
trente-cinq jours. Un matin elle se trouva sur
mon secrétaire, glissée parmi d'autres qui arri-
vaient fraîchement. Vous m'avez dit ici qu'elle
était demeurée à Plantation-House par mégarde,
et que vous ne voulûtes pas donner cette excuse,
avez-vous dit, de crainte qu'on pût en douter.

» Je vous approuve fort; j'eusse agi de même.
Mais moi qui n'en savais rien, que devais-je
penser? qu'eussiez-vous pensé vous-même?

» Il arriva aussi vers ce temps une circonstance
qui peut servir à peindre bien des choses à la
fois. Après les couches de Mme la comtesse de
Montholon, un jeune ecclésiastique anglais, très-
fervent, vint baptiser son enfant. Nous le retînmes
à déjeûner à la table de service. La religion ayant
été l'objet de la conversation, sa figure me montra une étrange surprise d'entendre nos regrets
de nous trouver sans prêtre. Livré, sans doute,
à la croyance vulgaire, et au tas de sottises dont

on nous environne sans cesse , il s'était attendu
à se trouver parmi des renégats. Il lui échappa
d'avouer qu'on lui avait dit , et qu'il avait cru
qu'à Madère un prêtre s'était offert à nous ; mais
que nous l'avions repoussé, en l'apostrophant de
quelques soldatesques grossièretés. Il fut bien
surpris d'apprendre que si cette offre avait eu
lieu , elle nous était demeurée étrangère. Profitant de cette circonstance , je priai l'ecclésiastique , après déjeûner , de vouloir bien passer
chez moi , et là je saisis cette occasion toute naturelle pour lui peindre la situation morale où
nous nous trouvions. Nous avions des femmes ,
des enfans, sans parler de nous-mêmes, pour qui
le manque des exercices religieux était une véritable privation. Nous désirions vivement y remédier sans bruit et sans ostentation. Or, c'était
précisément son affaire naturelle , lui disais-je ;
je lui confiais nos vœux, et chargeais sa conscience du soin d'y pourvoir auprès du Gouverneur. A ce seul mot , je crus voir son embarras
et la crainte de se compromettre, tant la terreur
nous environnait ! Je n'en ai plus entendu parler.
N'aura-t-il pas osé remplir la mission ? ou aurez-

vous voulu que, sur ce point comme sur tous les autres, je vous en adressasse la demande moi-même ? Si je ne l'ai pas fait, c'est par l'embarras d'un ridicule toujours facile sur cet objet, comme aussi par la crainte que, ne nous laissant point à nous-mêmes le choix de ce médecin de l'âme qui requiert plus de confiance encore que celui du corps, on ne nous imposât un étranger, qui loin de nous être de quelque consolation, ne nous donnerait l'idée que d'un surveillant de plus, d'un espion au milieu de nous.

» Le ton des notes respectives était devenu si vif, que vous crûtes devoir les interrompre, pour échapper à ce que vous appeliez des injures, nous des vérités, et qui pouvait être l'un et l'autre. Vous nous dites que vous interrompiez la correspondance ; nous nous le tînmes pour dit ; nous n'écrivîmes plus. Il est bien vrai que vous prétendîtes plus tard que nous avions mal interprété ; mais c'était une dispute de mots. Vous y mettiez des conditions qui la rendaient impraticable : vous exigiez désormais, par exemple, que, pour qu'une plainte pût être adressée par vous à votre gouvernement, elle fût signée de la propre main de l'Empereur. Or, comment pouviez-vous l'espérer? A qui sur la terre l'Empereur pourrait-il porter des plaintes? Où est un tribunal pour lui, si ce n'est celui des nations? L'Empereur ne peut se plaindre qu'à Dieu et aux peuples. Sont-ce ses plaintes que l'on a craint, quand on lui a refusé d'écrire au Prince Régent sans être lu? La délicatesse sans doute semble réprouver cette pensée ; mais pourtant quels motifs a-t-on pu avoir dans une mesure également injurieuse à la dignité de ces deux grands personnages? quel projet put-on lui prêter? Je vais vous le découvrir : il voulait, à l'aide de ce couvert respecté, se procurer, par la seule voix convenable qui lui demeurât, des nouvelles de sa femme et de son fils ; et l'on trouva moyen de le persécuter dans ce qu'un époux, un père avait imaginé de plus innocent et de plus tendre.

» L'interruption de toute correspondance avait été précédée de celle des communications verbales. L'Empereur, à la suite de trois ou quatre audiences, avait résolu de ne plus vous recevoir. Nous n'avions plus désormais aucun moyen de nous atteindre; nous espérions ne plus vous voir :

vous n'en reparaissiez pas moins comme de coutume. Tout fuyait à votre approche, chacun de nous cherchait son asile; et vous continuiez triomphant la ronde du cachot où se blottissaient vos victimes.

» C'est sur ces entrefaites et dans ces dispositions qu'arrive d'Europe un bâtiment. Les dépêches vous parviennent, et vous venez avec pompe à Longwood, entouré d'un nombreux état-major, demander à faire à l'Empereur des communications nouvelles et particulières. Chacun de nous, à cet éclat, à ces expressions, ne doute pas qu'elles ne soient des plus agréables. L'Empereur, soit qu'il ne pensât pas de même, soit qu'à ses yeux la nature des communications ne dût influer en rien sur la nature de l'intermédiaire, refuse de vous recevoir. Quelques jours plus tard, il consent d'entendre sur ce sujet l'un de vos officiers. Qu'avait-il à lui communiquer? les choses les plus désagréables; du style le plus choquant. C'était donc là ce que vous lui réserviez en personne, nous écriâmes-nous tous! Qu'eussions-nous pu dire, sentir, penser autrement? Quel autre sentiment auriez-vous eu à notre place? Ces dépêches

portaient, entre autres choses, de nous faire
recommencer nos déclarations, et de signer la
formule pure et simple qu'on nous présenterait.
Lors des premières déclarations, on avait cru
gagner quelque chose sur nous en nous impri-
mant la crainte d'être ici pour toujours; cette
fois on nous connaissait mieux : l'on était bien
plus sûr de nous asservir en nous menaçant de
nous en faire sortir à l'instant. Aussi fut-ce avec
cette alternative qu'on nous présenta une formule qui nous répugnait extrêmement dans ses
expressions. Nous nous débattîmes vainement;
le *sine quâ non* retentissait sans cesse au fond de
nos cœurs. En cas de refus, nous devions être
envoyés directement au Cap, et laisser seul l'objet
cher et sacré de nos vœux et de nos soins, le voir
descendre vivant au tombeau. Nous signâmes à
son insu, sachant que nous lui faisions de la peine.
Il s'irritait de tant de vexations. Nous signâmes
dans le mystère de la nuit, quand il reposait; et
nous nous applaudîmes de ce triomphe sur ses dispositions personnelles : c'était le triomphe de fils
tendres qui trompent leur père pour le servir.

» Vinrent les restrictions nouvelles accom-

pagnant nos nouvelles déclarations. Vous y rétré-
cissiez de beaucoup notre première enceinte;
vous enleviez l'ancienne promenade que l'Empereur faisait jadis à cheval; vous motiviez cette
restriction sur ce qu'il ne la faisait plus; vous
ajoutiez, avec beaucoup de formes, que s'il lui
prenait jamais envie de la refaire, sur son désir,
les postes seraient rétablis pour le temps de cette
promenade. Nous nous répétâmes aussitôt : Voilà
encore frapper d'une main et se blanchir de
l'autre; maltraiter méchamment ici, et se tenir
habilement, au loin, en mesure vis-à-vis des
ministres et de l'opinion. Car il n'était pas fai-
sable de replacer les postes pour cette promenade de fantaisie; et vous nous connaissiez trop
bien pour craindre qu'on vous le demandât jamais. Le reste des restrictions contenait des
choses plus ou moins désagréables pour chacun
de nous, qui en prîmes ou en laissâmes ce que
nous voulûmes. Mais ce qu'on aurait de la peine
à imaginer, et que peu voudront croire, c'est
que vous y disiez que si l'Empereur, dans ses
promenades, venait à rencontrer quelqu'un, il
ne devait pas lui parler au-delà de ce que pres-

crit la politesse ordinaire. Quelles restrictions!
Quelles formes! A qui les adressiez-vous?.......
Quels furent nos sentimens? Ce ne fut pas de
l'indignation, depuis long-temps elle était épui-
sée. Il ne nous restait plus désormais, pour les
nouvelles insultes, qu'une espèce d'ébahissement
stupide. Mais si ces restrictions gagnaient l'Europe, si elles y devenaient publiques, et l'on
nous a assuré que vous les aviez tenues ici dans
une espèce de mystère, si elles étaient connues
des peuples, si elles parvenaient aux Rois auprès
desquels vous avez été, quels sentimens croyez-
vous que seraient les leurs? Quoi qu'il en soit,
nous les avons dévorées en nous-mêmes, nous
donnant bien de garde de les laisser parvenir
jusqu'à l'auguste personnage qui en était l'objet,
et qui les ignore probablement encore à cette
heure. Cependant on multiplia partout les sentinelles, on avança les heures où elles nous res-
serraient, on creusa des fossés, on palissada le
tour de l'établissement, et de son écurie, qui
en est à deux pas, on arma deux véritables re-
doutes que les Chinois et les soldats qui les éle-
vaient nommaient gaîment le *fort Hudson* et le

8.   12

fort Lowe. Qu'est-il résulté de tout cela? C'est
que l'Empereur, qu'on avait dégoûté de se promener à cheval, qui s'était réduit à quelques
malheureux tours à pied dans le jardin ou dans
le bois, rencontrant partout, à chaque pas, des
objets qui le heurtaient, s'est renfermé dans sa
chambre, ou vous le ferez mourir infailliblement
sous peu. La Faculté pense que ce défaut absolu
d'exercice l'y conduit à grands pas : elle a dû
vous le faire connaître : il est certain que c'est
son opinion. Vous répondez que c'est l'Empereur qui l'aura voulu, et que vous vous en lavez
les mains ; mais vous lui avez donc rendu la vie
bien insupportable, si vous convenez ainsi qu'il
appelle et désire la mort ? Quelle effrayante responsabilité !.... Si je voulais m'y arrêter, Monsieur, peut-être vous convaincrais-je quels tendres
soins, quelle anxieuse sollicitude (du moins durant le temps de votre administration) devrait
vous inspirer la crainte des derniers momens de
ce grand homme.

» Je viens de passer succinctement en revue
les principales circonstances dont j'ai été le témoin à Longwood. A présent, laissez-moi vous

demander à mon tour, Monsieur, quels peuvent
avoir été les causes, les motifs de ces rapides
et sévères aggravations, de cette situation journellement et si cruellement empirée? La haute
et importante portion de votre ministère, celle
de veiller à la demeure de l'Empereur Napoléon
dans l'île de Sainte-Hélène, n'est-elle pas la
même que lors de son arrivée dans cette île,
lors de la vôtre? D'où viennent de si durs, de
si barbares changemens? Le danger s'est-il accru?
les chances se sont-elles multipliées? avez-vous
découvert quelques complots? quelque correspondance s'est-elle établie? avez-vous saisi
quelques fils? pouvez-vous indiquer quelques
faits, préciser quelques soupçons? Non; et si
vous ne prétendez par là que combattre toutes
les chances possibles et à prévoir, où vous arrê-
terez-vous? car la mort seule peut les embrasser
toutes. Mais il est notoire, et vous en convien-
drez sans doute, que depuis votre arrivée dans
l'île, le premier, le seul acte quelconque, est
celui pour lequel je me trouve ici en ce moment
entre vos mains. Vous avez pu croire d'abord que
vous alliez découvrir de grandes choses. Vous

avez vu avec quelle facilité, quel calme, j'ai
couru au-devant de vos idées ; je me suis prêté
à vous ouvrir, à discrétion, mes papiers les
plus secrets, ceux qui contenaient, jour par
jour, mes pensées et mes actions. Vous avez pu
vous y convaincre de mon assertion émise plus
haut, que cette circonstance actuelle est la
première, la seule de ce genre; et vous savez à
présent que cette circonstance n'est rien, mais
absolument rien. Il est donc vrai, ou du moins
nous avons dû nous en pénétrer, et tout homme
impartial le pensera avec nous, que l'aigreur,
l'irritation, les sentimens personnels, ont conduit toutes vos mesures , beaucoup plus que la
nécessité du devoir public. Personne moins que
moi n'est disposé à préjuger le mal; mais je sais
que l'homme, dans ses déterminations, échappe
rarement à des impulsions secrètes, qui se déro-
bent à lui-même, en se cachant dans les replis
du cœur. Descendez dans le vôtre, sondez, ana-
lysez, vous vous étonnerez peut-être. Nous ne
voyons jamais, dans nos relations, que le mauvais côté des choses, dites-vous sans cesse; vous
êtes plus impartial, plus franc, plus juste dans

vos rapports, assurez-vous. Rarement on est bon
juge dans sa propre cause, Monsieur; cette
impartialité, cette exactitude, est précisément
ce dont nous doutons le plus. Vous avez à cet
égard un grand avantage sur nous; c'est sur
nos pièces que vous faites vos observations et
vos répliques; mais nous.... où sont les vôtres?
Quel ne devrait pas être l'embarras de ceux qui
auraient à prononcer entre nous, quand nous
nous produisons ainsi au grand jour, et que
vous, vous demeurez dans le mystère? Quel
moyen nous reste alors de nous défendre de vos
erreurs? Cette réflexion ne peut manquer de
frapper un jour vos ministres, s'ils veulent être
justes. Le peu que nous connaissons de vos idées
est souvent captieux et trompeur. Ce sont des
tournures parfaitement justes en principe, inadmissibles, nulles dans l'application. Ainsi, par
exemple, vous m'avez dit ici qu'à la garantie
de la personne de l'Empereur près, et aux communications avec lui, sans votre autorisation,
vous étiez prêt à adopter tout ce qui pourrait
améliorer notre situation. Quoi de plus raisonnable, me suis-je écrié? Mais dès que nous

sommes entrés dans les détails, vous eussiez été
tenté d'aller encore plus loin que vous n'êtes
déjà, etc. , etc.

» A présent venons à ce qui me concerne personnellement. J'étais celui qui attirait surtout
votre attention, et sur lequel se dirigeait particulièrement votre malveillance. Je le méritais :
le plus tranquille peut-être par caractère, je me
suis montré le plus susceptible par la circonstance; j'ai été le plus ardent : j'étais fier, plein
de ma situation; j'osais l'exprimer en toute liberté. Vous devez tout ce que j'ai fait, écrit, à
ce sentiment; rien à la méchanceté : elle m'est
étrangère. Ainsi je peignais, j'exprimais dans
mes lettres tout ce que je voyais, tout ce que
j'éprouvais, et avec d'autant moins de scrupule
pour ce qui vous concernait, Monsieur, que je
vous l'envoyais à vous-même. Si j'eusse écrit
dans le mystère, peut-être aurais-je été plus
retenu. Ces lettres vous ont déplu, animé contre
moi; vous avez fini par me les interdire, en menaçant de me retirer d'auprès de l'Empereur
si je continuais.

» Vous m'avez vu demander en Europe des

objets nécessaires à ma personne. Vous êtes venu
me dire qu'il en existait envoyés d'Angleterre,
dont je pouvais faire usage. J'étais résolu que
vous ne me trouveriez individuellement jamais
sur la note de vos dépenses, ni sur la liste d'aucune demande. Je vous refusai, alléguant qu'il
n'était pas dans mes habitudes d'accepter rien,
tant que je possédais quelque chose. Je voulais
conserver mes sentimens libres, ne point les
gêner par la reconnaissance. Vous me fîtes dire,
à quelques jours de là, que vous vous plaindriez
à vos ministres de ce que je refusais *avec mépris*
ce qu'ils m'offraient.

« Vous vous plaigniez de mes conversations
avec ceux qui passaient : je détruisais à leurs
yeux les calomnies absurdes, les contes ridicules
qu'on avait entassés sur le plus grand des caractères; je leur apprenais des traits qui leur étaient
inconnus, et dont ils demeuraient frappés. Vous
me reprochiez de propager avec zèle ce qui nous
concernait, de manière à le faire pénétrer en
Europe : je me croyais celui qu'on égorge à l'é-
cart dans un champ, et qui, au défaut de secours, prend à témoin les oiseaux de passage ;

était-ce d'ailleurs manquer à votre pays, violer vos lois, que de leur faire parvenir la vérité? C'était les servir, au contraire, bien mériter d'elles. Vos efforts contre nous à cet égard, vos excessives et sévères précautions contre vos propres compatriotes même, ne pouvaient, disions-nous, qu'accroître et justifier notre intime persuasion que vous confiant dans la distante situation pour légitimer vos *actes arbitraires* aux yeux du Gouvernement, vous n'aviez plus d'autre crainte que de les savoir connus du public. Autrement, pourquoi nous tenir au secret? Pourquoi gêner et les visites et la vue et la conversation de vos compatriotes, s'il n'y avait rien à leur cacher? Etait-ce crainte que nous ne leur fissions de fausses peintures? Mais il fallait au contraire les laisser voir par eux-mêmes; et les faits détrompant leurs yeux, ils fussent partis en plaignant notre malheur de nous exagérer ainsi nos peines.

Lorsqu'il fut question d'ôter quelqu'un d'auprès de l'Empereur, vous déclarâtes que votre choix tomberait sur moi, si vous ne croyiez que je lui fusse utile; en un mot, vos insinuations,

vos avertissemens contre moi, se répétaient en
toute occasion. Je m'en importais peu, j'en dois
convenir : arrivé à un certain degré, le martyre
ne calcule plus ses tourmens ou s'y complaît peut-
être, et depuis long-temps j'avais atteint ce point ;
la mesure était comblée au physique comme au
moral : j'étais littéralement à peine à l'abri des
injures de l'air dans ma demeure : s'il pleuvait
j'étais inondé, s'il faisait du soleil j'étais étouffé.
Mon fils et moi n'avions pour chambre à coucher
que l'espace de deux très-petits lits; nous étions
l'un sur l'autre : j'eusse été bien mieux à New-
gate!... Sans le motif sacré qui tenait mon âme en
force, mon corps eût infailliblement succombé il
y a long-temps. Vous ne pouviez, vous ne deviez
ignorer cet état. Si je me suis obstiné à ne vous rien
adresser à ce sujet, je faisais ce qui était digne ;
c'était à vous à y remédier de vous-même. Il doit
veiller sur moi pour le bien aussi bien que pour
le mal, me disais-je. Le vrai c'est qu'on semblait
nous considérer comme ces objets de réproba-
tion, pour qui tout est encore trop bon. Et
pourtant, à Dieu ne plaise que j'ose appeler l'attention sur un objet auguste, si merveilleuse-

ment recouvré par l'élan de tout un peuple, et
qui n'en a été arraché de nouveau que par les efforts aveugles des nations, et l'ostracisme inquiet
des Rois ; je ne veux parler que de ceux qui l'entourent. Qu'avait-on à me reprocher, à moi qui,
victime de deux grandes révolutions, et toujours
au rebours de mes intérêts, ai perdu mon patri-
moine en soutien d'un Monarque qu'on avait
abattu, et sacrifié ma famille, ma fortune, donné
ma liberté pour soigner un Monarque qu'on avait
élevé? Et ce vénérable Grand-Maréchal, le modèle du dévouement et de toutes les vertus,
qu'avait-on à lui reprocher? et de même des autres? Non, me disais-je alors avec orgueil, nous
ne sommes pas des coupables, ni même des gens
ordinaires; nous professons la plus grande, la
plus noble, la plus rare des vertus; nous donnons
un bel exemple au monde; nous nous gravons
à jamais dans les cœurs généreux ; nous soute-
nons ici l'honneur de ceux qui entourent les Rois.
Après nous, on ne dira plus qu'il n'est pas de dévouement, de fidélité, d'amour près des trônes
malheureux ; ou bien l'on sera forcé de convenir
du moins que Napoléon avait su les y créer.

» J'avais un domestique habitant de l'île ; il vous donna de l'ombrage, vous décidâtes de me l'enlever : rien de plus simple ; mais vous voulûtes le remplacer par un de votre choix ; je le refusai : je répondis à votre officier, que vous pouviez, par la force, mettre garnison dans ma chambre ; mais jamais de mon consentement ; que si je ne pouvais avoir un domestique de mon choix, je me servirais de mes propres mains. Vous persistâtes, et je dus demeurer sans domestique. Cependant, il vous était si aisé de me satisfaire, puisque vous pouviez limiter mon choix par vos refus ! Ce domestique que vous m'aviez enlevé, revint peu de temps après me dire qu'il comptait se rendre en Angleterre, et qu'il m'y offrait ses services. Je lui donnai deux lettres : vous avez vérifié à présent leur peu d'importance ; l'une était une relation au prince Lucien, qui vous avait été destinée ; l'autre une pure communication d'amitié. N'importe vos restrictions avaient été enfreintes, et je suis ici. J'ai regardé comme au-dessous de moi de discuter jusqu'à quel point s'étendaient vos droits sur ma personne : s'il y avait excès, les lois m'en feraient

justice : je ne marchande point une peine, j'accepte ce qui se trouve, et m'en punis le lendemain moi-même au centuple; aussi je me suis imposé le plus grand, le plus pénible des sacrifices. « On m'a souillé, vous ai-je écrit; je ne
» pourrais plus être désormais un objet de conso-
» lation pour l'Empereur; je ne serais plus à ses
» yeux qu'un objet flétri, qui lui rappellerait
» d'injurieux souvenirs : je me bannis de Long-
» wood; j'irai au loin implorer de le revoir, et je
» reviendrai, j'espère, par une route distante et
» purifiée. Je me retire de la sujétion volontaire
» où je m'étais placé vis-à-vis de vous. Je me re-
» mets sous la protection des lois, et vous de-
» mande ma liberté. »

» Toutefois, si j'ai dédaigné de considérer ce que vous aviez fait vis-à-vis de moi, en m'arrachant de Longwood, il n'a pu m'échapper de sentir vos torts dans la violation de ce sanctuaire malheureux. Il vous eût été si aisé de m'appeler au siége de votre gouvernement! J'étais à vos ordres; vous auriez obtenu le même résultat, et vous eussiez épargné la blessure profonde que vous aurez causée.

» Une fois spécialement entre vos mains, je
me plais à le confesser, je me suis vu entouré d'é-
gards que je n'attendais pas ; j'ai vu chaque jour
quelques différences meilleures que je n'aurais
pas soupçonnées. Cette énigme m'a singulièrement frappé. Serait-ce facilité de mon caractère, me disais-je ? Me serais-je trompé à Longwood, me tromperais-je ici ? Non. Vous ne me
sembliez pas en effet le même. Je ne vous voyais
plus, comme je vous ai dit, *au travers du crêpe
sanglant*. Enfin, j'ai découvert le nœud : c'est
qu'ici je me suis trouvé à votre niveau ; tout a
été en harmonie entre nous, et vous ne l'avez
jamais été un instant avec cette gigantesque
échelle de Longwood, dont vous ne voulez pas
apercevoir la grandeur, ou que vous vous obs-
tinez à vouloir réduire, plutôt que de monter
pour l'atteindre. Vous avez tracé un cercle trop
étroit pour renfermer des objets qui débordent
en tout sens, et vous les mutilez de toute manière pour les contraindre d'y entrer. Vous vous
irritez de ne pas réussir. Vous rappelez l'idée de
celui qui, dans la fable, appliquait les voyageurs

sur son trop petit lit, amputant tout ce qui en dépassait.

» Vous m'avez parlé d'erreur dans nos positions : la voilà, Monsieur, *la véritable erreur* ; je l'ai découverte ; et depuis, j'explique tout. Essayez de la méditer à votre tour, et voyez ce que vous en penserez vous-même.

» Vainement vous objecteriez la lettre de vos instructions : il n'en saurait être pour un ministère aussi important, aussi extraordinaire que le vôtre : elles vous placent au-dessous de votre mission ; elle est grande cette mission et vous ne sauriez la trop élever. De quelle illustration vous vous plaisez à vous priver ; dans la poursuite de la gloire, après ma situation à Longwood, le premier poste que j'eusse demandé à la fortune, eût été d'être le Gouverneur de cette île. J'eusse connu toute l'importance, l'étendue de mon devoir : je l'eusse rempli. La sûreté de mon captif eût été garantie ; mais en dedans de cela, je n'eusse pas voulu lui laisser un désir : il ne m'eût pas suffi qu'il m'estimât, je l'aurais forcé de m'aimer. Je n'eusse abordé ses chaînes qu'à genoux. Et qu'on ne me dise pas que des instructions, des ordres sévères me forceraient de faire le contraire, en dépit de moi-même, le riche traitement de Sainte-Hélène, les honneurs que ce poste pourrait me valoir, la confiance dont il me serait déjà le garant, ne me seraient rien auprès de l'indépendance du cœur, et du suffrage de l'opinion. D'autres me succéderaient.

» Et quels périls ne pouvez-vous pas vous composer? Vous connaissez mieux que moi l'histoire de votre pays. Vous savez combien de chefs, de généraux, après des missions pénibles et difficiles, sont tombés victimes du changement du pouvoir, ou des caprices de l'opinion. S'il vous arrivait quelques malheurs de ce genre, que de voix peut-être s'élèveraient d'ici contre vous! Vous pouvez vous creuser un abîme. Vous me répondrez par le témoignage de votre conscience. Sans doute, c'est le plus grand, le plus consolant, le plus doux; mais il n'est plein et entier qu'avec Dieu; il n'est que trop souvent insuffisant avec les hommes. Combien il en est qui, avec une conscience pure, ont succombé sous les coups de l'injustice et de l'opinion! Combien d'autres

sont demeurés flétris par la calomnie victorieuse !
Votre juge Jeffries, d'odieuse.mémoire, d'un
nom si exécré, peut-être après tout n'était-il
qu'un brave homme exécutant à la lettre des réglemens barbares. Les temps, les chances mal-
heureuses, la calomnie, l'exagération, l'esprit
de parti, auront pu faire le reste : et voilà comme
on peut s'inscrire à faux dans l'histoire ! Et quel
héritage; comment s'y exposer, s'il pouvait en
être autrement ! Et ici, Monsieur, qui pourrait
vous soutenir dans le cas d'une lutte fatale? Il
n'est plus aujourd'hui que deux grands partis
dans le monde : vous êtes né au sein des idées
libérales, et je ne vous fais pas l'injustice de
croire qu'elles ne demeurent votre doctrine;
mais par une bizarrerie singulière, vous vous
trouvez en ce moment comme l'agent direct de
la vieille aristocratie. Si vous étiez jamais dans le
cas d'en appeler à l'opinion publique pour des
griefs de la nature dont il s'agit ici, n'en doutez
pas, vous auriez contre vous, dans toutes les
nations, tous ceux de votre religion; et ne pensez
pas que vous eussiez du moins pour support tous
ceux du parti contraire; j'en ai long-temps fait

partie, j'en connais le fort et le faible. Qui
nie qu'à côté d'hérésies politiques, là ne rési-
dent à un haut degré l'élévation d'âme et la générosité de sentimens? Vous en seriez abandonné.

» A présent, je vous ai dit franchement tous
les griefs et les ressentimens revenus à mon souvenir. Je vous ai parlé avec la dernière liberté,
mais avec la meilleure intention; non avec le
fiel qui désire blesser, mais avec le sentiment
qui veut instruire. Je répète encore ici, que si je
venais à m'être trompé dans quelque citation,
les pièces officielles m'ont manqué; et si je ne
me trouvais pas dans le vrai pour toute autre
chose, je serais du moins dans l'erreur de bonne
foi; j'ai pensé ou j'ai senti véritablement tout ce
que j'ai écrit. En le lisant, je désire que vous
y portiez les dispositions avec lesquelles je l'ai
tracé. J'aime à le redire, j'ai bien moins songé
à vous faire des reproches qu'à vous mettre à
même de méditer, de répondre, peut-être de
réparer, fût-ce à mes dépens.

» Puisse de cette lecture naître d'utiles lumières, un meilleur avenir! Et c'est ici peut-

8. 13

être le lieu de vous faire connaître la situation où j'ai laissé Longwood. Aucune expression ne saurait la rendre dignement : l'existence y était devenue intolérable ; privés de toute communication, véritablement au secret, nos heures étaient devenues de plomb ; tout, jusqu'à l'air que nous respirions, ne nous semblait plus qu'un fade poison ; le dégoût de la vie y était au dernier terme ; le fardeau surpassait nos forces ; et, pour comble de malheur, nous voyions dépérir à chaque heure celui pour lequel nous vivions, et son sourire muet nous annonçait chaque jour plus significativement que bientôt il briserait nos chaînes. Mes larmes coulent !.... Nos maux étaient tels, dans cette demeure, que, s'il était possible d'y interrompre un moment le devoir sacré qui y remplit nos âmes et les gouverne, s'il était possible, dis-je, qu'il y eût ce moment de distraction qui rendrait chacun à soi-même, je ne serais pas surpris que mes malheureux compagnons l'employassent à s'entre-donner la mort, à l'exemple de quelques anciens, pour se libérer des peines de la vie ; et qu'on vînt vous apprendre un matin que Longwood n'est plus qu'un sépulcre, et que vous n'avez plus à votre garde que des cadavres.

» Un tel état de chose, de tels supplices sont-ils dans le vœu, l'esprit de votre Prince, de vos ministres, de votre législature, de votre nation, de votre cœur? Quelle fatalité !...... d'où vient donc tout le mal que vous causez?

» Quoi qu'il en soit, de loin comme de près, un seul sentiment remplit mon cœur, il y fait taire tous les autres : veillez à la santé de l'Empereur, conservez ses jours, je vous bénirai. »

Balcombe's cottage, au secret; en vue de Longwood, 19 décembre 1816. LE COMTE DE LAS CASES.

Je n'ai plus entendu parler de cette pièce que six ans après, et encore seulement par la lecture de l'ouvrage de M. O'Méara : ces messieurs, à leur retour de Longwood, m'ont dit qu'elle ne leur avait jamais été communiquée, et que l'Empereur en avait complétement ignoré le véritable contenu. Il paraît que sir Hudson Lowe, après mon départ, par l'influence de son autorité, et contre nos conditions expresses, s'était saisi de ce document pour lui seul, et l'avait fait servir de base à des interprétations ou même à des créations tout à fait fausses et méchantes.

Je trouve dans la relation des événemens arrivés à Sainte-Hélène, par M. O'Méara : « Profitant, dit-il, de l'information acquise par la » lecture du manuscrit du comte de Las Cases » (les griefs), sir Hudson Lowe eut recours à » un artifice bien digne du système qu'il a établi à Sainte-Hélène. Il me prescrivit de prévenir Napoléon que le comte de Las Cases, pendant sa détention, avait avoué que les restrictions imposées sur les Français à Longwood » n'étaient que pour la forme, et que, conjointement avec le reste des Français, il avait fait » tous ses efforts pour empoisonner l'esprit de » son maître par des calomnies ou par des faussetés ; ajoutant que le fait était de toute vérité, » puisqu'il l'avait par écrit, et de la propre main » du comte. Il me cita même une sentence de » cet écrit qu'il m'invita à répéter à Napoléon, » savoir : Nous avons fait tout voir à Napoléon à » travers un voile teint de sang. *Ma foi*, s'écria » Napoléon, *quand on voit le bourreau, on voit*

» *toujours du sang !* et il ajouta, avec cette pé-
» nétration et cette vivacité d'esprit qui le dis-
» tinguent si éminemment, qu'il était convaincu
» que tout ce que je venais de dire ne pouvait
» être qu'une invention de sir Hudson Lowe,
» ou bien qu'il avait falsifié quelque passage de
» l'écrit de Las Cases ; que le comte devait.avoir
» été singulièrement peiné du traitement qu'on
» lui faisait souffrir, doué, comme il l'était,
» d'une rare sensibilité de cœur; lui qui n'avait
» jamais cessé de lui parler de la nation anglaise
» en des termes d'enthousiasme et d'admiration,
» qu'il était certain qu'il s'était exprimé avec
» force et avec franchise sur une conduite si op-
» posée à la générosité, aux sentimens libéraux
» qu'il a toujours attribués au peuple anglais ;
» mais que le traitement que les Français avaient
» éprouvé, était si barbare, qu'il était inutile de
» perdre du temps à expliquer la conduite de
» ceux qui l'avaient ordonné. »

Je trouve encore dans *Napoléon dans l'exil,*
ouvrage ou journal du même M. O'Méara, sous
la date du 4 décembre 1816. « Que le Gouver-
» neur me faisait dire que depuis mes rapports

» directs avec lui, j'avais bien changé d'opinion
» à son égard, et il ajoutait qu'il avait découvert
» que les Français qui avaient suivi Napoléon n'a-
» vaient d'autre but que de s'en servir comme
» d'un instrument pour satisfaire leur ambition,
» sans s'inquiéter des moyens qu'ils employaient
» pour y parvenir, etc.

» C'était un avertissement, disait sir Hudson
» Lowe à M. O' Méara, qu'il devait faire parve-
» nir au général Bonaparte. »

Sous la date du douze : « Que le comte Las
» Cases n'avait pas suivi Napoléon par affection,
» que le général ne savait pas ce que Las Cases
» avait écrit, ni les expressions qui étaient échap-
» pées de sa plume, etc., etc. »

Sous celle du 14 janvier 1817 : « Qu'il affir-
» mait à M. O' Méara avoir vu dans mon Jour-
» nal, que Bonaparte avait déclaré son horreur
» pour l'uniforme anglais et tout officier de
» cette nation, et que lui, O' Méara, ferait bien
» de saisir une occasion de lui répéter cela, tout
» en ajoutant, néanmoins, que le Gouverneur
» pensait bien qu'il n'avait jamais rien dit de
» pareil. »

Enfin, dans un autre endroit, ce Gouverneur charge M. O' Méara, de redire à Longwood qu'il vient d'écrire à mon sujet aux ministres anglais de manière à m'interdire pour jamais ma rentrée en France. Ce qu'il peut avoir mandé, Dieu le sait ! toutefois, l'événement, le temps a prouvé que les ministres anglais eurent peu d'égard à sa bénévole intention, ou que ceux de France y auraient porté peu d'attention. On verra, dans son temps, qu'à mon retour en Europe, lorsque, m'interdisant l'Angleterre, on me laissa le choix de Calais ou d'Ostende, si je me déterminai pour ce dernier endroit, c'était par des motifs tout à fait étrangers à la crainte que sir Hudson Lowe avait prétendu créer. Mais il fallait d'ailleurs qu'il eût douté lui-même de l'efficacité de sa dénonciation, ou qu'il eût recours à de doubles précautions, car il employa toute son adresse et ses artifices à me faire retenir prisonnier au cap de Bonne-Espérance; il échappa à ce sujet, m'a-t-on dit, à son homme d'exécution, de dire en parlant de moi : « Pour » celui-là, il ne nous inquiètera plus; nous l'a- » vons bien recommandé au Cap : il y pourrira

» dans un cachot. » C'est le même homme qui,
d'une voix mielleuse et d'un sourire bénin qui
le quittaient rarement, voulait, suivant M. O'
Méara, qu'on mît Napoléon aux fers, s'il faisait
le difficile ; et qui, dans une autre occasion,
est accusé d'avoir dit que les alliés avaient manqué le grand but en n'étranglant pas le jeune
Napoléon.

Je reviens au Gouverneur. Comment concilier
à présent toutes ses politesses, ses protestations
de bienveillance et de bonne intention, quand il
était auprès de moi, avec ses faux rapports, ces
propos inventés qu'il me prête, les suggestions
méchantes qu'il fait transmettre à Longwood
quand je n'y suis plus ; mais plutôt laissons tout
cela à juger et à qualifier aux cœurs droits et
honnêtes.

Le cap de Bonne-Espérance est à cinq cents
lieues de Sainte-Hélène ; mais, avec les vents
les plus favorables, on est obligé d'en faire au
moins sept cents, par le contour auquel on est
contraint par les vents alizés. En quittant Sainte-
Hélène, on court d'abord grande largue vers le
S. O., pour sortir le plus promptement possible

de la zone de ces vents alizés; et dès qu'on a atteint les vents variables, on gouverne vers l'Est;
mais en descendant beaucoup vers le Sud, à plusieurs degrés de latitude au-dessous du Cap, afin
de se trouver en garde contre les vents de S. E.,
qui sont très-violens, et dominent dans cette
saison de l'année.

Nous fîmes très-bonne route, et rencontrâmes
des vents à souhait; notre traversée fut des plus
courtes et des plus heureuses, bien que mon fils
et moi nous fussions horriblement malades de la
mer à différentes reprises. Le sixième ou sep-
tième jour nous quittâmes les vents alizés, et
prîmes le vent d'Ouest, qui nous mena rapidement vers notre destination, en neuf ou dix
jours. Ce ne fut qu'aux approches du fameux
cap des Tempêtes que nous éprouvâmes la contrariété d'un vent de S. E. violent avec une très-
grosse mer; et encore cette contrariété, qui n'en
était une que pour les instructions de notre capitaine, fut-elle personnellement pour moi une
faveur; car sir Hudson Lowe avait donné l'ordre
au capitaine de me débarquer au-delà du Cap,
sur ses derrières, à Simons' bay. Peut-être pen-

sait-il que n'entrant pas en ville, j'attirerais moins d'attention, et que l'injustice de ma captivité serait moins flagrante. Quoi qu'il en soit, le temps menaçant de la tempête, le capitaine prit sur lui de faire voile pour la ville du Cap même, qui se trouvait plus à portée. Nous arrivâmes sur la côte à deux heures du matin, à l'heure juste qu'avait fixée le capitaine, sans hésitation, sans sonde ni aucun autre préalable, tant il avait mis de précision dans son calcul. Le capitaine Wright est un excellent navigateur; il a de l'activité, du zèle, de la régularité, du caractère; il se fera un nom. Au demeurant, j'ai pu voir que cette exactitude nautique est devenue aujourd'hui à peu près générale; je ne sais plus où en est notre marine long-temps renommée pour sa supériorité scientifique; mais j'ai l'expérience qu'aujourd'hui les Anglais sont bien forts; les calculs, les instrumens sont si parfaits, si multipliés, qu'il est difficile d'imaginer que la science puisse désormais aller guère au-delà.

Le dix-sept, après dix-huit jours de navigation, nous jetâmes l'ancre à deux heures de l'après-midi. Le capitaine s'excusa poliment sur la nécessité que je demeurasse à bord, jusqu'à ce qu'il eût été prendre les ordres du Gouverneur : c'étaient là ses instructions. Il revint, m'apprenant que je ne pourrais débarquer que le surlendemain, le logement que l'on me destinait ne pouvant se trouver prêt avant ce temps, ce qui ne fut pas pour moi sans quelque contrariété : quand on arrive de la mer, on est si pressé de poser le pied sur la terre !

J'eus donc deux jours à demeurer sur cette rade du Cap, d'ailleurs si belle. La saison était superbe, la chaleur forte, à la vérité, mais pure et bienfaisante.

Dans mon enfance, lors de mon entrée dans la marine, j'avais entendu parler cent fois, et dans les plus petits détails, de tous les points que j'avais en cet instant sous les yeux, par ceux des officiers qui avaient fait la guerre de l'Inde. J'aimais à repasser ces vieux souvenirs, et l'on me montrait tout aussitôt les points dont je pouvais me rappeler.

La ville du Cap, considérable, belle, régulière, était en face de moi, sur un terrain plat, très-peu élevé au-dessus du niveau de la mer, et environné de très-près par d'énormes et rapides montagnes. On me faisait voir, et je me plaisais à retrouver celle *du Diable* à ma gauche, celle dite *de la Table* en face, *le Pain de sucre* sur la droite, la *Croupe du Lion*, ainsi appelée à cause de sa parfaite ressemblance avec ce dont elle porte le nom. Les fortifications en avant et sur les côtés de la ville me parurent en assez mauvais état, et surtout mal établies, étant dominées de plusieurs points, et particulièrement par la Croupe du Lion, qui, elle-même est aisément accessible. Nul étonnement donc que ce poste ait constamment cédé à toute attaque d'une force tant soit peu supérieure. La plus efficace, jusqu'à ce qu'on y ait remédié, sera de débarquer loin de la place, au nord, sur une plage toute découverte, entièrement sans défense, et de là marcher sur la ville pour l'attaquer par terre.

Je me rappelais d'avoir souvent entendu dire, et je pus voir moi-même dans ce peu de temps, que des nuages couvrent parfois et assez subitement la montagne du Diable et celle de la Table, lors même que le reste du firmament demeure dans la plus grande pureté. On les croirait alors

couvertes de la neige la plus brillante, et c'est ce
que l'on appelle vulgairement la nappe mise sur
la table, expression, du reste, qui rend assez la
vérité du spectacle. Ce signe, en hyver, est presque toujours le précurseur sinistre de la tempête.
La radè demeure entièrement ouverte aux vents
du N. O. qui sont communs et violens dans la
mauvaise saison : on y est alors en perdition ; le
seul abri est sous l'île Robin, assez au loin à l'entrée de la baie.

Je mentionnais à mes voisins ce que j'avais entendu dire si souvent à nos officiers, que le bailli
de Suffren, revenant, à la paix, de sa belle campagne de l'Inde, y avait jeté l'ancre quelques
jours avant l'escadre anglaise qui le suivait de
près. Celle-ci, en entrant, eut à courir des bords
pour gagner le mouillage ; or, le coup d'œil de
l'amiral français était si précis et si sûr, qu'en
considérant un des vaisseaux qui entraient, il an-
nonça qu'il allait infailliblement se perdre, et ordonna, dès cet instant, le signal à toutes les cha-
loupes de son escadre de se tenir prêtes à porter
un secours bientôt nécessaire. En effet, peu
d'instans après, le vaisseau anglais fit côte ; on y

vola de toutes parts ; mais les embarcations françaises eurent la gloire d'arriver les premières et
de beaucoup. Et ce ne fut pas un spectacle peu
singulier ni peu touchant que de voir ces deux
escadres, naguère si acharnées à leur destruction
réciproque, rivalisant désormais d'obligeance, et
se prodiguant les soins les plus empressés. Les
jeunes officiers anglais auxquels je m'adressais
n'avaient aucune idée de cette circonstance, tant
il est vrai que les objets qui occupent si fort les
contemporains, disparaissent pour ceux qui suivent, quand ces objets n'ont pas acquis l'importance de l'histoire.

SÉJOUR

AU CAP DE BONNE-ESPÉRANCE.

Espace de plus de sept mois.

Dimanche 19 Janvier au Mardi 28.

Mon emprisonnement au vieux château. — Détails, etc.

En voyant notre capitaine revenir de chez le Gouverneur, lord Charles Somerset, il m'avait suffi de sa figure pour ne rien augurer de bon. Ce n'était plus le même homme; il reparut avec un air froid et embarrassé : sa réserve fut bientôt imitée par tous ceux qui m'entouraient. Plusieurs des officiers de la marine qui se trouvaient dans la rade du Cap, vinrent visiter leurs camarades à bord du brick : il m'était aisé de juger que la curiosité de me voir y entrait pour quelque chose; mais ils évitaient de lier conversation avec moi : ils se parlaient entre eux, à la dérobée et avec mystère; leurs regards semblaient considérer un proscrit. Toutes ces choses, et quelques expressions échappées, m'annonçaient qu'en dépit de toute la distance, on entretenait ici, sur la sûreté du grand captif, les mêmes craintes, la même défiance qu'à Sainte-Hélène, et j'en devais conclure que le sombre nuage qui enveloppait Longwood ne manquerait pas de se prolonger jusqu'à moi ; aussi, lorsque j'ai été mis à terre, vers midi, j'ai trouvé sur le rivage l'officier chargé de ma garde. Le capitaine du brick, qui m'avait accompagné dans son canot, n'a pas voulu, à titre de vieille connaissance, et j'espère de sympathie réelle, me quitter avant de me voir dans la demeure qu'on me destinait, et nous avons marché vers ce qu'on m'a appris être le vieux château, ou la forteresse. Après avoir franchi plusieurs ponts levis, et traversé maint corps de garde, nous sommes arrivés dans la cour intérieure, ou place d'armes, et de là, par divers escaliers et corridors, nous sommes parvenus au logement indiqué pour nous. Les portes se sont trouvées fermées : c'est vainement qu'on en a cherché les clefs partout, il a fallu aller attendre dans une salle commune, occupée par plusieurs officiers de la garnison. Est arrivé par hasard un officier de l'état-major, dont la figure a témoigné le plus grand étonnement qu'on nous laissât ainsi en pleine communication ; et, prenant un prétexte poli, il nous a conduits dans sa chambre, pour y prendre quelques rafraîchissemens. Au bout de plusieurs heures, on est venu nous dire que nos appartemens étaient prêts : ils se composaient de trois pièces que nous découvrions à mesure que le nuage de poussière dont elles étaient remplies se dissipait : on les balayait en ce moment. La première était toute nue ; celle du milieu présentait une grande table, un fauteuil, dont les pieds étaient brisés, et quatre mauvaises chaises ; la troisième renfermait deux bois de lits, deux traversins, une paillasse et trois couvertures : voilà tout le précieux mobilier. Bien nous en avait pris d'avoir embarqué nos lits avec nous ; mais comment avait-il été nécessaire de deux jours pour de tels préparatifs ? Cette circonstance ne me donna pas une haute idée de l'ordonnance, de la précision et de la promptitude de la domination nouvelle sous laquelle je me trouvais désormais.

L'officier chargé de nous, s'empara de la pièce

d'entrée et s'y installa; un factionnaire fut immédiatement placé en dehors, et on me signifia que
je ne devais communiquer avec personne. Alors,
je me trouvai littéralement en prison. Je m'étais
plaint de Balcombe's cottage ; mais ici c'était bien
autre chose; et voilà, sans doute, me disais-je,
le premier effet de la bonne recommandation de
sir Hudson Lowe.

Vint le dîner; il fut abondant : c'était notre officier qui le commandait. Celui d'état-major dont
la politesse précautionneuse s'était emparé de
nous le matin, se croyant déjà de grande connaissance, ou chargé peut-être d'une surveillance
spéciale, vint me dire qu'il se permettait de venir
me demander familièrement à dîner, et lui et son
camarade s'étudièrent à nous en faire les honneurs de leur mieux. Ils montraient l'extrême
désir de se rendre agréables ; mais je ne me trouvais guère en harmonie, et prétextant les fa-
tigues du jour, je les laissai tête à tête en compagnie de leurs bouteilles, ce qu'ils prolongèrent
fort avant dans la nuit, selon la coutume reçue.

Le lendemain, j'eus la visite d'un des capitaines de notre station de Sainte-Hélène : connais-

sant· l'état de mon fils, il amenait un médecin :
c'était une grande attention de sa part ; mais cette
présentation causa, durant quelques instans, un
mal entendu assez plaisant : j'avais pris ce médecin pour son fils ou son neveu. Qu'on se figure
un enfant de dix-huit ans, avec toutes les formes,
les manières et la voix d'une femme. C'était là
l'imposant et grave docteur qu'on me présentait ;
mais cet enfant était un phénomène, me disait-on ;
M. Barry, c'était son nom, avait enlevé, à treize
ans, son diplôme de docteur, en dépit de tous
ses vieux examinateurs ; et il avait pour lui, sur
les lieux mêmes, ici, des cures admirables : il
avait sauvé une des filles du Gouverneur d'une
maladie désespérée, ce qui l'avait rendu une espèce de favori dans la maison. Je profitai de cette
dernière circonstance pour tâcher d'obtenir quelques lumières qui pussent diriger ma conduite
vis-à-vis de ce nouveau Gouverneur, auquel j'é-
crivis dès le jour même la lettre suivante, qui lui
exposait ma situation, et contenait ma demande
formelle d'être envoyé en Angleterre et mis en
pleine et entière liberté.

« Milord, — Déjà depuis plusieurs jours sous

» votre autorité et dépendance, j'ai l'honneur de
» m'adresser à Votre Excellence pour connaître
» ses intentions à mon égard. Par une circons-
» tance qui m'est tout à fait personnelle, j'ai été
» enlevé de Longwood (Sainte-Hélène) le vingt-
» cinq de novembre dernier, par sir Hudson
» Lowe, gouverneur de cette île.

» Très-peu de jours après, et à la suite de
» plusieurs conversations avec le Gouverneur,
» sans aucune décision à mon sujet, j'ai eu l'hon-
» neur de lui écrire qu'à compter de cet instant
» je me retirais de la sujétion volontaire à laquelle
» je m'étais soumis vis-à-vis de lui, que je me
» remettais entièrement sous l'exercice des lois,
» et le sommais de les remplir à mon égard ; que
» si j'étais coupable, je devais être jugé ; que si
» je ne l'étais pas, je devais être rendu à la liberté.
» J'ajoutais que l'état affreux de la santé de mon
» fils, la mienne même, demandaient impérieu-
» sement de se trouver à la source des remèdes
» de tout genre, et que je le suppliais de nous
» envoyer en Angleterre. Le Gouverneur sir Hud-
» son Lowe m'a paru alors fort incertain. J'ai des
» raisons de croire qu'un moment il n'a pas été

» éloigné de m'embarquer pour l'Europe; ensuite

» il a voulu me garder à Sainte-Hélène, séparé de

» Longwood, jusqu'au retour des réponses d'An-

» gleterre; puis il m'a offert, à diverses reprises,

» de retourner à Longwood; enfin il m'a expédié

» pour le Cap, aux ordres de Votre Excellence,

» saisissant ainsi, à ce qu'il m'a paru, dans la

» stricte lettre de ses instructions, un terme à ses

» embarras, et attendant peut-être d'autrui les

» mêmes résultats à mon égard, mais sans risquer

» désormais lui-même aucune responsabilité per-

» sonnelle. Tel est, Milord, le court sommaire

» que j'ai cru devoir vous exposer, afin que vous

» puissiez prendre une connaissance précise de

» ma véritable situation, et que, dans la justice

» de votre cœur, vous trouviez simple, naturelle,

» inoffensive, et tout à fait régulière la demande

» authentique que j'ai l'honneur de vous adresser

» en ce moment à vous-même, d'être envoyé

» en Angleterre aussitôt que possible, et d'être

» rendu à ma pleine et entière liberté, autant que

» mes droits naturels peuvent le prétendre sur

» vos devoirs politiques. J'ai l'honneur, etc.

» *P. S.* Je sollicite de Votre Excellence la

» faveur de savoir si j'ai la faculté d'écrire à Son
» Altesse Royale le Prince Régent, et à ses mi-
» nistres. J'aurais alors l'honneur de vous adresser
» deux lettres, avec prière de les leur faire par-
» venir sans délai. Je vous serais obligé aussi de
» me laisser connaître les occasions qui se présen-
» teraient pour Sainte-Hélène, ayant à adresser
» quelques papiers au gouverneur sir Hudson
» Lowe. »

Sa réponse m'arriva le surlendemain : elle était
courte : sans entrer dans aucun détail, il me faisait prisonnier *sur le rapport de sir Hudson Lowe,*
et me condamnait à rester ici jusqu'au retour
des nouvelles d'Angleterre. Je n'avais point à résister, il fallait bien me soumettre ; c'est ce que
j'exprimai à lord Charles Somerset, par une seconde lettre qui en renfermait deux autres : la
première pour lord Castlereagh, chargé de mettre
la seconde sous les yeux du Prince Régent.

« Milord, — mandais-je au Gouverneur, j'ai
» reçu la réponse que vous m'avez fait adresser,
» et qui m'apprend que Votre Excellence me re-
» tiendra captif ici jusqu'à ce que sir Hudson
» Lowe ait reçu des réponses d'Angleterre à mon

» sujet. Sans doute Votre Excellence a pesé dans
» sa sagesse, la force des motifs qui le déter-
» minent à un acte aussi important que celui de
» me priver ainsi de ma liberté, sans aucunes
» formes judiciaires préalables, sans même qu'on
» m'ait dit pourquoi. Il ne me reste plus qu'à me
» soumettre à l'autorité, et à me reposer sur des
» lois qui veillent pour moi, s'il y a lieu.

   » Je n'entreprendrai aucun argument ultérieur
» pour ma défense, persuadé que vous-même,
» Milord, dans un acte aussi délicat, et dans la
» justice de votre cœur, vous aurez parcouru at-
» tentivement tout le cercle de ma cause. Toute-
» fois, j'aperçois dans votre réponse, que votre
» décision repose sur les circonstances établies
» à mon sujet par sir Hudson Lowe; mais ces cir-
» constances ont-elles été contradictoirement éta-
» blies aux yeux de Votre Excellence ? A-t-elle
» entendu les deux côtés de la question, et se
» croit-elle à l'abri de toute responsabilité per-
» sonnelle, en exécutant sur les seules instruc-
» tions de sir Hudson Lowe, et sans nul égard à
» mes propres réclamations; et comment se fe-
» rait-il que ce que sir Hudson Lowe n'a pas cru

» pouvoir hasarder sans risque à Sainte-Hélène,
» me retenir prisonnier, se trouverait plus facile
» et avoir de moindres inconvéniens au Cap.

» Milord, si Votre Excellence trouvait désirable
» de s'éclaircir sur mon affaire et mes sentimens,
» je suis prêt à vous communiquer toute ma cor-
» respondance avec le Gouverneur de Sainte-
» Hélène, et à mettre sous vos yeux ce que j'écris
» à S. A. R. le Prince Régent et à ses ministres.
» Je vous l'offre et désire de le voir accepté. De
» plus, si de me soumettre volontairement et
» franchement, à mon arrivée en Angleterre, à
» toutes les précautions, même arbitraires, qu'on
» jugera équivalentes à ma quarantaine politique
» ici pouvait altérer votre détermination, je suis
» prêt à y souscrire de bon cœur, tant la santé
» de mon fils, la mienne même, le vide affreux
» dans lequel je me trouve désormais, n'étant
» plus ni avec ma famille, qui m'est si chère, ni
» avec l'objet vénéré pour lequel j'en avais fait
» le douloureux sacrifice, me laissent le brûlant
» besoin de retrouver l'Europe.

» Enfin, Milord, s'il ne me reste aucune chance,
» faites du moins partir mon fils; qu'il ne tombe

» pas victime de circonstances auxquelles son
» âge le rend tout à fait étranger. Je me prête-
» rai volontiers à le voir arracher de mon sein,
» dans l'espoir de lui préparer un meilleur avenir.
» Et moi, demeuré seul avec mes infirmités et
» mes peines, je me résignerai avec plus d'indif-
» férence, le croyant plus heureux, à la sentence
» de mort lente qui va s'exécuter sur moi, sans
» qu'aucun tribunal l'ait débattue, sans qu'aucun
» juge l'ait prononcée.

» J'ai l'honneur d'adresser à Votre Excellence
» une lettre à lord Castlereagh, contenant celle
» pour S. A. R. le Prince Régent : elles se trou-
» vaient écrites lorsque les renseignemens que
» vous avez eu la bonté de me donner à ce sujet
» me sont parvenus; j'ignorais celui des minis-
» tres auquel je devais personnellement m'adres-
» ser : je n'ai pas cru devoir recommencer; l'état
» de mes yeux me rend l'écriture trop pénible,
» et je vois d'ailleurs que j'avais deviné les formes
» importantes. »

LETTRE A LORD CASTLEREAGH, RENFERMANT CELLE
ADRESSÉE AU PRINCE RÉGENT.

» Milord, — Dans l'ignorance de celui de vos
» collègues auquel je devais avoir recours, j'ai
» l'honneur de m'adresser à vous, comme à celui
» dont les événemens publics m'ont donné le plus
» de connaissance. Si les détails qui concernent
» Sainte-Hélène ont été mis sous les yeux de
» Votre Excellence, ils vous auront sans doute
» inspiré de grandes préventions contre moi, et
» cependant s'ils vous étaient convenablement
» développés, nul doute qu'ils ne vous parussent
» dignes d'estime, peut-être même d'intérêt.

» A Longwood, je me regardais comme dans
» une enceinte sacrée, dont je devais défendre
» les approches ; je serais volontiers mort sur la
» brèche : *Je résistais.* Aujourd'hui que je me
» trouve en dehors du cercle révéré, que je suis
» rentré désormais dans la foule commune, je
» dois avoir aussi une autre attitude : *J'implore.*

» Je vous demande donc, Milord, je vous sol-
» licite, et je parle toujours dans la supposition
» que je m'adresse au ministre qui doit m'en-

» tendre, je vous sollicite de me laisser arriver
» en Angleterre, où l'état affreux de la santé de
» mon fils et la mienne réclament les plus grands,
» les plus prompts secours.

   » Et quel motif aurait-on de repousser ma de-
» mande? Serait-ce la haine personnelle? Je suis
» trop obscur pour atteindre à un pareil honneur.
» Serait-ce la haine vague de la différence d'o-
» pinion? Mais vous êtes tellement accoutumés
» à cette différence parmi vous, et avec si peu
» d'amertume, qu'il serait ridicule à moi de le
» penser. Serait-ce la crainte que je n'écrivisse,
» ne publiasse, ne parlasse? Mais en me repous-
» sant, n'autoriserait-on pas en quelque sorte le
» fiel qu'il me serait si facile d'aller distiller ail-
» leurs; et si l'on avait à vouloir gêner quelqu'un
» sur cet objet, à s'assurer de lui, le sol de l'An-
» gleterre ne serait-il pas précisément le plus
» favorable et le plus sûr? car vous avez contre
» de pareilles offenses, non seulement les lois
» générales, mais encore des lois particulières.
» Quand l'individu est près de vous, vous avez
» pour garanties positives sa prudence, sa sagesse,
» et surtout son désir de demeurer.

» Je ne vois donc , Milord, aucune cause de
» refus à ma demande , j'en aperçois au contraire
» beaucoup pour me la faire accorder. Quelle
» plus belle occasion pour vous de parvenir à la
» vérité, en vous procurant les lumières contra-
» dictoires et opposées? Dans vos nobles fonc-
» tions de jury , votre conscience doit-elle se
» croire suffisamment éclairée en ne voyant qu'un
» seul côté de la question? Je puis montrer l'au-
» tre, et le ferai sans préjugé , sans passion ; vous
» ne trouverez en moi que celle du sentiment.

  » Je passe à l'article de mes papiers qui ont
» été retenus à Sainte-Hélène; j'en ai déjà plu-
» sieurs fois exprimé la nature, je vais la redire
» à Votre Excellence. Ils composent un recueil
» de dix-huit mois , où , jour par jour, j'ai inscrit
» tout ce que j'ai su, vu ou entendu de celui
» qui, à mes yeux, a été et demeure le plus grand
» des hommes. Mais ce recueil informe, inexact,
» non arrêté, corrigé à chaque instant, et par
» sa nature devant l'être sans cesse, était un mys-
» tère que la circonstance seule a mis au jour.
» Tous ignoraient son existence , à l'exception
» peut-être de l'auguste personne qui en était

» l'objet; elle-même, encore en cet instant n'en
» connaît point le contenu ; il n'était pas destiné
» à voir le jour durant ma vie; je me plaisais à
» en faire le monument historique le plus com-
» plet et le plus précieux. Veuillez ordonner ,
» Milord, qu'il vous soit adressé intact. V. S. le
» peut sans inconvénient; je lui proteste solen-
» nellement ici qu'il ne s'y trouve rien, directe-
» ment ou indirectement, qui puisse donner des
» lumières urgentes et utiles à l'autorité locale de
» Sainte-Hélène pour le grand objet dont elle
» se trouve chargée. Elle ne saurait avoir aucun
» avantage à en prendre connaissance, et il y au-
» rait de très-grands inconvéniens d'accroître,
» par les personnalités qui s'y trouvent, l'aigreur
» et l'irritation, qui ne sont déjà que beaucoup
» trop grandes.

 » Arrivés près de vous, Milord, si votre situa-
» tion politique juge que ces papiers, si sacrés,
» si secrets par leur nature, doivent être visités,
» je m'y soumettrai sans peine, parce que cela
» s'exécutera près de moi, et que je serai sûr des
» formes inviolables et sacrées dont V. E. en
» enveloppera l'examen. Je ne pense pas encore

» que vous trouviez aucune objection à cette se-
» conde faveur que je demande avec instance.

» Milord, j'ai l'honneur de vous adresser une
» lettre pour S. A. R. le Prince Régent, et vous
» prie de vouloir bien me faire la grâce de la mettre
» sous ses yeux. Mon profond respect pour son
» auguste personne, m'a seul empêché de vous
» l'envoyer ouverte, et j'autorise V. E. à l'ouvrir,
» si l'usage le permet.

» J'ai l'honneur d'être, etc. »

LETTRE AU PRINCE RÉGENT D'ANGLETERRE.

« Altesse royale, — Jouet de la tempête poli-
« tique, errant, sans asile, un étranger faible,
» malheureux, ose s'adresser avec confiance à
» votre âme royale.

» Deux fois dans ma vie, j'ai eu le malheur
» de me trouver hors de ma patrie, toujours au
» rebours de mes intérêts, et toujours croyant
» ne remplir que de grands et nobles devoirs.
» Lors de mon premier exil, le séjour de l'An-
» gleterre adoucit les peines de ma jeunesse, et
» je comptais sur elle encore pour couler quel-
» ques jours tranquilles dans mes vieux ans. Ce-

» pendant, on me fait craindre de m'en voir re-
» poussé. Et qui pourrait m'attirer une telle sé-
» vérité? Serait-ce le lieu d'où je sors, les soins
» que je me plaisais à y donner, les sentimens,
» les tendres vœux que j'y reporterais sans cesse?
» Mais, Prince, à Longwood je professais une
» grande et rare vertu; j'y soutenais, avec mes
» dignes compagnons, l'honneur de ceux qui en-
» tourent les Rois. Après nous, on ne dira plus
» qu'il n'est pas de fidélité, d'amour pour les
» monarques malheureux.

» De tels actes pourraient-ils être persécutés,
» m'interdire un asile? Et puis, celui qui tou-
» jours grand a tracé pour moi, du roc de l'ad-
» versité, ces paroles qui m'ont enflé le cœur :
» *Soit que vous retourniez dans la patrie, soit que*
» *vous alliez ailleurs, vantez-vous partout de la*
» *fidélité que vous m'avez montrée;* celui-là, dis-
» je, ne m'a-t-il pas donné un titre, des droits à la
» bienveillance de tous les Rois? Prince, je me
» place sous votre protection royale.

» Dans l'abord journalier et les conversations
» fréquentes de celui qui a gouverné le monde
» et rempli l'univers de son nom, j'ai conçu et

» exécuté d'écrire jour par jour tout ce que j'en
» verrais, tout ce que j'en entendrais.

» Ce recueil de dix-huit mois, unique dans sa
» nature, mais encore informe, inexact, non
» arrêté, inconnu à tous, même à l'auguste per-
» sonne qui en était l'objet, m'a été saisi; Prince,
» je le place aussi sous votre protection royale ;
» j'ose vous en supplier au nom de la justice, de
» la vérité, au nom de l'histoire.

» Que Votre Altesse royale daigne, dans sa
» bonté, prononcer que je dois trouver un re-
» fuge à l'ombre de ses ailes, et j'irai y chercher
» un lieu où je puisse, tranquille, me *ressouve-*
» *nir* et *pleurer.* » Je suis, avec le plus profond
respect, etc. Le comte de LAS CASES.

En réponse à ma lettre à lord Charles Somerset, je reçus de lui l'autorisation que j'avais
demandée pour mon fils, de partir pour l'Europe par la première occasion. Je voulais qu'il
en profitât, je l'en pressai, le lui ordonnai même;
mais il s'y refusa absolument, et écrivit, à cet
égard, une lettre au Gouverneur, qui me causa
des sensations trop douces, et honore trop son
cœur pour que je me refuse à la mentionner ici.

«Mon père, lui mandait-il, vient de me lire
» la permission que vous m'accordez de me ren-
» dre en Europe ; il m'a supplié, ordonné d'en
» profiter.

» Milord, je ne ferai point usage de votre in-
» dulgence, et j'oserai désobéir à mon père. Les
» peines du corps ne sont rien ; celles du cœur
» sont tout. Privé depuis deux ans de ma mère,
» je la pleure à chaque instant ; toutefois, je
» n'abandonnerai jamais mon père dans un cli-
» mat qui n'est pas le sien, et dans une situation
» si étrange pour lui. Ma santé n'est plus rien
» pour moi : heureux si je puis lui être de quel-
» que consolation, et alléger, en les partageant,
» les maux qui depuis long-temps s'accumulent
» chaque jour autour de lui.

» Je préfère mourir à ses côtés que de vivre
» loin de lui. Je suis trop fier de ses nobles ver-
» tus, trop avide de ses grands exemples pour
» le perdre de vue un instant. Je mourrai s'il le
» faut ici : on pourra compter deux victimes au
» lieu d'une.

» Je ne vous en remercie pas moins, Milord,
» du fond de mon cœur, de votre bonne volonté

8.   15

» pour moi. Combien il m'eût été doux, com-
» bien je vous eusse béni de l'avoir étendue jus-
» qu'à mon père ! J'ai l'honneur d'être, etc. »

Cette lettre fut sans doute lue en famille chez
lord Ch. Somerset, et y fit naître les sentimens
dont elle était digne ; car le lendemain, le jeune
docteur étant venu, et moi l'ayant pris à part
pour qu'il fît usage de son ascendant médical
sur mon fils afin de le déterminer à partir, au
lieu de m'écouter, il courut à la chambre de
mon fils, lui sautant au cou pour ce qu'il venait
de faire, disait-il, l'assurant qu'il l'eût méses-
timé s'il en eût agi autrement ; et l'entraînant à
la fenêtre, il le présenta à deux dames restées
dans leur calèche ; et ce furent alors beaucoup
de salutations réciproques ; c'étaient les deux
filles de lord Charles Somerset, qui avaient
voulu, ce matin, conduire elles-mêmes le docteur jusque dans la cour de notre prison, et probablement satisfaire l'intérêt et la curiosité que
les expressions de mon fils avaient fait naître.

Cependant notre situation continuait d'être
déplorable dans notre espèce de cachot : nos
fenêtres, sans rideaux, donnaient sur une cour

couverte d'un sable enflammé. Dans cet hémisphère opposé, bien qu'au mois de janvier, nous
nous trouvions dans cet instant sous les ardeurs
brûlantes de l'été; nous étouffions.

Au-dedans toujours même gêne, mêmes restrictions, mêmes contrariétés; toujours mêmes
honneurs de notre déjeûner et de notre dîner
par les mêmes officiers; j'étais surtout vivement
heurté dans le cœur, de cette dernière circonstance, et résolu de m'y soustraire à tout prix; je
gardai le lit et y pris désormais mes repas, décidé à n'en pas sortir si l'on n'allégeait mes tourmens. Je souffrais d'ailleurs de violens maux d'estomac; j'avais parfois de la fièvre; ma santé était
totalement dérangée. L'officier de garde m'avait
fait connaître, il est vrai, qu'il avait ordre de me
conduire dans la ville et même aux environs,
dès que je lui en exprimerais le désir; mais je l'en
avais remercié pour moi, et n'en voulus profiter
que pour mon fils.

Personne n'arrivait jusqu'à moi; soit que l'officier, qui me savait incommodé, crût me rendre
service, soit que cela lui fût interdit, il repous-
sait sévèrement toute tentative à cet égard; ce

qui amena une circonstance des plus singulières.
En face de notre porte, était un fond de cor-
ridor où il nous était permis d'aller, et qui nous
devenait indispensable mainte fois le jour.
M'y étant rendu, et trouvant dans le voisinage une porte ouverte, contre toute habitude,
j'eus la curiosité de la franchir, et un escalier
rapide me conduisit sur le comble et la plate-
forme du château, d'où je dominais sur toute
la ville du Cap, et la vaste mer à perte de vue.
Frappé de la beauté du spectacle, je m'oubliai
dans les méditations qu'il faisait naître, et
deux heures s'étaient écoulées avant que je son-
geasse à revenir. Le hasard avait fait que j'étais
sorti durant la promenade de mon fils avec notre officier ; or, la sentinelle avait été changée
pendant cet intervalle, si bien que quand je me
présentai à ma porte, ce soldat la croisa de son
fusil et me repoussa fort brutalement ; plus j'in-
sistais plus il se fâchait. Cela me parut plaisant ;
mais je trouvais plus plaisant encore de descendre les escaliers, de traverser les cours et d'aller
au corps de garde extérieur demander main
forte pour pouvoir rentrer dans ma prison. Aux

premières paroles, l'officier de service, effrayé
de me voir là, s'élança en fureur dans les escaliers, jusqu'au factionnaire, et là commença
entre eux deux la plus violente querelle ; l'officier l'accablant d'injures et le menaçant de le
faire rouer de coups. Le soldat, furieux de son
côté, et les yeux hors de la tête, jurait qu'après
tout il avait pourtant fait son devoir; et moi,
tranquille spectateur, je ne pouvais m'empêcher
de sourire d'un tel esclandre, auquel ni l'un ni
l'autre, au fait, ne comprenait rien, et que moi
seul aurais pu expliquer. Toutefois la paix se fit
aux dépens du captif : on me remit sous les bar-
reaux, et tout rentra dans le calme.

Le jeune docteur était le seul qui parvînt jusqu'à moi : il me visitait souvent ; sa conversation
me faisait du bien ; il me répétait chaque fois de
songer à ma santé ; il devinait, disait-il, le siége
de mon mal, et s'affligeait qu'il fût hors de son
pouvoir d'y porter remède. Je l'assurai que le
plus efficace qu'il pût me procurer en cet instant, serait de m'obtenir un lecteur capable
aussi d'écrire sous ma dictée; je le demandais
vainement depuis mon arrivée, l'état de mes

yeux m'interdisait toute occupation, on la défendait strictement à mon fils; et les journées
me devenaient insupportables, si je devais demeurer ainsi, laissé oisivement à mes cruelles
pensées.

Le docteur m'apprit que le Gouverneur allait
partir pour faire le tour de la colonie, qu'il ferait une absence de trois mois, ce qui allait
éterniser pour moi un avenir que je ne pouvais
plus endurer. Cette circonstance me détermina
à faire une dernière tentative, bien que je
comptasse peu sur le succès, et seulement pour
n'avoir rien à me reprocher, car la manière horrible et tout à fait inconvenante dont j'étais
traité m'étonnait moins qu'elle n'eût dû le faire:
j'y avais été préparé. On nous avait répété souvent, à Sainte-Hélène, que lord Charles Somerset était notre ennemi personnel; et, en arrivant ici, m'informant de son caractère et de
l'accueil probable que j'en devais attendre, on
m'avait dit : « Monsieur le comte, sous peine
» d'être chien ou cheval, on n'attire guère son
» attention. » Et depuis, je m'étais répété tristement plus d'une fois, dans les ennuis de ma

prison : En effet, comme je ne suis ni chien ni cheval, voilà pourquoi, sans doute, je n'entends point parler de lui. On va voir bientôt combien peu il méritait tout cela,

Profitant d'une phrase de sa première lettre, dans laquelle il avait exprimé le désir de me rendre mon séjour le moins désagréable possible, je m'en servis comme d'une occasion naturelle pour lui faire parvenir, dans la lettre suivante, toute ma pensée sur le traitement que j'éprouvais.

« Milord, — J'apprends que V. E. est à la » veille de partir pour une longue absence, ce » qui me détermine, en dépit d'une extrême » répugnance, à entamer, quoiqu'il m'en coûte, » un sujet pénible, celui de quelques détails » domestiques. Je m'y crois obligé, afin, s'il m'é- » chappait jamais avec le temps quelques paroles » publiques de mécontentement, de ne pas en- » courir de V. E. le très-juste reproche de ne lui » en avoir pas donné connaissance.

» Mais avant d'entrer en matière, Milord, et » pour que vous ne m'accusiez pas de ridicule » dans ce que je pourrais dire plus bas, comme » aussi pour vous donner une idée juste de mes

» circonstances, qu'il est très-simple que vous
» ne connaissiez pas, que V. E. me permette de
» lui faire observer, avec tout l'embarras de celui
» qui se voit obligé de s'annoncer et de se nom-
» mer lui-même, qu'ils n'est personne ici sur la
» ligne duquel, *sous tous les rapports quelconques,*
» je ne puisse, je ne doive me placer naturel-
« lement et sans gêne. Ensuite, que je ne de-
» mande ni ne sollicite aucune indulgence, ni
» faveur relative à mes besoins personnels ,
» n'ayant d'autre désir que d'être laissé, sur cet
» objet, à mes propres ressources.

» Ces deux points établis et déterminés, je
» passe à l'article de votre lettre dans lequel vous
» avez la bonté de me faire connaître votre désir
» de rendre mon séjour ici le moins pénible
» possible. J'aurai l'honneur, à ce sujet, de faire
» savoir à Votre Excellence, que je suis dans un
» vrai cachot, où il me serait difficile de vivre
» long-temps.

» Renfermé avec mon fils dans une très-petite
» chambre, avec l'extrême chaleur de la saison,
» malades tous les deux, nous respirons l'un
» sur l'autre; nous ne saurions y bouger; nos

» lits la remplissent en entier. La réflexion d'un
» soleil brûlant, par une fenêtre sans rideaux,
» me force de passer la journée dans mon lit.
» Une pièce de même nature est à côté, il est
» vrai ; mais c'est une salle à manger, dont deux
» de vos officiers me font les honneurs. Si j'y
» entre parfois, ce n'est qu'en calculant les mo-
» mens. Une troisième chambre vient ensuite ;
» c'est celle de l'officier que vous avez commis
» à ma garde, et je dois la traverser, quoiqu'il
» m'en coûte, pour les besoins les plus indis-
» pensables.

» Quelque dure, quelque effroyable que me
» soit cette position, j'ai été matelot, j'ai été
» soldat ; et mieux encore, je suis homme, je
» saurais la dévorer en silence et bien au-delà ;
» je ne vous en parle ici que pour répondre au
» paragraphe obligeant de votre lettre. Il n'y a
» point de feu chez nous ; si la santé de mon fils
» ou quelques besoins passagers demandent un
» peu d'eau chaude, il faut y renoncer, ou re-
» courir à la charité des voisins. Le docteur a
» vainement ordonné des bains pour mon fils ; on
» ne peut y parvenir. S'il me vient la moindre

» fantaisie, et que je veuille me la procurer,
» on m'objecte que Votre Excellence a ordonné
» de pourvoir à tout; ce qui, dès cet instant,
» réprime, par délicatesse, mon désir, et ne le
» satisfait pas.

» J'épargne à Votre Excellence une foule de
» détails trop au-dessous d'elle et de moi. Arrive
» le supplice des repas; deux officiers pleins d'at-
» tentions, d'égards et de politesse, j'aime à le
» confesser, y président; mais leurs soins mêmes,
» chose étrange et pourtant vraie, accroissent
» ma peine, en me forçant de m'étudier sans
» cesse à y répondre, lorsqu'il serait très-naturel
» et fort désirable pour moi, de laisser errer
» mes idées loin du séjour où je me trouve. De
» plus, nos usages, nos habitudes, nos mœurs
» sont tout à fait différens. Je me vois plusieurs
» heures à table, quand je n'y demeurais pas
» une demi-heure. Et quel sujet de conversation
» étrangère peut désormais être sans inconvé-
» niens pour moi! V. S. a trop de jugement
» pour ne pas sentir que cette position doit être,
» en effet, un supplice. Ma tristesse est sans
» doute pénible à mes compagnons de table,

» comme leur gaîté me serait importune. La so-
» litude la plus entière est mon seul lot ; elle
» seule peut me complaire : aussi je n'ai pu con-
» tinuer long-temps ; je mange dans mon lit.

» De quelle nécessité peut être un officier at-
» taché à ma personne ? J'ose le demander à
» Votre Excellence, et je me plais à répéter ici
» que je ne saurais assez me louer de celui qu'elle
» m'a donné. Serait-ce pour ma surveillance ?
» La sentinelle qui est à ma porte semble suffi-
» sante. Serait-ce une attention pour transmettre
» les désirs que j'aurais pu former ? Mais je n'en
» ai aucun. Serait-ce pour légitimer les visites que
» je recevrais ? Mais je n'en puis recevoir d'autres
» que celles que désigne l'autorité. Serait-ce
» pour m'accompagner dans mes courses ? Mais
» il ne saurait m'arriver de faire un pas qui puisse
» être à charge à un officier : je ne sortirai jamais.

» Milord, puisque vous avez arrêté que je
» demeurerais votre prisonnier, quelle objection
» Votre Excellence aurait-elle à me placer dans
» une maison en ville, me permettant d'y em-
» ployer, à mes frais, le domestique, le cuisi-

» nier, etc, qu'il me plairait, avec les précau-
» tions qu'elle jugerait convenables, et laissé à
» moi-même. Votre Excellence aura pourvu à
» tout, et n'entendra plus parler de moi. S'il
» me prenait fantaisie de faire un tour en voiture
» ou autrement, j'écrirais à l'officier, je connais
» son obligeance, il ne me refusera pas. J'ai dit
» une maison à la ville, Milord, la nature de
» l'incommodité de mon fils, qui exige par-
» dessus tout l'assistance constante et parfois
» subite des médecins, m'interdit tout à fait la
» campagne.

　　» Tels sont les détails que je me suis cru forcé
» d'adresser à Votre Excellence. Je désire qu'ils
» lui soient moins désagréables, moins pénibles
» qu'à moi. J'ai l'honneur, etc. »

　　Cette lettre, par sa nature, devait amener
un résultat décisif. La réponse immédiate fut
l'arrivée de l'adjudant-général venant me dire,
au nom du Gouverneur : 1° qu'il avait donné des
ordres pour que mon fils eût dès demain une
chambre à lui seul ; 2° que l'officier, dès cet instant, ne mangerait plus avec nous ; 3° que l'on

s'occupât aussitôt de nous préparer un lieu plus salubre; enfin, que si j'avais tout autre désir, on s'empresserait de le satisfaire, etc.

Tels étaient les effets de ma lettre, son succès comme on voit, était des plus complets, au-delà même de mes espérances, et je me félicitais de l'avoir écrite, puisqu'elle me donnait la satisfaction de découvrir dans lord Charles Somerset des dispositions que je n'avais pas attendues. Mais ce ne devait pas être là tout encore; le lendemain matin, de fort bonne heure, un colonel, premier aide-de-camp du Gouverneur, m'écrit qu'il a une communication à me faire de la part de Son Excellence, et qu'il me demande mes ordres pour l'heure à laquelle il me conviendrait de le recevoir. Sur ma réponse, il arrive, et me dit qu'il est chargé, de la part du Gouverneur, de m'apprendre qu'il a quitté la ville ce matin, pour une tournée de trois mois, qu'il est bien fâché de savoir que j'ai été aussi mal, qu'il me prie de lui faire la grâce de croire que cela a été tout à fait à son insu; qu'il n'a rien de plus à cœur que de me faire supporter mon séjour, qu'il m'offre sa maison de campagne, ses gens et tout ce qui s'y trouve; qu'il me prie de m'en mettre en possession, me faisant répéter que si j'ai tout autre désir, je n'ai qu'à le faire connaître, que les ordres sont de les satisfaire. J'ai accepté sans hésitation, et le colonel est allé prendre les mesures nécessaires pour notre immédiate translation.

Alors, j'ai pu voir combien on avait calomnié le caractère du Gouverneur; alors j'ai eu la preuve certaine que lord Charles Somerset avait les formes, la grâce et les manières de son rang éminent : combien peuvent différer les hommes! A Sainte-Hélène, une lettre telle que la mienne eût probablement fait resserrer les chaînes : ici elle valait l'offre d'un palais ; et cette seule observation suffit pour caractériser les deux autorités avec lesquelles j'avais eu à traiter. C'est qu'au fait, lord Charles Somerset était loin de mériter ce que j'en avais entendu. Tout homme a ses détracteurs : peu de chefs ont le bonheur de leur échapper. Lord Charles Somerset, ainsi que j'ai pu m'en convaincre par la suite, était noble, généreux, moral, très-religieux et d'une nature tout à fait bienveillante. Aucun mal, celui surtout qui a pesé sur moi, ne venait de lui ; mais bien des subordonnés exécutant d'habitude le travail et influençant les décisions ; or, ceux qui dirigeaient ici, soumis aux préjugés vulgaires de nation, nous haïssaient comme Français, et s'estimaient heureux des rigueurs dont ils pouvaient nous accabler à ce titre.

Si je m'étais procuré les rapports de société avec le Gouverneur, ce qui, j'ai eu des raisons de le croire, ne m'eût pas été difficile, je ne doute pas qu'ayant occasion de plaider ma cause tête à tête avec lord Charles, je n'eusse réussi à obtenir ce que je demandais, parce que c'était de toute justice ; mais il n'était pas de ma situation de chercher à m'en rapprocher, et il était dans l'inclination de son entourage de l'empêcher de venir à moi : il se fit bien annoncer plusieurs fois, mais il n'exécuta jamais son dessein.

Mercredi 29 Janvier au Samedi 5 Avril.

Translation à Newlands, maison de campagne des Gouverneurs. — Détails, etc.

Aujourd'hui, de très-bonne heure, avec une

exactitude parfaite, ainsi qu'il avait été arrêté avec le colonel aide-de-camp, une voiture à quatre chevaux s'est trouvée à notre porte; nous nous sommes mis en route, et en moins de trois quarts d'heure nous avons atteint Newlands (terreins neufs), maison de campagne des Gouverneurs, qui pourrait passer pour une jolie habitation d'Europe. Il nous fut aisé de voir que quelques années s'étaient écoulées depuis son nom primitif, car elle est entourée d'arbres très-élevés, d'un grand nombre de bosquets et de beaucoup de vergers en plein rapport.

Un aide-de-camp du Gouverneur nous en mit en possession avec toutes les formes de la politesse la plus recherchée; et voulant me faire reconnaître le terrain, me disait-il, et m'expliquer toutes les circonstances environnantes, il me pria de le parcourir avec lui, ne disant pas un mot des limites ni des restrictions, et trouvant le moyen de glisser adroitement que les soldats que je voyais n'étaient autres que la garde ordinaire du Gouverneur, et n'avaient pas d'autre consigne que celle qui existait pour lui; que je pouvais me regarder dans la maison comme

chez moi; que tout y était à mes ordres, et il
prit congé.

Laissés à nous-mêmes, et parcourant ces lieux
charmans, nous nous disions être passés subitement d'une affreuse prison à un lieu de délices.
Ces appartemens soignés, des volières dans le
voisinage, des oiseaux de toute espèce, des fleurs
en abondance, ces bosquets nombreux, ces
belles promenades, et avec tout cela ce silence,
cette solitude, le tout nous semblait quelque
chose de magique : nous trouvions qu'il y avait
du Zémire et Azor.

Tout dans la maison avait été mis à notre
usage, et restait dans l'état où il avait été occupé; rien n'avait été mis de côté. Mon fils, en
ouvrant une boîte à couleurs, aperçut un dessin
non encore achevé d'une des filles de lord Charles; c'était le portrait de l'objet révéré que nous
pleurions, car où ne se trouve-t-il pas? Le modèle était à côté; une mauvaise esquisse, espèce
de caricature prise à bord du Northumberland,
qui nous poursuit partout, et que nous détrui-
sons partout avec ce zèle ardent des mission-
naires brisant les images des faux Dieux. Dans

8.   16

sa verve, et pour son début poétique, mon fils écrivit au bas du dessin difforme de Mademoiselle Somerset :

> Sous vos doigts élégans tout devrait s'embellir ;
> C'est aux belles surtout à peindre le courage :
> Du héros des héros, du Mars de l'avenir,
> Comment avez vous pu défigurer l'image ?

Et moi j'y joignis une petite médaille, ressemblance plus fidèle de Napoléon. Puis nous resserrâmes soigneusement le tout, ravis de notre espiéglerie, et jouissant d'avance de la surprise de miss Somerset, lisant un jour, sans colère, la censure que nous nous étions permis de faire de son dessin.

Le Gouverneur avait poussé l'attention jusqu'à faire venir pour moi, de la ville, un maître-d'hôtel en titre, qui devait prendre mes ordres pour ma nourriture de chaque jour, me disait-il, me donnant à entendre que je pouvais ordonner avec profusion ; mais j'avais pris des mœurs spartiates ; je le priai donc de borner ses soins au simple nécessaire ; et quant à lui, changeant sa destination, je l'établis, dès cet instant, mon lecteur ; en quoi il me fut véritablement précieux : du

reste, par un hasard singulier, c'était précisément le neveu du seul habitant que je connusse
à Sainte-Hélène, le cher Amphitrion, notre bon
et ancien hôte de Briars, que j'aime beaucoup.

En revoyant l'aide-de-camp, qui nous visitait
assez régulièrement, ayant charge expresse, disait-il, de veiller à notre bien-être, je le priai de
faire parvenir nos remercîmens et notre reconnaissance à lord Ch. Somerset, pour toute la
grâce dont il nous entourait afin de déguiser
notre captivité. « Car c'en était toujours une, lui
» faisais-je dire, puisque, malgré nous, nous
» pleurions loin de Sainte-Hélène et loin de
» l'Europe. »

Notre sortie de prison et notre établissement
à Newlands, furent pour nous une véritable révolution : nous reçumes des visites, beaucoup
de personnes s'empressèrent de nous voir. Le
général Hall, commandant en l'absence du Gouverneur, vint accompagné de sa femme, qui,
joignant à une très-jolie figure les manières les
plus douces et les plus agréables, parlait très-
bien le français. Son mari avait été onze ans prisonnier en France, et elle était venue l'y joindre

en dépit des grandes restrictions existantes entre les deux pays. Elle n'avait pas craint, pour y parvenir, de s'exposer à traverser la Manche, autant que je puis me le rappeler, en simple canot. L'un et l'autre se trouvaient de grande connaissance avec beaucoup de mes amis de Paris. Le général Hall, d'une sévère franchise et d'une grande loyauté, me dit qu'il se trouverait heureux d'acquitter sur moi, sans songer aux différences d'opinion, tous les bons traitemens qu'il avait généreusement éprouvés en France, et il tint parole.

Je reçus aussi la visite du colonel Ware, dont la femme avait sa sœur mariée à un des membres du ministère actuel. Demeurant à un quart d'heure de Newlands, il venait me faire l'offre, disait-il, d'un bon voisinage, qu'il n'a cessé, en effet, de nous rendre des plus agréables par les communications les plus suivies et les plus aimables. Enfin, il n'est pas jusqu'à une femme des plus distinguées sous tous les rapports, et accidentellement dans la colonie, qui n'eut la charité chrétienne de venir visiter un captif; ce qu'elle renouvela plusieurs fois, et ce qui fut un

inespérable bonheur ; car son acte de bienveillance était rehaussé de tout le prix d'une conversation charmante, de manières pleines de
grâce et d'une modestie séduisante : c'était véritablement une fleur d'Europe égarée dans les
bruyères du Cap.

Il est encore une foule de fonctionnaires de
toutes armes et de tout rang qui s'empressèrent
de venir visiter notre solitude, et s'efforcèrent
d'alléger nos peines avec une sympathie et un
intérêt tout à fait touchans. La connaissance de
leur bienveillance eût pu leur valoir alors, de la
part de leurs ministres, des désagrémens, et
peut-être des destitutions ; et aujourd'hui encore, quoiqu'il m'en coûte, je tairai leurs noms
à tout hasard ; mais qu'ils sachent bien qu'aucune
de leurs démarches, qu'aucune de leurs paroles
n'ont été perdues pour mon cœur : je me sens né
pour la reconnaissance.

La curiosité s'en mêlait aussi ; il n'était point
d'étranger arrivant dans la colonie, tous les nombreux passagers de l'Inde surtout, qui ne voulussent visiter Newlands. J'étais un rayon échappé
de Longwood : on tenait à voir celui qui venait

d'auprès de Napoléon, tant il était constamment et partout dans tous les esprits, dans toutes les conversations.

J'eus l'occasion alors de répondre à bien des questions qui m'étaient adressées sur sa personne, ce que je faisais toujours avec une étendue dans laquelle je me complaisais. Que de préventions je détruisais! Que de surprises je causais! car il serait difficile d'imaginer aujourd'hui combien le défaut de communication des deux peuples, pendant tant d'années, leur irritation mutuelle, avaient accumulé sur l'Empereur d'atroces mensonges ou d'absurdes niaiseries. Croirait-on qu'un militaire d'un rang distingué, de beaucoup d'esprit lui-même, me priait de lui dire franchement, entre nous, si Napoléon était capable d'écrire un peu : il le supposait soldat, et pas autre chose. Je crois, en vérité, qu'il n'était pas éloigné de douter qu'il sût lire. Je lui ris au nez, et lui demandai s'il n'avait donc jamais eu connaissance de ses proclamations militaires. Sans doute, répondait-il; mais il les avait supposées de ses faiseurs; et je l'étonnai beaucoup, et il convint n'avoir plus rien à dire, quand je lui

appris qu'à vingt-sept ans, il était membre de
l'Institut de France, réunion indubitablement la
première, la plus savante du monde.

Dès que j'avais été établi à Newlands, mon
premier soin avait été de songer à envoyer à
Longwood quelques-uns des objets que je savais
y manquer. Je connaissais par expérience combien, dans ce lieu de douleur, on demeurait
privé de toutes choses, surtout de celles qu'une
longue habitude pouvait avoir rendues nécessaires ou agréables : je savais qu'on y attachait
peu de prix, il est vrai; mais c'était à moi, le
cœur plein de ces souvenirs, à y pourvoir, me
disais-je; je fis donc rechercher ce qu'il pouvait
y avoir de mieux en vin de Constance, vin de
Bordeaux, café, liqueurs, huile, eau de Cologne, etc. , demandant des qualités extrêmement
supérieures, ou pas du tout. Le Cap est encore
très-mal pourvu de nos délicatesses d'Europe.
A l'exception du vin de Constance, qui est indi-
gène, on ne trouva de tout le reste, que peu
ou même rien. J'avais eu la précaution de demander au général Hall, s'il se prêterait à mon
envoi, ce qu'il fit avec la plus grande obligeance.

Il est vrai que pour que ces petits objets présentassent le moins de difficulté possible pour leur admission à Sainte-Hélène, j'avais voulu y demeurer tout à fait étranger, je n'avais même pas voulu les voir ici, ayant prié des officiers de l'état-major d'avoir la bonté d'en faire la recherche, et ne me réservant d'autres soins que celui du paiement. C'est avec ces précautions, et en les faisant connaître à sir Hudson Lowe, que je lui adressai le tout. On lit dans M. O' Méara, que ce Gouverneur se montra très-heurté de ma démarche, la disant injurieuse au gouvernement anglais; et à moi il me répondit dans le temps, que bien qu'il dût reconnaître que j'avais mis une grande réserve dans la manière de m'y prendre; cependant il ne pouvait permettre que ces objets fussent remis à Longwood, parce que lui seul était chargé, au nom du gouvernement anglais, de pourvoir à tous les besoins de cet établissement. Il oubliait s'être plaint mainte fois de n'avoir pas les sommes suffisantes, et que nous, de notre côté, nous lui avions fait connaître souvent qu'il nous laissait manquer du nécessaire. Néanmoins, j'ai su plus tard qu'il avait fini par remettre le tout à sa destination, et j'ai eu l'inexprimable satisfaction d'apprendre que le vin de Constance, surtout, y avait fait plaisir. L'Empereur se l'était particulièrement réservé; il ne l'appelait plus que de mon nom. Dans ses derniers momens, dégoûté de tout, quand il ne savait plus que prendre : « Donnez-» moi du vin de Las Cases, disait-il. » Quelles paroles pour moi!

Je renvoyai dans le même temps à sir Hudson Lowe le titre éventuel que, dans les angoisses de mon départ, le Grand-Maréchal m'avait remis contre les quatre mille louis laissés à l'Empereur. Il portait que cette somme me serait remboursée sur-le-champ. Et comme je me refusais à le prendre, le Gouverneur, sir Hudson Lowe, m'avait dit ironiquement : « Prenez toujours, vous irez où » sont les fonds du général, et cela vous servira » à vous faire payer. » Le souvenir de cette circonstance m'étant revenu plus tard, et ne doutant pas des rapports que sir Hudson Lowe en aurait fait à ses ministres, je crus devoir lui renvoyer ce titre; tout en lui recommandant de vouloir bien redresser auprès de son gouvernement,

les *commentaires erronés* dont il n'avait sûrement
pas manqué d'accompagner cette circonstance.
« Je ne m'étais réservé, lui mandais-je, que la
» simple signature comme plus précieuse que la
» somme même; et je rendais le reste pour dé-
» truire à ses yeux les fausses idées qu'il m'avait
» laissé apercevoir. Tout titre m'était inutile,
» ajoutais-je; chacun des parens de l'Empereur
» ne manquerait pas de se disputer, sans doute,
» l'honneur de me rendre ma somme; ou, au be-
» soin, le premier Français que je rencontrerais
» m'en ouvrirait un compte. »

Deux mois s'étaient déjà écoulés à Newlands,
et, d'après ce que l'on a vu plus haut, bien des
lecteurs seront tentés de croire que nos jours y
avaient été heureux; mais est-il de bonheur dans
la captivité, loin de la patrie!... Seulement nous
y avions passé le temps le mieux que nous avions
pu; nous avions régularisé nos heures et distribué du travail. Mon fils continuait ses leçons. Le
piano des demoiselles Somerset était une de ses
diversions, et moi je me faisais lire beaucoup.
J'avais des livres sous la main, et les amis me
fournissaient régulièrement les journaux et les

publications nouvelles. Le soir venu, mon fils et moi nous errions ensemble sous ces beaux ombrages, ou bien encore, comme il avait acheté un cheval, il faisait parfois des excursions dans le voisinage, et rentrait, en fournissant des courses devant moi dans les belles allées de Newlands, où, assis, je me complaisais à le regarder..... Il me semblait le voir revivre et se développer.

Je dois le confesser, dans ces belles soirées d'été, entouré d'un firmament aussi pur, respirant une fraîcheur délicieuse sous ces beaux arbres, tout au spectacle ravissant d'une aussi belle nature, j'ai goûté parfois encore quelques heures pleines et entières : c'étaient mes adieux à la vie..... La roideur d'âme à laquelle nous avaient montés les traitemens de Sainte-Hélène, venant à se détendre sous les charmes d'un si beau ciel et de la tranquillité parfaite du lieu, je me suis surpris plus d'une fois à me dire : que le reste de ma famille n'est-il ici!..... Ah! si encore l'Empereur était aussi bien!..... Mais que ces momens d'oubli étaient rares et courts! car, je le répète, il ne saurait être d'idée même de bonheur, de pleine et entière jouissance loin de chez soi et des objets qui attachent; si bien que l'on puisse être d'ailleurs, on traîne partout le désert avec soi. Ce sentiment, l'impatience qu'il me causait, le besoin de voir finir mes peines, prenaient sensiblement sur ma santé : j'avais des insomnies constantes devenues un véritable supplice; j'avais beau travailler, prendre de l'exercice le jour, prolonger fort tard le moment de mon coucher, à peine au lit, et malgré moi, je revenais aussitôt sur le chaînon écoulé; je comptais un jour de moins de mon exil, et je m'attachais involontairement à calculer et recalculer le nombre de ceux nécessaires encore pour recevoir de Londres l'ordre de notre délivrance, les chances qui pouvaient la retarder, etc., etc.; et ces idées, une fois saisies de mon esprit, amenaient l'impossibilité absolue de clore l'œil; ce qui renouvelait pour moi, chaque nuit, un des tourmens les plus cruels qui puissent s'imaginer.

Cependant, le retour du Gouverneur approchait, et je commençais à m'inquiéter d'avoir à me trouver ainsi avec lui dans sa maison, ne pensant pas qu'il pût être bien séant ni agréable, pour l'un ou pour l'autre, d'avoir à confondre

de la sorte, sous un même toit, l'hospitalité avec
la réclusion ; mais mon embarras cessa bientôt.
Soit réalité, soit prétexte, le secrétaire colonial
vint me faire connaître que, par l'arrivée prochaine de lord Amherst, revenant de son ambassade de la Chine, le Gouverneur se trouvait
obligé de me donner une autre demeure.

Ce secrétaire colonial, dont je n'ai jamais
parlé, bien que le second personnage civil de la
colonie, était un homme tout à fait excentrique
au physique et au moral. Il avait été membre de
plusieurs parlemens ; était instruit de tout, dis-
sertant sur tout, et le plus souvent brouillant
tout ; aussi disait-on que c'était une encyclopédie
dont on avait mêlé les feuilles à la reliure. Il se
mit d'abord en tête de nous placer dans un établissement qu'il avait commencé, et qu'il eut fait
louer au gouvernement. Heureusement, nous
échappâmes ; parce qu'il s'y trouva des difficultés insurmontables, comme d'être obligé de s'y
rendre par mer, je crois, et ensuite de n'être
pas sûr, une fois là, de pouvoir communiquer
avec nous à volonté ; enfin, l'on se fixa, pour
notre nouveau séjour, sur une honnête famille,

à huit ou dix lieues du Cap, à *Tygerberg* (montagne du Tigre), tirant son nom de la grande quantité de tigres qui s'y trouvaient au moment de l'occupation.

Cette occupation n'était pas fort ancienne, car tous ces terrains n'appartiennent exclusivement à la civilisation que depuis assez peu de temps; des personnes encore pouvaient me dire avoir vu elles-mêmes des tigres apparaître dans les belles allées de Newlands, que nous occupions en ce moment. Il paraît que les Hollandais, se bornant à la mer, se sont occupés peu, ou du moins avec lenteur, des progrès d'une grande colonisation. Aujourd'hui les choses vont changer de face sous l'industrie et l'activité des Anglais. Tous ces pays, et la ville du Cap surtout que les marins nomment l'*Auberge* indispensable des deux mondes, sont infailliblement appelés à de hautes et brillantes destinées : le sol y est riche et le ciel admirable. On peut cultiver presque partout à la fois et les productions de la Zône tempérée et celles des Tropiques. Les émigrations anglaises accourent en foule, et l'étendue est sans bornes : la population doit s'y accroître rapidement. L'Europe envahit l'Afrique par le Midi, et la race européenne la couvrira dans l'avenir comme elle couvre déjà l'Amérique; comme de Botany-Bay elle couvrira, avec le temps, la Nouvelle-Hollande, d'où elle subjuguera la Chine. La race européenne couvrira le globe et le régira; heureux si elle expie par les bienfaits de la civilisation, les crimes de la conquête, ou l'impureté de l'origine!

Dimanche 6 Avril au Mardi 19 Août.

Séjour à Tygerberg; le nom de Napoléon familier au désert.—Manuscrit de Sainte-Hélène; détails, etc.

Nous avons quitté Newlands vers le milieu du jour, et sommes arrivés à Tygerberg à la nuit. Notre nouvel hôte, M. Baker, né à Coblentz ou dans les environs, s'est trouvé comme un de nos compatriotes par son origine, ses opinions et sa sympathie. Toute la famille était à l'avenant, et composée des meilleurs gens du monde. Il eût été difficile pour nous de trouver ailleurs plus de soins, d'égards, d'attentions; tous nos désirs étaient prévenus, devinés, accomplis. Alors commença la troisième époque de notre captivité au

Cap. La première, au château, était une prison insupportable; heureusement elle ne dura que dix jours ; la deuxième avait été de plus de deux mois à Newlands, séjour charmant, demeure des plus douces : la troisième enfin, à Tygerberg, véritable désert, devait durer plus de quatre mois, et encore mes chaînes devaient-elles se prolonger ensuite!

Ici nous nous trouvions situés presque sur les confins des hordes errantes. Le pays était parsemé d'habitations isolées et à d'assez grandes distances, occupées par des cultivateurs de diverses nations, défrichant des terrains nouveaux pour se faire une fortune, ce à quoi l'on doit réussir indubitablement avec de la persévérance, de l'ordre, et quelques premiers fonds. Toutefois, bien qu'aux extrémités du monde civilisé, nous trouvâmes presque aussitôt et partout plus que de la bienveillance. Nos événemens européens n'y étaient ni inconnus ni indifférens; ils y avaient été recueillis même avec partialité, la majeure partie de la population se trouvant hollandaise, et liée à notre système national; aussi y trouvai-je, à mon grand étonnement, le nom de Napo-

léon des plus familiers. Le coq le plus fameux de
la contrée le plus souvent victorieux, s'appelait
Napoléon! Le coursier le plus renommé, Napoléon! Le taureau le plus indomtable, Napoléon!
Toujours Napoléon!!! Je ne pouvais m'empêcher
d'en rire; mais c'est qu'au fait chacun a sa manière de vanter, de consacrer les héros, et ici on
prétendait bien avoir donné le plus beau nom
que l'on connût.

Malgré notre éloignement de la ville, nous recevions pourtant quelques visites, et il était doux
pour nous de mesurer le degré d'intérêt par celui
de la distance et des embarras. C'est dans ce désert que nous apprîmes le naufrage d'un de nos
bâtimens français, l'Alouette, qui fit côte dans
les environs du Cap; je fus assez heureux pour
y faire parvenir les preuves du vif intérêt que j'y
prenais; car je n'ai jamais mieux senti qu'aux
extrémités de la terre combien la patrie rend
frères, en dépit des troubles politiques. Déjà,
pour mon propre compte, j'avais recueilli, avec
la plus douce satisfaction, la preuve des mêmes
sentimens à mon égard : des compatriotes pé-
nétrèrent mystérieusement jusqu'à nous dans le

8.   17

désert: d'autres, antérieurement, avaient franchi l'enceinte de Newlands, au péril de leur sûreté et au détriment de leur fortune, pensaient-ils, pour venir me proposer des services ; il n'est pas jusque dans la prison resserrée de la ville où les soins ingénieux de quelques Français n'eussent pénétré; et c'est dans de telles situations, que de tels témoignages sont précieux et dignement sentis.

Au demeurant, l'intérêt et la bienveillance ne se bornaient pas à nos compatriotes : un capitaine américain me fit offrir de m'enlever de ma solitude : il avait prévu tout, pourvu à tout, me faisait-il dire, je n'avais qu'à vouloir; car je n'avais qu'un hôte, et non pas un geolier. Mais à quoi cela m'eût-il conduit? Il n'était qu'un seul point, un seul but pour moi, Londres et le voisinage des ministres anglais.

Nous nous efforcions de passer le temps à l'aide de nos occupations habituelles. Je m'étais procuré un lecteur, et je l'employais beaucoup. En dépit de la distance, nos amis continuaient à nous fournir les journaux et les publications nouvelles. C'est alors que je lus l'ouvrage de

M. *Hobbhouse*, le premier, je crois, qui ait parlé favorablement de Napoléon, et ait hasardé d'en dire quelque bien; celui du docteur *Warden*, fort erroné, bien qu'avec les meilleures intentions du monde, j'en suis sûr; enfin le *fameux Manuscrit de Sainte-Hélène*, qui a tant excité l'intérêt et la curiosité de l'Europe. On s'y est partagé chaudement, on s'y est épuisé en conjectures sur son authenticité et sa véritable origine; mais l'étonnement, les incertitudes qu'il m'a causés à moi-même, les combinaisons qu'alors il me fit faire ne sauraient se rendre. Quels furent mes sentimens, ma surprise à cette lecture, où des pages de vérité, qui me semblaient dérobées à mes propres secrets, se mêlaient à d'autres pages pleines d'erreurs les plus triviales! Il fut des morceaux où je m'arrêtais, doutant que je fusse bien éveillé; j'en reconnaissais la substance, parfois des phrases entières, de propres expressions. Je me rappelais les avoir transcrites dans le temps, de la bouche même du narrateur. Elles étaient dans les papiers mêmes que sir Hudson Lowe m'avait retenus à Sainte-Hélène. J'aurais pu affirmer que toutes les grandes et belles idées,

la haute politique, les hautes conceptions, tout
ce qui attache et séduit dans le fameux Manuscrit, se trouvait consigné dans mon Journal, et
recueilli de la conversation de Napoléon. Si ma
lecture ne m'eût présenté que cela, je n'eusse
pas douté un instant que l'ouvrage ne fût sorti
de Longwood directement; car les dates, à la rigueur m'eussent permis ce calcul : six à sept
mois s'étaient écoulés depuis mon expulsion de
Sainte-Hélène. Mais d'où provenait l'alliage qui
s'y trouvait? C'était une bizarrerie dont je ne
pouvais me rendre compte. Serait-ce, me disais-je, une infidélité commise sur mes papiers,
dont certaines parties auraient été nouées par
des mains étrangères? Mais, outre que je repous-
sais tout d'abord cette injurieuse pensée, que je
ne pouvais me permettre sans preuves, quelle
apparence que ce fût une autorité aussi ennemie
qui publiât de la sorte ce dont le résultat, après
tout, devait être favorable en masse à l'illustre
victime de l'ostracisme des rois.

Du reste, quel vrai sentiment avait dicté cet
ouvrage? Il est souvent équivoque. Quelles mains
y avaient travaillé? Elles sont des plus contra-

dictoires. Qu'a-t-on réellement prétendu? L'écrit
présente plusieurs styles, plusieurs esprits, plusieurs échelles d'informations. Sa composition
semble et doit avoir été une marqueterie; autrement comment avoir été aussi familier avec
les haútes conceptions secrètes de l'interlocu-
teur, celles de son cabinet, et se trouver si
étranger à sa propre opinion sur des actes publics, opinion que tant de monde a pu tenir de
lui; sur son premier mariage, la situation des
Français en Égypte, le jugement du duc d'En-
ghien, etc., etc.

Celui-là qui aurait obtenu par lui-même des
vérités si confidentielles, pourrait-il être réduit à
les mêler à des erreurs aussi vulgaires; et si la
force de tête de quelqu'un a pu le conduire à deviner ces grandes vérités, comment la justesse
de son esprit ne l'a-t-elle pas porté à se procurer
l'exactitude sur le reste. Enfin je ne parlerai pas
de cette recherche d'expressions singulières et
de mauvais goût qui décèlent un effort d'imita-
tion si mal saisie; je ne citerai pas non plus les
nombreux et incroyables anachronismes; toutes
ces considérations et plusieurs autres encore me

rendirent, et m'ont conservé depuis, la chose
tout à fait inexplicable.

Cependant les jours couraient, et je ne voyais
point de terme à mon exil. Le temps nécessaire
pour recevoir des nouvelles de Londres était
écoulé, et rien ne venait. Une profonde mélan-
colie s'était saisie de moi, j'étais au désespoir ;
j'avais de constans et violens maux d'estomac,
mes insomnies se perpétuaient, ma santé s'alté-
rait de jour en jour, le mal faisait des progrès
rapides. Alors se déclarèrent les maux de tête qui
ne m'ont plus quitté. Déjà, à Balcombe's cottage
et à Newlands, à la suite de longues et fortes pré-
occupations, j'avais éprouvé, mais à de très-grands
intervalles, comme un coup électrique, une véritable étincelle au cerveau, que j'attribuais à la
lassitude du travail, ce qui me le faisait interrompre, et c'était là tout ; mais ici, tout-à-coup
se manifesta une douleur continue, accompagnée, si j'étais debout, de légers étourdissemens,
et parfois de maux de cœur ; voilà le commencement et l'origine d'un mal qui, depuis plus de
cinq ans, a parcouru toutes les parties de ma
tête sous des symptômes variés, et avec diffé-

rentes nuances de douleur, sans me la laisser tout à fait libre un seul jour. Durant un temps c'étaient des élancemens violens et fort répétés tantôt au-dessus d'un œil, tantôt au-dessus de l'autre, accompagnés d'un bruissement insupportable dans les oreilles. J'ai été sourd, puis cela s'est passé tout à fait. A une autre époque, toute conversation, surtout pour peu que j'y misse de la chaleur, amenait aussitôt comme un gonflement dans le voisinage des oreilles, lequel m'embarrassait la mâchoire. J'en ai été parfois à croire qu'il surgissait subitement de gros boutons ou espèces de petites bosses sous mes cheveux. Elles existaient réellement, mais très momentanément. D'autres fois encore, j'avais tous les muscles du cou pris et très-douloureux. Cet état, en Allemagne, m'a conduit à une telle débilité, qu'il m'était devenu impossible de m'occuper de quoi que ce fût, d'agir, même de dicter seulement quelques lignes. Toutefois j'ai toujours pu supporter qu'on me fît la lecture sans inconvénient et pendant plusieurs heures de suite.

J'ai vainement épuisé partout les conseils de la faculté ; aucun remède n'a jamais produit

de soulagement immédiat, et jusqu'ici je n'en ai
pas trouvé de plus efficace que de n'en faire
aucun.

Depuis mon retour en France, mon état s'était
singulièrement amélioré, et je gagnais chaque
jour, à l'aide du repos et de la solitude, bien que
pour peu qu'il m'arrivât de causer quelque temps
ou de m'arrêter sur une pensée, ma souffrance
revenait plus ou moins forte : c'était aussitôt
comme une main de plomb qui me comprimait
le milieu de la tête.

Dans mon état d'amélioration, apprenant qu'on
se plaignait de nombreuses négligences dans les
premiers volumes du Mémorial, j'ai voulu mettre
un peu plus de soin à la rédaction des suivans.
J'ai abusé du mieux que j'éprouvais, et je suis
retombé dans un état pire, peut-être, qu'antérieurement, au point de m'être vu forcé d'interrompre plusieurs fois cette dernière livraison, et
d'avoir eu souvent la crainte de ne pouvoir la
terminer; mais aujourd'hui c'est plutôt débilité
que douleur; le plus léger travail réveille mon
incommodité première, et y ajoute une faiblesse
extrême et subite en toute ma personne ; j'ai

grande peine à marcher, j'éprouve une hésitation, un frémissement, dès que je me trouve
debout; la terre semble me manquer, je chan-
celle, j'ai un léger mal de cœur, et je dois m'appuyer, dans la crainte de tomber; on a des ver-
tiges à la tête, moi je croirais les avoir sous les
pieds. Mais je reviens à mon sujet.

Dans mon état d'incommodité nouvelle et
chaque jour croissante, j'écrivis au Gouverneur
pour qu'il me fût permis de revenir à la ville,
plus près du secours des médecins : ce fut vainement ; lord Charles Somerset était devenu
insensible pour moi.

Dans toute l'impatience et l'horrible tourment
que me causait la prolongation de ma captivité,
j'avais renouvelé plusieurs fois, depuis mon séjour à Tygerberg, et en termes violens peut-
être, mes sollicitations auprès du Gouverneur
pour qu'il me laissât retourner en Europe. J'ai
eu des raisons de croire que je l'avais parfois
ébranlé. Soit justice naturelle de sa part, ou
toute autre cause, j'ai lieu d'être certain qu'il
n'était pas sans hésitation ni sans inquiétude à
cet égard. « Était-il bien convenable en effet,

» se disait-il, qu'il fût devenu geolier de la façon
» de sir Hudson Lowe? Avait-il bien, après tout,
» le droit de me priver ainsi de ma liberté? »
Mais ses méchans conseillers étaient là pour le
raffermir. « Ne m'avait-on pas bien logé, bien
» nourri, lui disaient-ils? De quoi donc avais-je
» à me plaindre, et comment avais-je reconnu
» de si bons traitemens et tant de bienveillance?
» En affectant de ne jamais sortir, de ne me
» montrer nulle part, pour mieux constater ce
» qu'il me plaisait, disaient-ils, d'appeler mon
» emprisonnement et sa tyrannie. Quelles avaient
» été les expressions de mes lettres toujours si
» déplacées, si violentes?» car ils en avaient tiré
grand parti contre moi, surtout dans une circonstance spéciale : à l'arrivée de lord Amherst
et de l'amiral Plampim, lord Charles Somerset,
dans l'intention peut-être de leur créer la facilité de me voir et de me questionner, ou par
tout autre motif, m'avait envoyé par une ordonnance, au fond de mon désert, une invitation pour un bal solennel donné, autant que je
puis me le rappeler, à l'occasion de la fête du
prince de Galles : l'ordre était d'attendre ma

réponse. Je la fis sur la carte d'invitation même,
et dans des termes très-durs; j'étais outré que
lord Charles Somerset semblât soupçonner si
peu la situation affreuse dans laquelle il me re-
tenait, et qu'il me jugeât capable d'aller à un
bal dans l'état de deuil où je me trouvais. « Enfin,
» concluait victorieusement le perfide entourage,
» si Sa Seigneurie avait fait une faute en me gar-
» dant, il était désormais trop tard pour en re-
» venir; car il avait déjà été fait assez de mal,
» disait-on, pour demeurer toujours blâmable,
» et l'on aurait en outre, l'air de n'avoir pas su
» ce qu'on voulait faire : ce serait se condamner
» soi-même; il valait donc bien mieux, tout
» considéré, laisser aller désormais la chance
» jusqu'au bout *. »

---

* Le hasard a placé plus tard dans mes mains la condamnation matérielle de lord Charles Somerset. Je
possède, par duplicata, une lettre du sous-secrétaire
d'État Goulburn, à Mᵐᵉ de Las Cases, à Paris, sous la
date du 21 février 1817, portant : « Qu'il a commission
» de lord Bathurst de lui faire connaître le départ de son
» mari, de Sainte-Hélène, pour le Cap, et que, dans
» le cas où il se déciderait à retourner en Europe, il peut
» y être attendu à peu près pour le mois de mai. » Et je

Tant de circonstances réunies contre moi avaient concouru à m'aliéner tout à fait lord Charles Somerset, et à l'aigrir au point de le porter, en cette occasion, en dépit de son naturel même, jusqu'à l'inhumanité. A la lettre que je lui adressai pour lui peindre l'état de ma santé et le besoin indispensable d'aller me faire soigner à la ville, il me fit répondre froidement par son aide-de-camp de service, qu'il ne pouvait rien changer à ses résolutions ; mais qu'il donnerait des ordres pour que j'eusse toute assistance médicale ; or, j'étais à huit ou dix lieues de la ville, le médecin ne pouvait se présenter guère

---

n'ai quitté le Cap que trois mois plus tard, vers la fin d'août ! ! ! Lord Bathurst n'avait donc pas compté qu'on dût m'y garder. Lord Charles Somerset, en m'y retenant, n'avait donc pas exécuté les ordres de son ministre ; il n'avait fait qu'obéir aux suggestions de sir Hudson Lowe ! ! ! Je n'ai aucune raison assurément de soupçonner que lord Bathurst ait pu être touché le moins du monde de cette irrégularité pourtant si funeste pour moi ; mais si j'ai bien deviné lord Charles, je dois être sûr qu'il en aura été affligé, et l'aura regrettée. Aussi est-ce dans cette persuasion qu'aujourd'hui je la lui pardonne du fond de mon cœur.

qu'une fois la semaine ; il ordonnait des remèdes qu'il eût fallu aller chercher à la ville ; ce qui les rendait impraticables. Je perdis patience à la lecture d'une réponse qui me semblait bien plutôt une ironie barbare qu'un moyen de soulagement ; et , dans mon indignation , m'adressant directement au secrétaire colonial , je lui écrivis : « Que comme c'était par sa direction que j'avais » été transféré chez M. Baker, j'avais l'honneur » de le prévenir que, me trouvant dans l'absolu » besoin du voisinage des médecins, j'allais, ne » supposant pas qu'il pût s'y opposer, me rendre » à la ville chez le docteur Leisching, beau- » père de M. Baker, pour m'y faire traiter. » Il se hâta de me répondre qu'ayant pris les ordres du Gouverneur, S. E. me faisait savoir que ses instructions ne lui permettaient pas de me laisser venir au Cap.

Mais je résolus de n'en tenir aucun compte, et j'écrivis de nouveau au secrétaire colonial : « Qu'en dépit de sa lettre, à moins qu'on n'em- » ployât la force pour m'empêcher de sortir de » Tygerberg, j'allais me mettre en route pour la ville ; que rien n'était plus aisé que de me faire

» arrêter aux portes, et de m'y tenir renfermé
» plus sévèrement que je ne l'étais à Tygerberg;
» que j'y aurais gagné du moins de me trouver à
» portée de médecins et des remèdes; que je
» pouvais ne pas attacher un grand prix à la vie
» peut-être, mais que je pensais qu'il était un
» certain devoir de la défendre. » Heureusement
la permission de mon départ, arrivant enfin de
Londres, se croisa précisément avec ma démarche; autrement je ne sais pas comment cela
eût fini. Le Gouverneur me fit savoir cette nouvelle, l'accompagnant de l'offre d'un logement
préparé pour moi à la ville. Je le refusai, et me
rendis, ainsi que je l'avais annoncé, dans la famille du docteur Leisching, où je retrouvai tous
les soins affectueux, la tendre hospitalité de
Tygerberg dans un ménage patriarchal, dont le
spectacle et les vertus suffisaient pour faire du
bien.

Mais alors commencèrent de nouvelles contrariétés : je devais en être abreuvé jusqu'au
bout. Le Gouverneur, en m'apprenant que j'é-
tais libre de partir, m'avait mandé qu'il se présentait deux occasions, et qu'il attendait que je

lui fisse connaître mon choix. Je répondis immédiatement que la plus prompte serait pour moi la préférable. J'attendais donc avec confiance les derniers avis du Gouverneur et mes passeports. Je gardais le lit. Deux jours se passèrent, l'un des bâtimens appareilla. Qu'on juge de mes angoisses et de mon supplice, surtout quand il s'éclaircit que le Gouverneur n'avait plus rien à me dire; que c'était désormais à moi à me tirer d'affaire comme je l'entendrais. Je me récriai violemment sur ce qu'on m'avait fait manquer ainsi le premier départ; mais la chose était sans remède; et comme il se trouvait en rade un gros bâtiment de transport ramenant en Angleterre un régiment d'artillerie, je suppliai le Gouverneur de me permettre d'en profiter, à cause surtout des secours médicaux qu'il pouvait me présenter. Il fut répondu qu'il n'y avait plus de place. Vainement représentai-je que s'il se trouvait deux officiers d'artillerie de plus, on ne les laisserait sûrement pas en arrière, et que si on avait deux matelots à embarquer encore, ils trouveraient bien certainement leur place, qu'il ne nous en fallait pas davantage. Tous mes raisonnemens furent inutiles; il me fut objecté que ce bâtiment d'ailleurs touchait à Sainte-Hélène, et que cette circonstance suffisait pour me l'interdire. Il fallut me soumettre à la force, et borner le choix que m'avait si généreusement laissé le Gouverneur au seul bâtiment qui existât en rade. C'était un très-petit brick, véritable coquille, sur laquelle il s'agissait de faire trois mille lieues; n'importe, je ne balançai pas, je me serais plutôt jeté à la nage que d'attendre un seul instant. Le marché fut aussitôt et aveuglément conclu; je ne respirais plus que pour appareiller.

Le capitaine de mon brick me prévint qu'il avait reçu les ordres du Gouverneur de m'interdire toute communication avec la terre, si, dans le cours de sa traversée, il se trouvait dans l'obligation de relâcher, et, arrivé en Angleterre, de ne pas me laisser débarquer sans avoir pris les ordres du gouvernement. J'étais donc encore véritablement prisonnier entre les mains de cet homme, et pourtant on m'obligeait à lui payer la somme qu'il lui plaisait de me demander. C'était une circonstance si étrange, me sem-

blait-il, que j'eus le désir de la constater, dans
la crainte qu'un tel récit de ma part ne pût laisser quelque doute. Aussi, m'adressant au Gouverneur pour la dernière fois, en lui demandant
nos passeports, je lui faisais observer cette singularité, et je le priais de vouloir bien, par sa
réponse, certifier que j'avais pourvu moi-même
au paiement de mon passage à bord du brick,
devenu par ses instructions ma nouvelle prison;
mais comme on le juge bien, je ne reçus que
mes passeports, et pas un mot de plus.

TRAVERSÉE EN EUROPE.

Espace de près de cent jours.

Mercredi 20 Août au Vendredi 15 Novembre.

Appareillage du Cap. — Traversée. — Mouillage en Angleterre.

Vers le soir nous gagnons la plage, conduits par nos deux excellens hôtes de Tygerberg et du Cap, dont les soins hospitaliers, les attentions extrêmes et toutes les marques d'une véritable affection· nous ont imposé une reconnaissance profonde. Il faisait calme; mais, en mettant le pied dans le canot, et comme par magie, s'élève tout à coup un vent favorable. Nous nous écriâmes tous que c'était d'un bon augure; mais il fut loin de s'accomplir : on verra que la traversée devait être des plus longues, et les approches de l'arrivage effrayantes et terribles.

Nous atteignîmes le bâtiment, on leva l'ancre; et enfin nous fûmes sous voile pour cette route d'Europe tant désirée.

Avec le moment de l'appareillage, avait fini, pour moi et pour mon fils, la ville du Cap et les côtes de l'Afrique : non que le lendemain elles fussent déjà hors de vue; mais parce que nous demeurions ensevelis l'un et l'autre, dans le fond du bâtiment, en proie à un mal de mer effroyable qui dura long-temps, et dont nous crûmes que nous expirerions. Notre logement était si petit, si sale, si incommode! notre brick n'était guère que de deux cents tonneaux et de douze hommes d'équipage; dont deux mousses, encore à l'exception du capitaine et du bosseman, son second, qui seuls pouvaient compter pour deux bons matelots; du cuisinier, vieillard impotant; tout le reste n'était plus que des enfans. Une telle exiguité était d'autant plus sensible à mes yeux, et devait réagir d'autant plus fortement sur ma disposition naturelle au mal de mer, qu'au Griffon près, je n'avais jamais été que sur des vaisseaux de soixante-quatorze, montés de sept à huit cents hommes.

Toutefois, soit que cette secousse devînt un remède naturel, ou autrement, il est certain

qu'en dépit de cette affreuse incommodité, malgré une nourriture exécrable, et dans l'absence
et le besoin de toutes choses, ma santé et celle
de mon fils se trouvèrent bientôt sensiblement
améliorées; et puis, adressez-vous à la médecine!
C'est que, comme le disait souvent l'Empereur,
l'homme est une machine à vivre, et que les fonctions de sa nature sont plus fortes encore que
toute la science des hommes.

Au bout de treize jours de navigation, nous
atteignîmes le tropique du Capricorne et les vents
réguliers.

Huit jours après, le dimanche sept septembre,
nous passâmes à la vue de Sainte-Hélène; mais
à la distance de plus de quinze lieues, à peine
pouvait-elle s'apercevoir : il faudrait y avoir été
comme moi, y avoir été conduit par les mêmes
motifs, en avoir emporté l'affection et les autres
sentimens que j'y avais puisés, pour soupçonner
tout ce que ce voisinage me fit éprouver, les
pensées qu'il fit naître, les regrets qu'il remua.
J'avais eu en mon pouvoir d'y demeurer, et j'a-
vais choisi de m'en bannir moi-même!... Aussi

bien l'expérience du Cap commençait à me faire craindre de ne m'être décidé que sur des chimères.

Désormais nous voguions à l'aise vers la Ligne, sur cette mer des tropiques, sur laquelle nous avions plus de trois mille lieues à parcourir. Notre petite barque composait tout notre univers; quel champ de méditations que de se trouver seul et durant près de cent jours sur le vaste Océan, sans autre abri que l'immense voûte des cieux; sur un atôme flottant, séparé par une frêle planche seulement, et de la voracité des monstres, et des abîmes sans fin!... Quel élément pourtant notre audace s'est soumis! Quels avantages n'a-t-elle pas su s'en créer! Ah! que l'homme est grand, que ses efforts sont sublimes, que ses succès sont admirables!

Des myriades de poissons nous environnaient, ils semblaient là plus spécialement dans leur empire. Parfois on eût dit que ce n'était qu'avec peine que le vaisseau allait se frayer un passage au milieu d'eux. Dans cette mer, généralement unie et tranquille, éternellement soumise aux vents toujours les mêmes, les voiles une fois

orientées, on n'a plus guère qu'à laisser aller;
aussi chacun des matelots employait la plupart
du temps son oisiveté à tâcher de saisir quelques-uns de ces nombreux poissons qui nous
entouraient, et leurs succès, assez rares, étaient
pour nous un grand objet de contentement et
de joie. Nous étions si mal nourris et tellement
au rebours de nos habitudes, qu'un albicorne,
une bonite, un dauphin, qui peut-être de leur
nature ne sont pas fort bons, nous semblaient
délicieux, et qu'une telle capture faisait le régal
de tous : c'était une véritable fête, nous aurions,
je crois, mangé du requin.

Que Dieu fasse paix, du reste, à notre cher capitaine, pour la viande, le poisson salé et autres·
horreurs dont il nous empoisonnait régulièrement deux fois par jour, en dépit de l'énorme
rançon qu'il nous avait imposée, et pour laquelle
il nous avait promis si bonne chère et si commode
logement. Mais une auge, un véritable fumier,
quatre ou cinq gros pains, quelques douzaines
de vieux coqs, telle fut toute sa magnificence,
et voilà la bonne foi des corsaires. Le Ciel en
préserve ceux qui me suivront!.....

Dans l'état d'isolement où nous nous trouvions, on n'en est que plus préparé à toutes les impressions, et c'était un bonheur pour nous, une véritable joie, à mesure que nous avancions, de découvrir une étoile de notre hémisphère natal, de retrouver toutes nos constellations d'Europe. Chaque soir, sous ce beau ciel, je donnais à mon fils des leçons d'astronomie ; le jour il s'exerçait à des observations nautiques avec le capitaine, lequel nous dédommageait des sensualités corporelles, sur lesquelles il nous avait si fort trompés, en alimentant notre esprit par de longues et nombreuses lectures, dont il s'acquittait, au demeurant, à merveille.

Au bout d'un mois, le vingt septembre, nous rentrâmes enfin dans notre hémisphère septentrional, en traversant l'équateur presque en même temps que le soleil qui descendait, vers le midi, à contre bord de nous. Nous dépassâmes avec beaucoup de bonheur le voisinage Nord de la Ligne, où les calmes et les orages sont infaillibles. Là, la fournaise de l'équateur se combinant avec la fournaise des sables africains, conspirent de concert pour tourmenter, troubler la nature, qui

exprime sa lassitude par des calmes prolongés,
ou se réveille par des torrens de pluie et des
éclats de tonnerre terribles.

Vingt-cinq jours après, nous dépassâmes le
second tropique, et atteignîmes les confins de
nos vents variables.

Nous avions quitté le Cap en hiver, et après
avoir traversé la zone embrasée des tropiques,
nous retrouvions de nouveau l'hiver aux portes
de l'Europe : ainsi des tempêtes stationnaient
aux deux extrémités de notre course : nous avions
heureusement esquivé celles du départ; restaient
celles de l'arrivée : nous les trouvâmes à leur
poste, et furieuses.

Au bout d'une vingtaine de jours de vents variables, insignifians, incertains, nous arrivâmes
à la vue des Açores. Notre voyage avait acquis
déjà le caractère d'une extrême longueur. Il n'est
pas sans exemple qu'on se soit rendu du Cap en
Angleterre en trente jours; la traversée commune
est de cinquante : nous tenions la mer depuis
plus de quatre-vingts jours, et nous n'en étions
encore qu'aux grandes difficultés. En effet, à la
vue des Açores commencèrent nos tribulations,

et ce que nous appelâmes notre *semaine de la Passion.*

Le premier novembre, premier coup de vent, modéré il est vrai ; mais seulement comme pour commencer, et nous mettre en train.

Le deux, calme pour respirer. Le trois, second coup de vent supportable encore ; mais dans la nuit, qui se trouvait des plus obscures, troisième coup de vent, et cette fois véritable ouragan. Le vent saute avec une détonnation terrible de l'arrière à l'avant, soufflant avec furie ; il prend à revers le peu de voiles que nous portions, et en un instant, aussi rapidement que la pensée, le côté du vaisseau est dans l'eau, la mer atteint presque le pied des mats. Une grande partie des tonneaux de sa cargaison sont culbutés, et viennent ajouter par leur poids, à l'inclinaison déjà si effrayante du bâtiment. Heureusement le vent dévore les voiles, qui lui sont abandonnées, autrement nous achevions de sombrer. Chacun se croyait noyé, et nous devions l'être : le destin l'emporta ; notre heure n'était pas venue ; nous eûmes le bonheur de surnager. C'est un accident de la sorte, et à peu près dans les mêmes parages, qui, en 1782, submergea la Ville de Paris, et quatre autres vaisseaux de soixante-quatorze. Notre capitaine et son second, navigant depuis vingt ans, nous assuraient n'avoir jamais éprouvé de vent aussi violent. Un plus fort serait impossible, disaient-ils; la mer en était blanche et lumineuse aussi loin que la vue pouvait s'étendre. Ce coup de vent, qui dura trois heures dans sa plus grande force, se prolongea toute la journée du quatre, et partie du lendemain.

Le cinq, la fin du jour devint supportable; mais ce n'était qu'un répit.

Le six, quatrième coup de vent soufflant avec violence tout le long du jour. Il va croissant dans la nuit; nous sommes obligés de fuir devant lui; la mer est furieuse, elle s'empare du pont, on est obligé de fermer hermétiquement l'ouverture par laquelle nous sortions de notre cabane, et nous demeurons enfermés au fond du bâtiment, à la seule lueur d'une lampe lugubre : c'était l'antre de Neptune qui menaçait de devenir bientôt celui de Pluton. Nous étions littéralement sous l'eau, dont les vagues ondulaient sur nos têtes.

Cet état dure tout le jour du vendredi sept. Malade de la mer, depuis long-temps je n'avais pas bougé de mon hamac; sur les quatre heures de l'après-midi, je profite d'un moment d'embellie, pour essayer de me traîner à l'issue de notre hideux refuge, et y considérer un peu l'état des choses; et vraiment le spectacle était grand, sublime, imposant, terrible : le vaste Océan, ombragé d'un ciel rouge de fureur, hérissé d'innombrables montagnes rugissantes, sillonné de profondes vallées et d'abîmes sans mesure, formait un ensemble qui saisissait d'une sainte horreur. Notre petite barque glissait avec une admirable rapidité entre deux montagnes mouvantes, dont les bords venaient se mêler souvent sur notre pont, menaçant à chaque instant de s'y réunir pour notre destruction finale, tandis que par derrière de longues et serpenteuses vagues, semblables aux monstres fantastiques de la fable, nous poursuivaient avec une incessante ardeur, élevant leurs têtes hideuses au-dessus de notre poupe, d'où elles semblaient plonger sur nous pour contempler leur proie qui leur échappait toujours, mais non sans qu'elles

nous enlevassent par-ci par-là les bois de nos
parties supérieures. Dans cet état, le péril était
des plus imminens : on se parlait peu, on se considérait en silence : on laissait courir le temps.
Il est certain qu'il suffisait d'un faux coup de gouvernail, de la plus petite inattention, de la plus
légère négligence pour nous engloutir à jamais.
Si nous eussions été atteints par une de ces redoutables vagues de derrière, elle eût tout entraîné sous son poids ; c'est même ce que nous
avions à redouter davantage. Nous fûmes menacés
plus d'une fois d'être enfoncés dans notre retraite ; le choc des vagues frappait sur nous avec la
véritable détonnation du canon. Nous les voyions
avec effroi faire des progrès sur nous ; et une
grande partie de la nuit terrible qui suivit, fut
employée à nous retrancher et à nous renforcer
contre elle.

Mon fils, qui ne pouvait ni se coucher ni dormir, montait souvent aux nouvelles, et revenait
ensuite près de moi, qui demeurais gisant sur mon
hamac. Dans la longueur de cette nuit cruelle,
ne sachant que faire pour nous distraire de notre
situation, et afin de tromper le temps, s'il était

possible, j'essayais un moment de dicter à mon
fils : c'était un morceau d'histoire ancienne; mais
bientôt une vague, dans un des enfoncemens
partiels, vint inonder mon hamac et le papier
de mon fils. Nous nous crûmes à notre dernière
heure : il me saisit la main, disant avec assez
de gaîté : « Du moins, nous nous enfoncerons
» en bonne compagnie; nous descendrons avec
» nos Grecs et nos Romains. » Il est sûr, pour
le dire en passant, que je pus voir mon fils supporter ces crises vraiment effrayantes, de manière à en être plus que satisfait. Il les considérait avec calme, les suivait avec curiosité et en
parlait librement; et ce que peuvent seulement
quelques mois de plus sur notre machine! ce que
peut pourtant la force des muscles sur la nature
des sensations! C'est dans cette situation-là
même, et dans tout le sang-froid dont il me
donnait la preuve, qu'il me disait que dans la
route à Sainte-Hélène, à bord du Northumberland, pas plus d'un ou deux ans auparavant, il
avait passé plusieurs nuits blanches dans son lit,
et fort malheureux par la seule crainte d'être
submergé durant son sommeil. Si faible alors

qu'il n'y avait même pas l'apparence du danger !
si intrépide aujourd'hui quand la mort pouvait
être regardée comme certaine !... Il arriva même
que son attitude en cette occasion fut importune
à notre capitaine, qui, un moment, la traita de
scandale. Ce capitaine, que nous avions cru être
un loup de mer, et qui, à l'essai, ne se trouva
rien moins que cela, qui, dans l'excès du péril,
avait tout abandonné à son second, et dans son
découragement demeurait étendu sur son lit,
rêvant sans doute à ses péchés, à ses voleries sur
nous peut-être, car on connaît la dévotion, les
scrupules des matelots en péril; cet homme, dis-
je, retrouva ses forces pour faire une scène à
mon fils, sur ce qu'il s'était permis, disait-il, une
expression gaillarde, et osait fredonner un air en
cet instant; ce qui, disait-il, et dans la situation
terrible où nous nous trouvions, était fait pour
offenser Dieu; que son inexpérience et sa jeunesse seules pouvaient lui avoir caché le danger
où nous étions depuis huit jours de finir à toute
minute, et en ceci il disait vrai.

Au demeurant, tout ce qu'on vient de lire ne
devait pas être encore la limite de nos dangers

ni le terme de nos craintes. La tempête durait toujours, et semblait croître encore ; enfin, le samedi huit, vers le matin, l'homme qui tenait le gouvernail, à titre de plus adroit, de plus intrépide dans l'équipage, déclara qu'il ne s'en chargeait plus. Les étourdissemens le gagnaient, disait-il, et il craignait que quelque faute de sa part ne devînt funeste à tous. Alors il fallut avoir recours à la dernière ressource, celle de *mettre à la cape*, c'est-à-dire de faire venir le vaisseau en travers du vent, manœuvre des plus délicates dans la situation désespérée où nous nous trouvions, parce qu'on courait risque d'être englouti en l'exécutant. Toutefois la Providence encore fut de nouveau pour nous : nous y parvînmes avec le plus rare bonheur ; et un cri fervent de reconnaissance et de joie de tout l'équipage nous l'apprit en bas. Nous nous estimâmes des plus heureux, bien que d'être engloutis désormais par le travers, au lieu de l'être auparavant par le derrière fut la principale différence. Pourtant il est vrai de dire qu'à peine nous fûmes dans cette nouvelle attitude, que le vaisseau se trouva, par rapport à ce qui venait de cesser, comme s'il

fût arrivé au port. Pour moi, j'avais vu prendre
à regret la détermination de changer de route,
car nous interrompions par là notre course vers
le dénoûment de nos maux; mais à peine me
fus-je trouvé un peu plus à mon aise, que rien
dans le monde n'eût pu m'amener à reprendre la
situation que nous venions de quitter. C'est que,
dans l'état désespéré où nous nous trouvions depuis tant d'heures, on finit par prendre son parti;
mais que dès que la confiance revient, on répugne
extrêmement à se résigner de nouveau.

Ce terrible coup de vent durait depuis trois
jours : notre semaine se complétait. Je comptais
beaucoup sur le dimanche qui allait commencer,
non seulement à cause du changement de lune,
mais aussi à cause de la bienveillance toute particulière dont ce jour avait été constamment pour
nous depuis notre départ; et nos espérances ne
furent point déçues; car, dans la nuit du samedi,
le temps devint supportable, et au jour nous
pûmes nous mettre en route. Il est sûr que, par
un concours singulier, les dimanches, depuis le
Cap, avaient toujours été marquans et heureux :
c'était un dimanche que nous avions passé le

tropique du Midi et gagné les vents alizés; c'était
un dimanche que nous avions vu Sainte-Hélène;
un autre dimanche que nous avions atteint l'As-
cension; un dimanche que nous avions coupé la
Ligne; un dimanche que nous avions franchi le
second tropique; un dimanche que nous avions
gagné la hauteur de Gibraltar, premier point de
la grande patrie européenne; enfin, c'était un
dimanche que nous étions arrivés à celle de
Bayonne ou de Bordeaux, commencement de
notre chère France; et c'était un dimanche encore où, en cet instant, nous finissions cette
terrible semaine à la hauteur de Brest. Nous
pouvions en toute justice compter désormais sur
quelques beaux jours, nous disions-nous; il nous
semblait avoir assez chèrement payé notre tribut; nous espérions avoir épuisé la fureur des
vents; la sonde nous rapportait du fond européen; nous ne rêvions plus qu'au beau reste du
voyage. Vain calcul! notre heureux dimanche
écoulé, arrive un cinquième coup de vent. Cependant nous commencions à être engagés à
l'entrée de la Manche, bien que sans avoir eu
pourtant encore connaissance de terre, ce qui

8.   19

faisait que notre véritable position nous était inconnue. La prudence commandait de reprendre le large : heureusement cela ne fut pas long ; et remettant en route, nous arrivâmes enfin à la vue du cap Lézard ; mais il était dit que nous ne pouvions avoir vingt-quatre heures heureuses. Un épais brouillard succède presque aussitôt, et un sixième coup de vent se déclare sous les apparences les plus sinistres. Il venait du Sud et nous mettait en perdition. Nous nous trouvions engagés désormais et sans abri ; d'un côté nous donnions sur le cap Lézard, l'autre nous conduisait sur les îles Scilly, extrêmement dangereuses ; la mer était des plus grosses, nous n'avions pas une connaissance précise des lieux ; la nuit venait, et elle était de quatorze heures. Que de sujets d'inquiétude ! quelle perplexité pour l'imagination et le calcul ! La tristesse était grande, et le découragement complet, quand un violent orage de pluie accompagné de tonnerre, bien qu'au milieu de novembre et par un grand froid, vint enfin comme nous désensorceler ; le vent saute tout-à-coup du bon côté, et pour cette fois termine tous nos embarras, en nous conduisant

dans la rade des Dunes, où nous jetons l'ancre.
Heureux, cent fois heureux d'avoir échappé à
de si terribles et si nombreux dangers! Plus tard,
en Allemagne, lisant les papiers anglais, nous y
trouvions chaque jour l'annonce des plus grands
malheurs arrivés précisément à la même époque
et dans les mêmes parages. Un vaisseau avait
sombré, l'autre avait été englouti, un autre avait
été vu flottant sur le côté sans mâts et sans
créature vivante, un autre avait péri, corps et
biens, à l'arrivage. La saison était citée comme
des plus affreuses, les accidens étaient sans nombre, et il faudrait y avoir été exposé comme nous
pour deviner les impressions sympathiques que
nous causaient de pareils récits, et les vives actions de grâce à la Providence que chaque fois
ils réveillaient en nous!

VOYAGE

DE LA TAMISE A FRANCFORT.

Espace de vingt jours.

Du 16 Novembre au 11 Décembre.

On m'interdit l'Angleterre. — Déportation à Ostende. — Persécutions en Belgique, en Prusse, etc. ; douces compensations. — Arrivée à Francfort.

Nous n'avions, la veille, jeté l'ancre aux Dunes que pour passer la nuit. Au jour nous avons appareillé pour donner dans la Tamise ; notre destination était pour Londres ; aucun accident ne semblait plus pouvoir me l'interdire désormais, et déjà je calculais l'heure de l'arrivée ; toutes mes espérances pouvaient enfin se réaliser ; je reprenais toute ma confiance ; mais combien je me trompais !

Arrivé à Gravesand, où stationne un vaisseau spécialement chargé de la police des étrangers, un agent de l'autorité, à mon seul nom, me signifia que je ne pouvais aller plus loin, et que je devais le suivre immédiatement avec mes effets à bord de l'*Alien-Ship* (vaisseau des étrangers). J'eus beau me récrier, lui faire voir combien mon passe-port me mettait en règle, c'était là précisément la pièce de ma condamnation. On m'a appris depuis que long-temps avant mon arrivée en Angleterre cette mesure avait été ordonnée pour moi dans tous les ports.

Une fois à bord de l'Alien-Ship, on mit le scellé sur mes papiers, et l'on me dit que je devais attendre les derniers ordres du Gouvernement. J'avais écrit à lord Bathurst dès l'instant de notre mouillage aux Dunes ; je lui écrivis de nouveau en cet instant. Je ne savais pas ce qu'il voulait faire de moi ; mais il me paraissait impossible qu'il ne s'empressât pas de me faire paraître devant lui : il ne pouvait surtout m'entrer dans la pensée qu'il se refusât à cette occasion si favorable d'entendre contradictoirement tout ce qui se serait passé à Sainte-Hélène ; or, pourtant on va voir que c'est précisément ce qui arriva.

A la réclusion près, on m'avait traité à l'Alien-

Ship avec toutes sortes d'attentions. Le capitaine qui, ayant fort peu à faire depuis la paix,
n'y paraissait que le jour, me destina son propre lit.

Harassé de ces nouveaux contretemps, souffrant de mes maux habituels, et dans l'ennui de
ma nouvelle prison, je m'étais couché de bonne
heure, lorsque je fus réveillé tout-à-coup dans
le milieu de la nuit par une voix glapissante :
« Comte ! comte ! s'écriait quelqu'un qui me
» cherchait partout, et qui, dans son empresse-
» ment, ne s'était même pas donné le temps de
» prendre de la lumière, *c'est le plaisir du Prince*
» *Régent* que vous quittiez à l'instant la Grande-
» Bretagne. » Encore, dans le vague de mon sommeil troublé, il m'échappa de répondre : « Assu-
» rément voilà un bien triste et sot plaisir pour
» S. A. R.; mais vous, Monsieur, qui êtes-vous? ».
Et il m'apprit qu'il était messager d'état ou des
ministres. Je lui dis de vouloir bien aller attendre que je me trouvasse prêt, et j'essayai vainement d'achever ma nuit. Au point du jour on me
fit descendre avec mon fils dans un bateau ; nous
fûmes débarqués avec mystère ; on nous emballa

dans une chaise de poste, et l'on se dirigea par la route la plus courte, sur Douvres, où mon conducteur me dit qu'il avait ordre de me déposer, à mon choix, dans le paquebot de Calais ou d'Ostende, les deux seuls points sur lesquels il me fût permis d'opter.

A Douvres il se trouva, par un motif ou par un autre, que nous ne pûmes appareiller immédiatement, et il me fut dit que ce ne pourrait être même avant deux ou trois jours. On nous enferma dans une auberge, où, sous les efforts apparens de m'être agréable, notre gardien exécuta sur moi la plus basse des manœuvres. Si l'on se plaint sur le continent de mesures ignobles de la part d'agens de police, celui auquel nous avions à faire en cet instant ne demeure assurément en arrière de ceux d'aucuns pays. Comme il m'arriva de prononcer, par hasard, qu'il était bien fâcheux qu'on eût mis le scellé sur mes papiers, parce qu'autrement j'aurais profité de mon séjour pour écrire quelques lettres, il se récria sur la dureté qu'il y aurait à me priver de cette satisfaction qui était des plus innocentes et des plus justes, disait-il; et il courut lui-même

briser les scellés, et me remit tous mes papiers,
m'exhortant à tâcher d'alléger un contre-temps
dont il était fâché d'être l'instrument. Hé bien,
tout cela n'était qu'un piége pour se ménager la
satisfaction de saisir ce que j'aurais écrit dans la
confiance qu'il m'aurait inspirée. Cet homme,
durant les jours que nous fûmes ensemble,
n'avait cessé de faire le bon apôtre auprès de
nous, tout en nous débitant, il est vrai, cent
impertinences qui m'avertissaient assez de toute
sa turpitude. Il me disait, par exemple, que lui
et les siens se faisaient un devoir de ne pas connaître d'autre loi que le *plaisir* du prince; il me
parlait de son *maître,* lord Sidmouth, le ministre
de l'Intérieur; de son *maître* qui avait précédé
lord Sidmouth, et ainsi de suite; et comme,
pour me moquer, je disais que j'avais cru qu'il
appartenait au ministère et non au ministre, il
me répondait de la meilleure foi du monde que
je me trompais, que c'était au ministre qu'il
appartenait; car c'était lui qui lui donnait ses
appointemens et pouvait les lui retirer, ajoutant
d'autres sottises pareilles, qui tenaient bien plus
du nègre esclave à la Jamaïque, que d'un blanc

européen, citoyen de la Grande-Bretagne; ce qui, du reste, m'eût été fort égal, si ses nobles principes ne s'étaient pas exercés sur ma personne, ainsi qu'on va le voir.

Au moment précis du départ, lorsque j'allais me mettre en marche, cet homme, jusque-là si complaisant et si obséquieux, me dit, d'un air assez insolent, qu'il avait une petite formalité à remplir vis-à-vis de moi, et s'emparant de tous mes effets, il fit, dans tout mon linge et sur tous mes vêtemens, les recherches les plus minutieuses, se saisissant de tous mes papiers, sans aucune formalité quelconque, se refusant même à toute espèce d'inventaire. Je poussais les hauts cris, je me réclamais des magistrats; j'exigeais que l'on reçût au moins mes protestations; mais il me fut répondu que dans la situation où je me trouvais, et vu ma qualité d'étranger, je demeurais en dehors du bénéfice des lois que j'implorais, et il me fallut partir de la sorte, laissant néanmoins après moi la lettre suivante à lord Sidmouth.

«Milord, — C'est avec le plus vif regret que » j'ai l'honneur d'écrire à Votre Seigneurie, cer-

» tain que je ne serai plus à temps de recevoir sa
» réponse, qui peut-être comblerait mon désir.

   » Depuis quatre jours je me trouve entre les
» mains de votre messager, qui, à son arrivée, a
» fait lever le scellé qu'on avait apposé sur mes
» papiers, me disant qu'il les remettait à ma dis-
» position. Depuis, il m'a vu écrire, m'y a encou-
» ragé même, et a attendu le moment du départ
» pour saisir, en votre nom, jusqu'au dernier de
» mes papiers. C'est un piége, Milord, qu'il n'entre
» nullement dans mon cœur de faire remonter
» plus haut que l'homme qui l'a exercé. Ce mes-
» sager n'entendait que l'anglais, il s'est aidé d'un
» second, se donnant pour entendre tant soit peu
» le français, lequel a voulu lire mes papiers un
» à un, et encore les garder tous. Il y aurait eu
» pour huit jours de lecture, et je ne pensais pas
» qu'un simple particulier eût un pareil droit
» sur moi.

   » On m'a tout retenu, lettres, notes, cahiers
» d'étude de mon fils, titres de propriété, secrets
» domestiques, pièces officielles de sir Hudson
» Lowe et de lord Charles Somerset, mes agenda
» journaliers, et jusqu'à une lettre au ministre

» de la police de France, et une autre à ma
» femme, que dans mon oisiveté ici j'avais déjà
» dictées pour pouvoir les expédier en abordant
» à Ostende. On m'en a séparé sans vouloir en
» faire l'inventaire ni les coter : c'était l'ordre de
» V. S., disait-on. Dans le premier moment d'in-
» dignation, j'ai protesté contre une telle vio-
» lence, et demandé qu'un magistrat pût recevoir
» ma plainte. Je ne consignerai pas ici la réponse
» qui m'a été faite.

 » Revenu à moi, ne redoutant rien autant que
» de voir mon nom mêlé à des discussions pu-
» bliques, et réfléchissant qu'il était impossible
» que V. S. eût ordonné une pareille déviation
» de toutes les jurisprudences du monde, qui
» veulent que l'autorité se mette en garde contre
» celui qui, dans un pareil cas, pourrait prétendre
» qu'on lui a soustrait ou ajouté quelques pièces,
» je me suis restreint à supplier de toutes les
» manières et par tous les argumens possibles,
» le messager qui ordonnait de mes destinées, de
» vouloir bien retarder mon départ jusqu'à ce que
» j'eusse pu écrire à V. S., et qu'il pût lui-même
» obtenir la confirmation de ses ordres rigoureux.

» Cet homme, qui avait retardé trois jours sur de
» légers motifs, s'est montré inflexible dans cette
» circonstance grave. J'ai eu beau lui représenter
» que je n'avais nulle objection à laisser voir tous
» mes papiers aux personnes confidentielles que
» V. S. aurait nommées à ce sujet; mais qu'il
» était dans les intérêts même de V. S. qu'on ob-
» servât certaines formes à mon égard; que dans
» l'examen des papiers, ma présence serait utile,
» sinon absolument nécessaire, pour donner des
» explications sur bien des choses qu'on ne saurait
» comprendre sans moi; mais que cependant il
» jetait ma personne sur le continent, et envoyait
» mes papiers à Londres; qu'il était à craindre
» qu'il n'y eût quelques méprises, que vingt-
» quatre heures éclairciraient tout. Il m'a été
» répondu froidement que je ne devais pas être
» inquiet d'un retour du continent s'il était né-
» cessaire, parce que vous en paierez les frais.
» Dans quelles mains, Milord, V. S. m'a-t-elle
» placé!!! Dans une autre circonstance, et bien
» sûrement contre votre intention, j'ai été dans
» l'obligation d'imposer silence à celui qui me
» gardait, à cause de ses grossières injures sur

» l'illustre personne que je vénère le plus au
» monde.

   » Enfin, Milord, depuis que j'ai abordé vos
» rivages, j'ai été traité comme un malfaiteur, et
» pourtant quel est mon crime? La différence d'o-
» pinions politiques, à ce qu'on pourrait croire,
» et une captivité volontaire à Longwood ! Mais
» ce dernier acte n'est-il pas des plus nobles, des
» plus généreux, et tellement honorable, qu'il
» n'est personne qui, dans le fond du cœur, ne
» se trouvât fier d'en avoir donné l'exemple. Mi-
» lord, la douceur de mœurs et la justice natu-
» relle qu'on donne à V. S., n'ont pu autoriser
» tout ce qui m'est arrivé, j'en suis sûr. J'ai ob-
» tenu et je me suis empressé d'apposer mon ca-
» chet sur les papiers qui m'ont été enlevés, non
» pour me prémunir contre V. S., mais, au con-
» traire, pour remédier, dans ses intérêts, aux
» défauts de forme qu'auraient pu commettre ses
» agens.

   » Je supplie V. S. de revenir sur ce qui me
» concerne, et de ne pas prononcer sur mes pa-
» piers sans avoir de moi les éclaircissemens qu'elle
» pourrait désirer; et qu'elle recevra en toute

» satisfaction. J'affirme d'avance qu'il n'en est
» pas un , quelle que soit la différence d'opinion
» et de sentiment qu'on y rencontre, qui ne
» puisse supporter l'investigation judiciaire ou les
» discussions à l'amiable. On ne saurait y trouver
» rien d'intéressant en matière d'État, ni de se-
» cret en politique. Je n'ai jamais eu aucune chose
» de ce genre, et si j'en avais possédé, les occa-
» sions ne m'auraient pas manqué, pour les avoir
» soustraites depuis long-temps.

» Ce serait peut-être ici le cas, Milord, de
» mentionner en même temps à V. S. les papiers
» qui m'ont été retenus à Sainte - Hélène, ainsi
» que beaucoup d'autres objets dont j'aurai à
» entretenir V. S. ou lord Bathurst; mais le peu
» d'instans qui me sont laissés, et le désordre
» d'idées qu'amènent des circonstances aussi su-
» bites et aussi imprévues, me le font remettre
» à un autre moment.

» Je vais attendre avec anxiété que V. S. daigne
» m'honorer d'une réponse ; dans quel lieu? je ne
» sais ; à Bruxelles, si on me permet d'y demeu-
» rer. J'ai l'honneur d'être, etc. »

On me jeta dans un paquebot, et je fis voile

pour Ostende ; et ici, puisque je me suis permis
parfois de parler de mes souffrances physiques,
qu'on me pardonne si, pour donner une plus
juste idée des souffrances que j'avais dû éprouver
dans ma longue traversée, j'ose faire remarquer
que malgré les cent jours que je venais de passer
sous voiles, et bien que le temps ne fût pas précisément mauvais, je trouvai néanmoins le secret
d'être encore malade de la mer à bord de mon
paquebot, ce qui assurément était bien ridicule,
mais n'en était pas moins.

Dès le lendemain j'atteignis Ostende, et dé-
barquai sans que personne ne m'eût rien dit. Je
crus pour cette fois encore toucher au terme de
mes maux, et avoir recouvré ma liberté ; mais je
me trompais de nouveau ; des persécutions d'une
autre espèce allaient au contraire commencer ;
ce n'est pas toutefois que je n'eusse à me louer
beaucoup des premiers instans.

A mon auberge, et sans que je sache comment on avait pu me deviner, un agent de l'autorité locale vint me dire qu'il avait ordre de
me garder en surveillance, et qu'il s'était fait un
devoir de venir me demander comment je vou-

lais que cette formalité fût remplie. Depuis long-
temps je n'étais pas fait à des manières si polies ;
aussi ce fut mon observation, ajoutant qu'il me
suffisait d'une telle démarche pour m'abandonner en toute confiance à ce qu'il lui plairait de
faire de moi; et comme sa politesse avait donné
lieu d'alonger entre nous une conversation dont
sa curiosité semblait avide, il lui arriva bientôt
de me dire qu'il allait me faire une question
bien indiscrète, déplacée peut-être, mais qu'il
ne résistait pas à savoir s'il était vrai que j'eusse
quitté Napoléon, parce que le malheur l'avait
aigri au point qu'on ne pouvait plus vivre avec
lui; car les papiers ministériels anglais avaient
répandu cent fables à mon sujet, toutes plus
ridicules les unes que les autres. Je lui répondis
en souriant : « Monsieur, si j'avais aucun mal à
» dire de Napoléon, si j'avais la moindre plainte
» à faire de lui, croyez que vous ne me garderiez
» pas en cet instant, et que je serais loin d'être
» maltraité nulle part. » Sur quoi il se récria à
son tour, en se frappant le front, que c'était une
réponse qu'il eût dû se faire à lui-même, et il
n'en devint que plus affectueux pour moi. Du

reste, ayant appris de moi que mon intention
était de me rendre à Bruxelles, il n'imposa, en
me quittant, d'autre condition à mon entière
liberté, que de ne pas partir s'en l'en avoir
prévenu, m'assurant d'ailleurs qu'une décision
à mon égard ne pouvait tarder vingt-quatre
heures; un courrier ayant été expédié au Gouverneur de la province, et son prompt retour
devant suffire, probablement, pour me laisser
entièrement libre.

J'employai le retard qui m'était imposé à
écrire aux deux ministres de la police de France
et des Pays-Bas, relativement à la situation dans
laquelle j'allais me trouver désormais.

« Monsieur le Comte, disais-je à celui de
» France, je crois bien faire en abordant sur le
» continent, que d'instruire V. E. des circons-
» tances qui me concernent; j'espère qu'elle ap-
» prouvera les motifs qui m'y déterminent.

» Depuis un an que j'ai été arraché soudaine-
» ment de Longwood, je suis promené en captif
» de rivage en rivage. A mon entrée dans la Ta-
» mise, il m'a été signifié de repartir à l'instant

8.

» pour le continent, ne me laissant d'autre choix
» que Calais ou Ostende.

» Un sentiment de délicatesse et de prudence
» m'a fait préférer Ostende. De tous les pays, la
» France était celui où il était plus naturel de sur-
» veiller mon apparition; j'ai voulu, M. le Comte,
» épargner ce soin à votre département, et m'é-
» viter à moi-même les inconvéniens qui auraient
» pu en être la suite. Cette double considération
» m'a fait adopter le parti cruel de m'exiler vo-
» lontairement. Un autre motif s'y est joint en-
» core, c'est la facilité dont j'espère jouir ici
» (en dehors de toute idée politique, dans le
» seul sentiment de mes affections privées et per-
» sonnelles, par la voie légale qu'admettent les
» réglemens d'Angleterre, et sous le couvert
» même de ses ministres), de procurer quelque
» adoucissement et des consolations innocentes
» aux martyrs de Longwood. Ces devoirs pieux
» et sacrés auraient pu être mal interprétés en
» France, et donner lieu peut-être à de justes
» obstacles.

» M. le Comte, j'espère qu'un exposé aussi

» naturel et aussi franc détruira à vos yeux les
» idées défavorables qu'auraient pu suggérer les
» circonstances de ma situation ; et c'est par une
» suite de la même intention, que je prends la
» liberté d'inclure ici, sous votre couvert, une
» lettre ouverte pour ma femme, osant réclamer
» vos bontés pour elle, dans ce qui pourrait dé-
» pendre de votre ministère, pour lui faciliter
» les moyens de venir partager mon exil volon-
» taire. Daignez agréer, etc. »

Quant à celui des Pays-Bas, je lui écrivais :
« Qu'on cherche d'ordinaire à échapper à la sur-
» veillance, que je venais, au contraire, implorer
» la sienne. Je lui répétais, comme dans la pré-
» cédente, ce qui venait de m'arriver dans la
» Tamise, et qu'on m'avait jeté sur le continent
» sans avoir prononcé aucun motif ni argué aucun
» grief.

» Je l'informais que je venais d'écrire au mi-
» nistre de la police de France, pour lui faire
» connaître les motifs qui me portaient à m'exiler
» volontairement. Je lui exposais que je me trou-
» vais fort malade, et que mon fils était dans un
» état de santé alarmant ; que je venais de faire

» une traversée de cent jours sur un très-petit
» bâtiment ; que j'ignorais l'existence de ma
» femme et de tous les miens, que je ne savais
» plus où en étaient mes affaires domestiques,
» et je le suppliais, par toutes ces raisons, de
» me permettre de demeurer quelques jours à
» Bruxelles, pour respirer et me reconnaître ;
» pour faire venir ma femme, et profiter des
» secours de la médecine ; que peut-être aussi
» durant ce temps, le ministère anglais, dans la
» dureté et la précipitation duquel il devait né-
» cessairement y avoir eu quelque méprise,
» reviendrait-il à me permettre d'assister en per-
» sonne, ainsi que je l'avais demandé, à l'examen
» des papiers qu'il m'avait saisis.

  » Enfin, je finissais par l'assurer que je ne
» rapportais ni vues ni idées politiques, que tout
» se réduisait en moi à de purs sentimens d'af-
» fection privée, de tendre dévouement person-
» nel, que ces sentimens étaient naturels, hono-
» rables, et que l'aveu que je lui en faisais de-
» vait être le garant qu'ils ne pouvaient inquiéter
» personne. »

  Je dois à la justice et à la reconnaissance de

dire que ma lettre au ministre de la police de
France, amena de sa part, lorsque les occasions s'en présentèrent, tout ce qu'on devait
attendre du moins de l'homme de bonne compagnie. Il n'en fut pas de même de celui des
Pays-Bas; je n'eus d'autre réponse de lui que
des gendarmes. Des ordres furent expédiés partout pour me retrouver : on croyait m'avoir
perdu; car, ainsi que me l'avait dit celui chargé
de ma surveillance, la permission du Gouverneur, de me laisser mettre en route, n'avait
pas tardé à arriver, et j'en avais profité immédiatement, prenant, à cause de mon état de
souffrance, les voies commodes, mais obscures
et lentes, celle des canots, ce qu'on n'avait pas
deviné : l'on me cherchait bien loin d'Ostende,
que j'étais presque encore à ses portes. Ma confiance et ma sécurité avaient tout dérouté; on
n'avait pas bien encore mon signalement, on
était fort en peine pour me reconnaître, et ce
fut moi-même qui ne tardai pas à calmer ces
inquiétudes en venant me livrer, comme on dit,
dans la gueule du loup.

Au bout de trois jours de voyage, arrivant fort

tard à Bruxelles, mon premier soin fut d'envoyer
à la police donner connaissance de mon arrivée,
et demander la décision qu'aurait portée le ministre à mon sujet, d'après la lettre que je lui
avais adressée d'Ostende. La réponse généreuse
à mon innocente confiance fut d'envoyer faire
investir mon auberge dès l'instant même, et l'on
attendit avec impatience le point du jour pour
me signifier que j'eusse à sortir, sans le moindre
délai, du royaume des Pays-Bas. J'étais très-
souffrant, j'avais de la fièvre, je demandai vainement qu'on eût la compassion de m'accorder
au moins un jour. Il fallait assurément qu'il y
eût des inconvéniens bien graves à me laisser
séjourner dans Bruxelles, ou qu'on fût facilement porté à être barbare envers moi : on ne me
donna pas une heure. Je fus placé, entre un
commissaire de police et un gendarme, dans une
voiture, et jeté sur le grand chemin. Ceux-ci,
témoins de mon état, me prirent en pitié et con-
sentirent à s'arrêter au bout de quelques heures
pour me procurer un peu de repos, et recevoir
quelques pansemens nécessaires ; mais sous la
condition expresse que je me remettrais en route

dès le lendemain de bon matin, sous la garde
des surveillans désignés pour les remplacer, ce
qui fut fidèlement exécuté et répété de ville en
ville, en dépit des observations et des témoignages réitérés de tous les médecins. Victime de
si cruels traitemens, je crus devoir m'adresser
à l'ambassadeur de France en Belgique, qui ne
manquerait pas, me disais-je, de s'élever avec
violence contre un tel état de chose; car, sans
motif légitime et en violation des lois, traiter
de la sorte un Français confié à sa protection,
c'était un outrage à son caractère public.

Je lui donnai donc connaissance des mesures
vexatoires et barbares exercées en cet instant sur
ma personne.

Je lui disais « qu'en abordant à Ostende, j'a-
» vais écrit au ministre de la police de France les
» motifs qui me portaient à demeurer en dehors ;
» que j'avais écrit en même temps au ministre
» de la police des Pays-Bas, pour le supplier de
» trouver bon que je séjournasse quelques ins-
» tans à Bruxelles ; et qu'arrivé fort tard, libre
» et sans surveillance, dans cette dernière ville,
» je m'étais empressé d'en donner connaissance

» à S. E.; mais que le lendemain j'avais été ré-
» veillé subitement avant le jour, entouré de
» quatre personnes de la police et de deux gen-
» darmes, et qu'il m'avait été signifié, en dépit
» de mon état très-souffrant, qu'il fallait partir
» à l'instant; qu'envain j'avais demandé un mé-
» decin pour qu'il pût constater mes besoins;
» qu'il m'avait été dit qu'on allait me l'accorder
» pour la forme; mais qu'il me faudrait partir,
» quelle que fût son opinion; qu'en effet j'avais
» été transporté à Louvain, en malfaiteur et mo-
» ribond, sous l'escorte d'un officier de police
» et d'un gendarme; qu'en arrivant à la nuit dans
» cette ville, mon mal ayant augmenté, couvert
» de vésicatoires, la fièvre m'ayant pris, j'avais
» demandé à séjourner le lendemain; que le
» bourguemestre avait eu l'inhumanité de me le
» refuser, en dépit de deux ou trois déclara-
» tions très-fortes des médecins; qu'ayant de-
» mandé que le médecin, du moins, pût m'ac-
» compagner dans ma voiture, au lieu du gen-
» darme, qui suivrait à cheval, cela m'avait été
» refusé encore; que tout ce qu'on pouvait me
» permettre, m'avait-on dit, était que le méde-

» cin m'accompagnât dans une seconde voiture ;
» ce qui était une ironie sans doute.

J'ajoutais « que j'étais bien sûr qu'un tel trai-
» tement ne pouvait me venir de lui, qui seul
» pourtant, dans cette circonstance, aurait le
» droit d'influer sur mon sort ; que j'étais trop
» familier avec les sentimens de notre nation
» pour supposer un instant que ses instructions
» pussent porter la proscription de quelqu'un
» contre lequel il n'y avait, ni n'avait pu y avoir
» de loi ni de motifs d'en agir ainsi ; que les mau-
» vais traitemens que j'éprouvais ne pouvaient
» donc me venir que des autorités du pays, où
» je ne devrais pourtant être considéré, en toute
» justice, que comme simple voyageur ; qu'à ce
» titre je leur demanderais quel était donc mon
» crime, et quels étaient leurs droits sur ma per-
» sonne ; et je finissais par déposer entre ses
» mains mes intérêts, dont il était, par son poste,
» le protecteur naturel ; et afin de mieux réveil-
» ler son attention à mon égard, je lui donnais
» des nouvelles de Mme Bertrand, sœur de sa
» femme ; nouvelles que j'avais reçues précisé-
» ment en quittant Douvres, et je lui offrais, si

» Mme de Latour du Pin avait quelque chose à
» faire dire à sa sœur, qui en serait bien heu-
» reuse, de m'en charger avec plaisir, ayant l'in-
» tention de lui écrire régulièrement tous les
» mois, par la voie qu'admettaient les réglemens
» anglais, sous le couvert même des ministres.»

Cette lettre resta sans réponse de la part de
Son Excellence. C'est que ses efforts furent vains
sans doute : alors l'impulsion, peut-être même
les ordres venaient d'outre mer.

Je continuai de la sorte sans répit, colporté
de place en place, de commissaire en commissaire, de gendarme en gendarme, à travers tout
le royaume des Pays-Bas; et quand parfois, dans
l'excès de mes souffrances, je demandais quel
pouvait être le motif d'un aussi doux traitement,
on me répondait simplement que tel avait été
l'ordre transmis; et au fait personne ne semblait
en savoir davantage. Arrivé sur le territoire prussien, à Aix-la-Chapelle, les agens des Pays-Bas
m'y déposèrent contre un reçu, comme on eût
fait d'un ballot, et les Prussiens, à leur tour,
de me pousser tout aussi rapidement de poste
en poste, de commissaire en commissaire, de

gendarme en gendarme; et quand je leur demandais à eux aussi, pourquoi tout cela, ils me
répondaient ingénuement qu'ils n'en savaient
rien, mais qu'on m'avait jeté chez eux, et qu'ils
me jetaient dehors. Demandais-je à demeurer?
Ils répondaient poliment qu'ils ne voulaient pas
de moi sur leur territoire; et des amis, car l'on
va voir que j'en trouvais partout, me soufflaient
à l'oreille d'en rendre grâce au Ciel, de me hâ-
ter surtout de mettre à profit cette bonne fortune, des bannis français ayant été, il y avait
peu de temps, traînés sur les bords de la Bal-
tique, et confinés dans des forteresses; alors je
déclarai que je voulais aller à Francfort, ce qui
parut faire plaisir à mes hôtes les Prussiens,
parce que cela, disaient-ils, ne les regarderait
plus; ce dont je me réjouissais fort aussi pour
mon compte, d'après ce qu'on venait de m'apprendre.

Mais après avoir peint, bien faiblement encore, tout ce qu'on venait de m'infliger de sauvage et de brutal, toutes les peines et les souffrances dont on m'avait accablé, je serais injuste
et peu reconnaissant, et je me priverais moi-

même de la jouissance la plus douce, si je taisais l'espèce de compensation que je recueillais partout à chaque pas.

Mon histoire avait fait grand bruit, elle s'était répandue au loin, elle me devançait, les papiers publics s'en étaient emparés. On savait qui j'avais suivi; qui j'avais voulu soigner; pour qui je souffrais, et l'on s'efforçait de m'en tenir compte. La bienveillance, la sympathie dans toutes les classes, s'empressaient autour de moi; je me trouvais environné de démonstrations publiques, ou d'offres secrètes; et alors me revinrent à l'esprit ces paroles de Napoléon, dont au surplus j'ai eu mainte fois depuis occasion de me ressouvenir : « Mes chers amis, de retour » en Europe, vous verrez que d'ici encore je » donne des couronnes. » Or, en est-il de plus pure, de plus douce que l'estime, l'affection, la sympathie de ceux même qui ne vous connaissent pas ou ne vous ont jamais vu! Quelle main toute puissante peut dispenser rien de comparable! Je retrouvais ces sentimens dans les auberges, sur les grands chemins, partout. Les postillons, les gendarmes, tout ce qui se

trouvait sur ma route, s'adressait à moi avec une
espèce d'orgueil et de joie; l'un me disait : « Moi,
» je sors de la garde impériale; un autre : J'étais
» gendarme français; un autre : J'ai été soldat
» de Napoléon. » Ces souvenirs, et la bienveillance qui en était la suite, se montraient dans
tous les états, dans tous les rangs. Deux fois,
dans la Belgique, on m'offrit de m'enlever, tout
ayant été soigneusement prévu d'avance, me
faisait-on dire : c'était précisément la même offre
que celle du capitaine américain au Cap ; offre,
du reste, qui s'est renouvelée encore plus tard,
de la part de quelques Anglais auxquels j'étais
tout à fait inconnu, et qui avaient résolu de partir de Londres pour venir m'arracher de Francfort, où ils me croyaient plus mal que je n'étais;
mais toujours ma réponse était la même. « A
» quoi bon? Pourquoi gâterais-je une si belle
» cause? »

La sollicitude, le tendre intérêt remontaient
jusqu'aux agens de l'autorité même. L'un d'eux,
malgré la surveillance qu'il exerçait, m'offrit de
se charger de tout papier que j'aurais la confiance
de lui remettre; j'en profitai, parce que je n'y

voyais aucun inconvénient, quelque mauvaise intention d'ailleurs qu'il eût pu me déguiser, et j'adressai, à une personne éminente en Angleterre, une note en six lignes, mais fort vive, sur les traitemens dont les ministres anglais, depuis un an, me rendaient la victime, avec prière d'y donner de la publicité s'il n'y avait pas d'inconvénient. J'y joignais, dans la même intention, le fragment de la lettre de l'Empereur, dont il m'avait été permis de prendre copie, observant que j'eusse continué d'en jouir en secret, si les contes absurdes et outrageans répandus dans les journaux ne me faisaient une espèce de devoir de la rendre publique; le tout, au demeurant, était laissé à sa décision discrétionnelle.

Quelle ne fut pas ma surprise de voir le tout, dès le surlendemain, dans les papiers de la Belgique. J'en fus vivement affligé : il n'était point dans mon caractère de faire tout ce bruit; j'étais désolé surtout que celui à qui je m'adressais en Angleterre, et qui ne me connaissait pas, reçût ma lettre précisément par la voie de l'impression, ce qui n'était pas non plus dans mes manières. Je ne concevais pas non plus comment la chose avait pu arriver. J'ai appris depuis, que mon confident, dans l'excès de son zèle, s'était adjoint trois ou quatre personnes du même sentiment, et que, lues dans un petit conciliabule, ils avaient décidé qu'au lieu de perdre le temps à envoyer ces pièces en Angleterre, où l'on n'en ferait peut-être aucun usage, il valait bien mieux les rendre publiques à l'instant et sur les lieux mêmes, où, en effet, elles causèrent la plus grande sensation. En dépit de toute la contrariété que j'en éprouvai alors, elles me furent, par l'événement, du plus grand avantage.

Enfin, je ne finirais pas si je voulais citer les traits touchans dont je fus l'objet, les offres de toute espèce, argent, vêtemens, etc., etc.; et il n'est pas jusqu'à des gens du peuple qui ne s'empressassent d'apporter leur offrande. L'un d'eux, pénétrant par force dans ma chambre, dont il était arraché en arrière par les gendarmes, me criait qu'il n'avait que deux habits, qu'il voyait bien à ma taille que le second ne pouvait me ser-vir; qu'il allait le vendre et m'en jetterait l'argent par la fenêtre. Quelles souffrances, quels tourmens ne s'effaceraient pas devant les sensations causées par de tels actes!

Cependant, à Cologne, on fut obligé de me laisser séjourner vingt-quatre heures, tant je me trouvais malade; mais cet acroissement de souffrances fut pourtant un bonheur pour moi; j'étais au lit, sommeillant, quand tout à coup se précipite dans ma chambre le valet-de-place avec cette joie qu'on est sûr de causer, et qu'on éprouve soi-même en donnant un bonne nouvelle. Il m'annonce Mme de Las Cases. Je n'avais pu savoir encore si elle existait; je pensais avoir mal entendu, je crus que je rêvais. Les battans s'ouvrent; c'était elle. La pauvre malheureuse, dans toute la rigueur de la saison, au travers de la pluie et des neiges, courait depuis long-temps après moi, sans pouvoir m'atteindre. Dès qu'elle avait appris par les papiers publics mon arrivée en Europe et ma déportation à Ostende, elle s'était mise aussitôt en route pour cette dernière ville; et ce ne fut qu'à ses portes qu'elle apprit que j'en étais déjà parti. Elle me suivait depuis, à la piste des persécutions et des tourmens qu'on faisait peser sur moi, et dont chacun sur sa route, les passans même, l'entretenaient, ou bien encore qu'elle lisait chaque matin dans les journaux; entourée d'ailleurs elle-même partout, et de la part de tous, de cet intérêt, de cette bienveillance, de ces soins, de cet empressement dont on a vu que j'avais été l'objet. Depuis long-temps elle avait l'affreuse contrariété de demeurer toujours à peu d'heures de moi, mais sans jamais pouvoir m'atteindre, ce que nous ne dûmes qu'au séjour accidentel de Cologne.

SÉJOUR EN ALLEMAGNE,

DEPUIS L'ARRIVÉE A FRANCFORT
JUSQU'AU SÉJOUR D'OFFEMBACH.

Espace de quinze mois.

De Décembre 1817 à Mars 1818.

Séjour à Francfort. — Mes efforts pour adoucir la situation de Longwood; lettres à Marie-Louise, aux Souverains alliés. — Ma lettre à lord Bathurst. — Pétition au Parlement d'Angleterre. — Relations avec les divers membres de la famille de l'Empereur. — Mesures pour pourvoir aux besoins de Longwood, détails, etc. — Voyage aux eaux de Bade. — Séjour à Manheim; motifs de ce choix. — Congrès d'Aix-la-Chapelle; mes efforts; détails. — Lettre de Madame Mère, etc.; — Note aux Souverains. — Nouveaux documens officiels reçus de Longwood, et adressés aux Souverains. — Lettres du comte de Las Cases au comte Bertrand et au sous-secrétaire d'État Goulburn — Nouveaux efforts; détails, etc. — État de l'opinion. — Arrivée du brick le Musquito. — Dernière vexation; le ministère Badois me fait sortir de Manheim; détails, etc. — Retraite à Offembach.

La bande prisonnière arriva enfin à Francfort, après plus de quinze jours d'une persécution dont les pays civilisés et en état tranquille, offrent peu d'exemples. Un officier prussien, beaucoup moins chargé, disait-il avec politesse, de me garder que de me faire bien traiter, m'y avait conduit. Il ne me permettait de communication libre avec personne, et ne devait me quitter qu'après une décision authentique et finale à mon égard.

En mettant le pied à Francfort, je me hâtai d'envoyer à notre ambassadeur, ainsi que je l'avais fait à celui que nous avions dans les Pays-Bas, la lettre suivante :

« Monsieur le comte, — J'ai l'honneur, en arri-
» vant dans cette ville, de réclamer la protection
» de votre caractère public contre les mesures
» rigoureuses exercées depuis long-temps sur ma
» personne.

» On s'est saisi de moi, on me transporte,
» contre mon gré, de ville en ville, sous escorte,
» avec tous les détails de la captivité. Ceux qui
» en agissent ainsi avouent ingénuement qu'ils
» me poussent en avant de la sorte, parce que je
» leur suis arrivé ainsi de l'arrière : ils n'ont du
» reste aucun motif spécial ni ordre positif. En

» traversant les Pays-Bas, je me suis réclamé à
» ce sujet de l'ambassadeur de France à la cour
» de La Haye; mais on a précipité ma course avec
» une telle rapidité, qu'il m'a été impossible de
» recevoir aucune réponse. Je prends la liberté
» de vous envoyer copie de la lettre que je lui ai
» adressée, afin de mettre V. E. au fait des pre-
» miers détails de mon affaire.

    » M. le Comte, je suis en cet instant au cent
» trentième jour de route, harassé, fatigué, ma-
» lade, infirme; je me trouve comme roulé jus-
» qu'ici par la fureur des flots; je succombe, si
» enfin je ne trouve le port. J'implore, au nom
» de l'humanité et de la justice, qu'on me laisse
» respirer un moment. J'ai trouvé une erreur
» établie sur toute ma route : ceux qui dispo-
» saient de ma personne ont tous éprouvé un grand
» étonnement, quand la discussion est venue à
» éclaircir qu'il n'y avait en France, contre ma
» personne, aucune loi ou acte public ou parti-
» culier, et qu'il n'avait jamais rien existé qui eût
» pu les provoquer. Je vous prie, M. le Comte,
» d'avoir à ce sujet l'extrême bonté de vouloir
» bien, par votre témoignage, prévenir ici toute

» méprise qui influerait sur la décision à prendre
» à mon égard, et m'accorder la protection na-
» turelle que je dois trouver dans votre caractère
» public. J'ai l'honneur d'être, etc.

P. S. « Je dois prévenir V. E., peut-être, que
» pressé par la circonstance, j'ai écrit il y a quel-
» ques jours à S. M. l'Empereur d'Autriche, pour
» lui demander un asile dans ses états, au cas où
» ma liberté serait gênée; mais un pays lointain,
» étranger à mes mœurs et à mon langage, ne
» saurait me convenir que par nécessité. J'ai be-
» soin de m'éloigner le moins possible de France,
» pour revoir ma famille, et veiller à mes intérêts
» domestiques, négligés depuis trois ans. Bru-
» xelles, qui à ces avantages joindrait, à cause
» de la langue, celui de me donner les moyens
» de suivre l'éducation de mes enfans, est le lieu
» qu'il me serait heureux d'habiter. J'ai prié M. de
» Latour du Pin, à La Haie, de me l'obtenir,
» et j'ose vous supplier de vouloir bien y joindre
» les moyens qui sont en votre pouvoir. »

Je n'eus pas à Francfort plus de réponse que
je n'en avais eue en Belgique. Toutefois S. E. ne
demeura pas inactive à mon égard, et il me fut

assuré qu'elle avait, dès l'instant, requis près du
sénat de la ville libre et souveraine, mon extra-
dition dans les vingt-quatre heures. Heureusement l'officier prussien qui était dans l'obligation de me suivre, et que cette continuation de
voyage n'arrangeait pas, faisait intervenir sa lé-
gation pour qu'on me retînt. On se débattait
donc à mon sujet, et j'étais résolu d'abord d'attendre paisiblement à qui demeurerait l'embarras de ma personne. Mais, d'après de sages conseils, je m'adressai à l'ambassadeur d'Autriche
(baron de Wessemberg), pour lui faire connaître
que je m'étais adressé à son souverain pour implorer un asile dans ses États, et que je serais
heureux qu'on voulût bien me laisser attendre
sa décision ici. Il me suffit de ce peu de mots
auprès d'un homme généreux et loyal, pour que
mes nouvelles contrariétés trouvassent aussitôt
leur terme. Il intervint immédiatement, me déclara provisoirement sous la protection de son
souverain, et requit le *statu quo* à mon égard,
jusqu'aux premières nouvelles de sa Cour.

Alors tout se calma, alors s'éteignit enfin la
vague britannique qui, amoncelée de si loin,

frappait depuis si long-temps sur mon existence.
Le sénat de la ville libre me souffrit ; l'officier
prussien prit congé. Aux bourrades succédèrent
les politesses ; le prince d'Hardenberg, auquel
je m'étais plaint de mon arrestation dans les provinces Rhénanes, me répondit s'en être fâché lui-
même. Il me vint de Vienne, avec bienveillance,
l'asile demandé. Je fus libre, et j'acquis même
la perspective de voir désormais ma tranquillité
respectée ; car la réponse de M. le duc de Richelieu, ministre des affaires étrangères, à qui notre
ambassadeur à Francfort s'était adressé à mon
sujet, fut, me dit-on, qu'on n'avait qu'à me
laisser en repos.

M. le duc de Richelieu, dans son indépendance, n'avait fait qu'obéir, sans doute, à sa
générosité naturelle, tandis qu'il est à croire que
celle de M. l'ambassadeur à Francfort, jadis ministre diplomatique de Napoléon auprès du Roi
Jérôme, se trouva gênée par le besoin de donner
des gages, ce qui était très-bien assurément ;
seulement j'avais le droit de trouver malheureux
qu'en cette occasion ce fût à mes dépens.

Mes premiers soins, dès que je pus disposer

de mes actions, furent tous au grand motif qui m'avait fait quitter Sainte-Hélène, et m'avait ramené en Europe. Bien que je me visse repoussé de Londres, où j'avais établi mes plus grandes espérances, je n'en pris pas avec moins d'ardeur la voie qui me restait encore.

J'écrivis d'abord à Marie-Louise, comme mon premier devoir, et lui adressai ma lettre ouverte et sous le couvert même de M. le Prince de Metternich, ministre directeur de l'Autriche; puis je m'adressai aux trois grands souverains alliés. Voici mes lettres :

LETTRE A MARIE-LOUISE, ÉCRITE DU CAP DE BONNE-ESPÉRANCE ET EXPÉDIÉE D'EUROPE.

« Madame, — A peine hors de Sainte-Hélène,
» je crois de mon devoir de déposer avec em-
» pressèment aux pieds de V. M. des nouvelles
» de votre auguste époux. J'ai été subitement
» arraché d'auprès de lui, sans aucun indice
» préalable, et comme frappé de mort subite à
» ses côtés, sans qu'il ait pu le prévoir : si bien
» que je ne suis pas assez heureux pour me trou-
» ver chargé d'aucune commission ou transmis-

» sion spéciale à V. M. C'est dans ses conversa-
» tions et son habitude de chaque jour, durant
» dix-huit mois, que je dois prendre ce que j'ose
» faire parvenir à V. M.

» Dans l'oubli des affaires du monde, l'Empe-
» reur Napoléon se reposait le plus souvent dans
» les souvenirs et les affections de sa famille. Il
» souffrait de n'avoir jamais reçu, bien qu'il l'eût
» officiellement demandé à ceux qui le gardent,
» des nouvelles de ce qui lui était le plus cher.
» V. M. trouvera ce chagrin vivement exprimé,
» de la propre main de son époux, dans la lettre
» qu'il m'a fait l'honneur de m'écrire après qu'on
» m'eut séparé de lui. J'oserai prendre la liberté
» d'en placer une copie sous les yeux de V. M. *

» La santé de l'Empereur, à mon départ, était
» fort attaquée; il était très-mal sous tous les
» rapports, éprouvant beaucoup de nécessités et
» privé de toutes jouissances. Heureusement son
» moral triomphait de tout; son âme impassible
» demeurait calme et sereine.

---

* Voyez la lettre de l'Empereur Napoléon au comte
de Las Cases, tome 8, page 97.

» Je l'ai vu contraint de faire vendre chaque
» mois une portion de son argenterie pour four-
» nir aux besoins journaliers, et il a été réduit à
» accepter la petite somme dont un serviteur
» fidèle, en le quittant, était assez heureux de
» pouvoir disposer en Angleterre.

» Madame, dans toute l'émotion des sentimens
» de mon âme, j'ose, en serviteur pieux, pren-
» dre la liberté de déposer aux pieds de V. M. ,
» et dans l'espoir de lui être agréable, un sacri-
» fice qui m'est cher, des cheveux de votre au-
» guste époux, que je me trouvais posséder de-
» puis long-temps. J'ose y joindre encore un
» tracé de Longwood *, fait par mon fils pour sa
» mère. Les regards de V. M. aimeront sans doute
» à parcourir en détail ce désert lointain.

» Madame, en arrivant en Europe, mon pre-
» mier soin serait de courir aux pieds de V. M. ,
» si un devoir religieux ne me faisait demeurer
» en Angleterre, pour y consacrer tous les ins-
» tans du reste de ma vie à tâcher de faire par-
» venir par les voies légales qu'admettent les

---

* Voyez ce tracé, tome 2, page 61.

» réglemens anglais, quelques consolations sur
» l'affreux rocher qui retient à jamais toute l'ar-
» deur de mes soins. Les ministres britanniques
» ne pourront me refuser ce religieux emploi ; je
» le solliciterai avec chaleur, et le remplirai avec
» loyauté.

  » Je suis, etc. Le Comte de Las Cases. »

  « *P. S.* Madame, à mon arrivée en Europe,
» repoussé d'Angleterre, saisi sur le continent,
» et retenu très-malade à Francfort, j'obtiens
» dans cet instant un asile dans les Etats de votre
» auguste père. Je profite du premier moment
» de ma liberté, pour adresser à V. M. des lignes
» qui furent tracées pour elle aux extrémités de
» l'Afrique, à trois mille lieues de distance. Je
» supplie V. M. de daigner les recevoir avec bien-
» veillance, et cela me consolera d'une partie de
» mes peines.

LETTRE AU PRINCE DE METTERNICH, RENFERMANT LA PRÉCÉDENTE.

  » Prince, — Je m'empresse d'exprimer à V. A.
» tous mes remercîmens, pour la faveur d'un

» asile obtenu dans les Etats de S. M. l'Em-
» pereur.

 » Je prends en même temps la liberté de join-
» dre, sous votre couvert, une lettre pour S. M.
» Marie-Louise ; et ici, Prince, je vous conjure
» d'agréer que, mettant de côté le caractère pu-
» blic de V. A., je ne m'adresse qu'à votre carac-
» tère privé. J'entends demander un conseil bien
» plutôt qu'accomplir un acte. Absent depuis si
» long-temps d'Europe, ce ne serait qu'innocem-
» ment et contre mon gré que je viendrais à bles-
» ser quelques convenances. Je m'abandonne ici
» à la seule effusion de mon cœur.

 » Prince, c'est l'ensemble de ces sentimens
» qui me porte à livrer ouverte, à votre discré-
» tion et à votre jugement personnel la lettre
» que j'inclus ici. C'est encore l'ensemble des
» mêmes sentimens qui me porte à vous peindre
» l'Empereur Napoléon en proie sur son roc à
» la persécution de quelques ennemis personnels
» et à l'abandon du reste de l'univers. Je ne vis
» désormais que pour l'espoir de lui porter quel-
» ques consolations. Je sais celles qui lui seraient
» les plus chères par l'habitude journalière de

» dix-huit mois, et j'ose le dire, l'abandon et l'é-
» panchement de quelques instans. Qui le connaît
» comme moi? Napoléon sent et s'exprime sur
» son histoire passée comme si elle avait déjà
» trois cents ans. Il n'est demeuré en arrière que
» sur les sentimens de famille. Quels qu'aient été
» les événemens de la politique, il ne doute nul-
» lement des sentimens domestiques. Comment,
» par quelle voie, de quelle manière, sans bles-
» ser la convenance ni les règles, ni les inten-
» tions, pourrai-je obtenir des informations di-
» rectes de ses plus proches, de sa femme, de
» son fils? Prince, j'ose vous répéter que je
» m'adresse ici d'homme à homme : c'est un
» cœur qui en questionne un autre.

» Durant mon séjour à Sainte-Hélène, nous
» n'avons communiqué ni pu communiquer avec
» le commissaire autrichien; V. A. a dû lire dans
» un document public*, adressé en réponse au
» Gouverneur, que *si les commissaires autrichien*
» *et russe étaient venus pour veiller à ce que Na-*

---

* Lettre de M. le comte Montholon en réponse à sir
Hudson Lowe. Voyez tome 5, page 432.

» poléon obtint les égards et les traitemens qui lui

» étaient dus, la démarche de ces envoyés rappelait

» le caractère de leurs maîtres ; mais que lui, Gou-

» verneur, ayant déclaré qu'ils n'avaient ni droit,

» ni autorisation, ni interférence sur ces objets, les

» avait, par cette déclaration, rendus inadmis-

» sibles. Napoléon, en même temps, exprima pu-

» bliquement qu'il les recevrait volontiers comme

» simples particuliers; toutefois nous ne les avons

» pas vus davantage, soit que les instructions

» fussent telles, soit, comme j'ai plus lieu de le

» croire, que le Gouverneur voulût, à ce titre,

» les soumettre à un interdit qui aurait blessé

» leur caractère.

   » V. A. verra, dans la copie d'une lettre trans-

» crite pour S. M. Marie-Louise, la rigueur dont

» on a usé vis-à-vis d'un botaniste autrichien, et

» la peine qu'en a éprouvée l'Empereur Napo-

» léon. Je renouvelle encore ici à V. A. l'expression

» de la nature de mes sentimens, et l'assurance

» du profond respect avec lequel je suis, etc.

» Le comte de LAS CASES.

   » P. S. Dans le cas où ma lettre à S. M. Marie-

» Louise viendrait à ne pas lui être remise, je

» supplie de V. A. la faveur signalée de vouloir
» bien ordonner que le petit paquet de cheveux
» qu'elle renferme me soit renvoyé.

LETTRE A S. M. L'EMPEREUR DE RUSSIE.

» Sire, — Un sentiment, un devoir religieux
» me conduit aux pieds de V. M.

» Le serviteur pieux et fidèle d'une royale vic-
» time de l'adversité ose élever la voix jusqu'à
» votre trône qu'entourent toutes les prospérités
» de la fortune; dédaignerez-vous de l'entendre?

» Soudainement arraché d'auprès de Napoléon,
» et comme frappé de mort subite à ses côtés,
» j'erre depuis comme dans un autre univers, traî-
» nant partout avec moi l'image des maux dont
» j'ai été le témoin, et que je ne puis plus partager.

» Sire, c'est à vos pieds que mon cœur me sug-
» gère de venir chercher un adoucissement à mes
» peines, un espoir à mes vœux.

» Votre traité du 2 août 1815, avec vos hauts
» alliés, consacre que Napoléon est votre pri-
» sonnier, et abandonne à l'Angleterre la posses-
» sion de sa personne, tous les soins, toutes les
» mesures de sa détention.

» Sire, je ne parlerai point contre ce traité;
» je ne me plaindrai même pas des détails dont
» les ministres anglais accompagnent la portion
» que vous avez confiée à leurs dispositions.

» La politique, les hauts intérêts, les grands
» griefs, quelque lourd qu'ils pèsent sur mon
» âme, sont ici loin de ma pensée : les seuls soins
» domestiques, en cet instant, remplissent mon
» cœur.

» J'implore donc V. M., ainsi que j'ai fait
» ses hauts alliés *, pour qu'elle daigne protéger
» la demande que j'adresse au gouvernement an-
» glais, de permettre que je me consacre, à Lon-
» dres, à procurer à l'illustre captif, en dedans
» des réglemens et des lois, quelques jouissances
» morales et des adoucissemens corporels, qui
» ne seront d'aucune charge à personne.

» Sire, ma demande est une faveur innocente,
» naturelle, simple, sans objections raisonnables,

---

* Pareilles lettres avaient été écrites à l'Empereur
d'Autriche et au Roi de Prusse, à quelques variations
près, commandées par les circonstances individuelles
de ces princes.

» et je ne suis pas sans titres essentiels pour
» venir la solliciter de V. M. Elle est loin d'y être
» étrangère.

» En abandonnant à d'autres la garde et la
» détention du captif, V. M. n'a pas renoncé cer-
» tainement à veiller aux égards, aux attentions
» qu'on devait à sa personne sacrée. En renonçant
» à toute interposition politique, V. M. n'a pu s'in-
» terdire de contribuer aux consolations qu'ap-
» prouveraient ses sentimens privés, aux adoucis-
» semens qui demeureraient en dehors de l'objet
» principal.

» Sire, tous les jours, à Sainte-Hélène, on re-
» mue, on fait peser des chaînes en votre nom.
» Auriez-vous accordé que votre nom n'y parvînt
» que pour autoriser seulement d'odieuses et
» d'intolérables rigueurs?

» Sire, celui sur lequel elles s'exercent est
» celui-là même à qui vous avez donné long-temps
» le nom de *frère*. Votre âme royale ne peut l'ou-
» blier; votre cœur ne saurait y être insensible.
» J'implore donc ici, pour une légère faveur,
» votre sympathie, vos souvenirs, votre dignité
» même. Votre âme magnanime, Sire, s'est mon-

8.   22

» trée trop amie de la morale publique, elle nous
» a montré trop de générosité et de délicatesse
» privées dans ses diverses relations, pour que
» je désespère un instant.

» Et quelle est, encore une fois, cette faveur
» que je place sous votre protection, Sire? D'être
» souffert seulement près du lieu de communi-
» cation et d'envoi, c'est-à-dire sur le point le
» plus opportun, dans la position la plus propre
» à pouvoir, *d'après les formes voulues et les ré-*
» *glemens prescrits,* continuer de loin les soins
» domestiques qu'il ne m'est plus permis d'exercer
» dans la prison même : voilà tout.

» Toutefois, Sire, j'implore et j'attends cette
» faveur de V. M. Et combien ne deviendrais-je
» pas heureux, si elle daignait y ajouter de faire
» descendre jusqu'à moi, de confier à mes soins
» cette partie de l'intérêt moral et privé auquel
» ses grands engagemens ne sauraient l'avoir fait
» renoncer pour son propre compte. Et qui mieux
» que moi, Sire, saurait comment s'en acquitter?
» Qui pourrait s'y livrer avec plus d'ardeur? Je
» me suis banni de ma patrie pour pouvoir y
» consacrer désormais, sans distraction et sans

» gêne, le reste de ma vie. Daignez m'entendre
» et me satisfaire, Sire, je vous en conjure. Et à
» qui doivent se reporter ces soins que je propose?
» En faveur de qui vous sollicité-je ici de pouvoir
» me dévouer, Sire? C'est de celui que vous ap-
» pelâtes votre ami.

    » Ah ! Sire, assez de prodiges, de gloire, rem-
» plissent le règne de V. M.; l'histoire en est déjà
» pourvue. Qu'on y trouve des actes d'une vertu
» plus rare ; faites quelque chose pour l'amitié !....
» Que l'histoire dise de vous : Au milieu du plus
» terrible conflit politique qui fut jamais, il mon-
» tra quelque chose encore au-dessus de la vic-
» toire ; ce fut le souvenir, le respect d'une vieille
» amitié !!!.....

    » Que de fois, sur notre rocher, Sire, j'ai en-
» tendu l'Empereur Napoléon, traitant de ce qui
» le concerne, comme si c'était déjà de plusieurs
» siècles en arrière, parlant déjà le langage de
» l'histoire, dire : *Je n'ai eu avec l'Empereur*
» *Alexandre qu'une guerre de politique : elle était*
» *étrangère aux sentimens individuels : je ne dois*
» *pas lui supposer une animosité personnelle.* Une
» circonstance qui serait digne de vous, Sire, a

» dû l'y confirmer : Un bruit nous parvint, au
» haut de notre rocher, que le commissaire de
» V. M. à l'île de Sainte-Hélène avait, à la suite
» de ses instructions, et de la propre main de
» V. M. la recommandation positive de porter
» les mêmes égards, les mêmes respects à l'Em-
» pereur Napoléon qu'à elle-même. Nous l'avons
» entouré, Sire, de ce rapport que nous savions
» lui plaire : il était dans le caractère de V. M.,
» et nous nous y sommes abandonnés, sans tou-
» tefois avoir trouvé à nous en convaincre ; car,
» pendant tout mon séjour du moins, nous n'a-
» vons pu avoir aucune communication avec le
» commissaire de V. M. Elle aura su sans doute
» que Napoléon, requis par le Gouverneur de
» Sainte-Hélène de recevoir le commissaire de
» V. M. et celui de son haut allié l'Empereur
» d'Autriche, fit répondre : *Que si ces commis-*
» *saires étaient chargés de la part de leurs maîtres,*
» *de veiller à ce que, dans une île au milieu de l'O-*
» *céan, séparée du reste de la terre, on ne manquât*
» *pas aux égards qui lui étaient dus, il reconnais-*
» *sait là le caractère de ces deux Princes ; mais que*
» *le Gouverneur ayant déclaré qu'ils n'avaient rien*

» *à voir ni à interférer dans ce qui se passait sur*
» *ce rocher, ils devenaient, dès cet instant, sans*
» *mission à ses yeux.* Toutefois il ajouta qu'il se-
» rait ravi de les voir comme particuliers ; ce qui
» demeura sans effet, soit qu'ils ne l'aient jamais
» su, soit que leurs instructions ne le leur per-
» missent pas, soit enfin (ce que je ne crois pas
» improbable), que le Gouverneur anglais ait
» voulu les soumettre alors à une dépendance
» que n'admettait pas leur caractère.

    » Sire, si j'ai osé, en cette occasion, élever
» mon humble voix jusqu'à Votre Majesté, j'en ai
» puisé la hardiesse dans le dévouement profond,
» vif, inaltérable, que je conserve pour celui qui
» régna sur moi, qui fut mon maître......; et ce
» sentiment doit me faire trouver grâce devant
» Votre Majesté.

    » Je suis, etc., le Comte de Las Cases. »
Encore le cœur gros de tous les mauvais traitemens que j'avais éprouvés de la façon du ministère anglais, je me crus une obligation, une espèce de devoir public, d'en adresser des plaintes
à lord Bathurst par la lettre ci-après, demeurée,
au surplus, confidentielle pendant plus de dix

mois, et qui eût pu le demeurer toujours, si son premier subordonné, le sieur Goulburn, sous-secrétaire d'État, par des paroles fausses et dé-placées à mon sujet, dans la chambre des com-munes, ainsi qu'on le verra plus bas, n'était venu me forcer en quelque sorte à donner de la pu-blicité à ma lettre, publicité qui, au demeurant, devient pour le lecteur un gage de plus de l'authenticité et de l'exactitude de tous les faits mentionnés ici.

LETTRE DU COMTE DE LAS CASES A LORD BATHURST.

« Milord, — Si je supportais sans rien dire les actes arbitraires et tyranniques, l'infraction des lois, le mépris des formes, la violation des prin-cipes dont je suis la victime depuis plus d'un an que je me trouve entre les mains de vos agens, mon silence pourrait être pris pour un acquies-cement tacite qui me rendrait coupable envers moi-même, envers vous, envers la société tout entière : envers moi qui ai de grands redresse-mens à prétendre ; envers vous qui les ignorez peut-être, et vous empresseriez de les accor-der ; envers la société entière, dans l'intérêt de laquelle tout homme de bien doit se montrer intraitable sur les écarts du pouvoir, pour l'honneur des lois et la sécurité de ceux qui viennent après lui.

» Milord, si j'ai tant tardé à vous adresser mes griefs, n'en accusez que vous-même, la persécution que j'ai rencontrée sur vos rivages, et celle dont vous avez donné l'impulsion dans les pays voisins. Il semblerait en effet qu'on a inventé pour moi un supplice nouveau : la déportation sur les grands chemins. Je me suis vu colporté de ville en ville comme un malfaiteur, et bien que moribond, sans qu'on pût m'en donner aucun motif, qu'on voulût m'accorder aucun repos. Comment vous écrire?

» Si j'adresse ici personnellement à V. S. tout ce qui me concerne, c'est comme étant de votre département et en votre nom qu'ont commencé les actes dont j'ai à me plaindre; que c'est dans votre département et en votre nom qu'ils ont continué, et que si, depuis, d'autres mains ont pesé sur moi, c'est V. S. qui m'a placé sous leurs coups, ce sont ses suggestions qui ont dicté le traitement que j'ai reçu.

» Milord, je suis un des quatre auxquels vos ordres réduisirent, à Plymouth, le grand nombre
de ceux qui recherchaient le bonheur et la gloire
de suivre l'illustre victime de *la terrible hospita-*
lité du Bellérophon, je remplissais de mon mieux
à Longwood ma religieuse et sainte occupation ;
j'y dévouais toutes les facultés de mon cœur et
de mon âme aux adoucissemens de la captivité
la plus dure qui fut jamais, quand je m'en suis
vu soudainement enlevé par le Gouverneur de
Sainte-Hélène. Il était dans ses droits peut-être ;
j'avais enfreint ses réglemens : je n'étais coupable,
après tout, que d'avoir usé du droit de tout captif, celui de déjouer sans scrupule la surveillance
de son geolier ; car il n'avait été rien laissé entre
nous à la délicatesse, à la confiance, à l'honneur.
Je ne me suis point plaint de l'acte exercé envers
moi. Je n'ai souffert que dans ce qui a pu heurter
gratuitement celui duquel on me séparait ; c'est
presque à ses côtés, presque sous ses yeux qu'on
m'a saisi ; ce qui lui a fait écrire, ainsi que vous
l'aurez lu, qu'en me voyant de sa fenêtre, entraîné dans la plaine, au milieu de nombreux
panaches flottans et de chevaux qui caracolaient

autour de moi, il avait eu l'idée des sauvages de
la mer du Sud, qui, dans leur joie féroce, dansent
autour de la victime qu'ils vont dévorer.

» Milord, il a pu m'être permis de croire que
la cause de ce qui m'est arrivé, les pièces secrètes
confiées à mon domestique, sur sa propre sollicitation, n'étaient que le résultat d'un piége qui
m'aurait été tendu. Le Gouverneur lui-même est
demeuré d'accord avec moi que les apparences
pouvaient justifier ma pensée; mais il m'a donné
sa parole d'honneur qu'il y était étranger, et je
l'ai cru. Ces pièces secrètes, du reste, étaient
destinées, dans le principe, à passer précisément
par ses mains : elles lui eussent été adressées, si,
peu de temps auparavant, il ne m'avait fait dire
que la continuation de mon style le porterait à
m'éloigner de celui auquel je me dévouais. Cela
est si vrai, et les pièces étaient si peu importantes en elles-mêmes, qu'il n'en a jamais été
question depuis : elles sont demeurées tout à fait
étrangères à l'événement qu'elles avaient fait
naître *.

---

* A moins que ce ne soit ce à quoi un ministre a

» Milord, ma captivité à Sainte-Hélène n'était que volontaire : vous aviez prononcé dans vos réglemens qu'elle cesserait à mon gré ; j'ai donc signifié à sir Hudson Lowe, dès que je me suis trouvé séparé de Longwood, qu'à compter de cet instant je me retirais de sa dépendance personnelle, et que je me replaçais sous la protection des lois civiles et générales ; que si j'avais commis quelque faute, je demandais qu'il m'envoyât à mes juges ; que s'il croyait que mes papiers, que je lui avais donné le temps de parcourir assez pour les comprendre, nécessitaient d'être mis sous les yeux des ministres, je demandais qu'ils vous fussent envoyés, Milord, et moi avec eux ; et afin de lui rendre cette détermination plus facile, je lui exposais l'état affreux de ma

---

voulu faire allusion dans le parlement d'Angleterre, le 14 mai 1818.

Cherchant à justifier les persécutions exercées sur le comte de Las Cases, il a dit qu'on l'avait surpris à établir une correspondance en Europe par l'intermédiaire de l'Angleterre. Mais le noble lord n'a fait que l'affirmer de vive voix, et a refusé de produire les documens officiels qui en auraient établi la preuve. Chacun pourra fixer son opinion d'après cette dernière circonstance.

santé, le danger imminent de celle de mon fils,
qui réclamaient de nous envoyer tous deux à la
source des premiers secours de l'art; j'ajoutais
en outre que j'acquiesçais d'avance, volontairement et de bonne foi, à toutes les restrictions,
même illégales, que V. S., au besoin, jugerait à
propos de m'imposer à mon arrivée en Angleterre. Sir Hudson Lowe ne crut pas pouvoir
prendre ce parti; et après de longues hésitations,
et m'avoir tenu captif au secret dans l'île pendant
cinq ou six semaines, il finit par me déporter
au cap de Bonne-Espérance, selon la lettre de
ses instructions; mesure qu'il eût pu et eût dû
sans doute exécuter en peu de jours. Ce Gouverneur a retenu en même temps tous ceux de
mes papiers qu'il a jugés convenables, sans me
permettre d'y apposer mon sceau, ou ne me le
permettant qu'avec la restriction dérisoire de
mon consentement exprès à ce qu'il pût le briser
en mon absence, s'il le jugeait à propos, ce qui
était me l'interdire.

» A la faveur de pareilles subtilités, sir Hudson Lowe pourrait dire aussi, peut-être, qu'il
n'a tenu qu'à moi de revenir à Longwood; il est

très-vrai que, pressé par mes argumens et par
la délicatesse de sa position vis-à-vis de moi, il
m'a offert d'y retourner, parce que cela le tirait
d'embarras ; mais en même temps qu'il me l'offrait, il me le rendait impossible. « Vous m'avez
» souillé, flétri, lui disais-je, en m'enlevant sous
» les yeux même de Napoléon : je ne pourrais
» plus être désormais pour lui un objet de con-
» solation ; mais bien plutôt d'injurieux et péni-
» bles souvenirs ; je ne saurais reparaître à Long-
» wood que sur son désir exprès. » J'ai demandé
d'écrire, j'ai même écrit pour connaître ce désir ; mais sir Hudson Lowe a prétendu dicter lui-
même ou limiter mes expressions ; j'ai dû m'y
refuser. Sa situation entre captifs au secret qu'il
faisait agir séparément à son gré, était aussi par
trop avantageuse ; d'ailleurs, si je retournais, sir
Hudson Lowe ne consentait pas davantage à me
rendre mes papiers. Le lendemain il pouvait
renouveler sur moi ou sur mes malheureux compagnons ses injurieux actes d'autorité ; j'avais la
douleur d'en avoir ouvert la porte ; mon retour
en aurait consacré l'usage ; il ne me restait qu'à
me déchirer le cœur, partir.

» Voilà, Milord, je crois, toute la partie de mon affaire relative à Sainte-Hélène : elle se trouve prouvée et développée dans ma correspondance avec sir Hudson Lowe, dont vous avez saisi, dans la Tamise, et tenez en ce moment entre vos mains toutes les pièces soigneusement arrangées et mises en ordre par moi-même.

» Milord, arrivé au cap de Bonne-Espérance, je me crus bien mieux placé pour jouir de la protection de vos lois. Sorti de l'île fatale sur laquelle l'importance du sujet pouvait servir de prétexte, peut-être, à certaines irrégularités, je me voyais à cinq cents lieues plus loin, dans une colonie tranquille, sous le plein exercice de votre belle législation si justement vantée. Quel fut mon étonnement! Ce que sir Hudson Lowe n'avait pas osé faire à Sainte-Hélène, me retenir captif, lord Charles Somerset le trouva très-facile au Cap : j'eus beau lui faire les mêmes demandes, les mêmes raisonnemens, offrir les mêmes concessions qu'à sir Hudson Lowe pour être envoyé auprès de vous en Europe ; tout fut inutile, il me retint ; et ce fut l'acte de son caprice et de sa volonté ; car sir Hudson Lowe n'était point son chef, il ne pouvait lui donner des ordres. Lord Charles Somerset était chef suprême ; il jouissait, pour son compte, d'un pouvoir discrétionnaire ; il pouvait et devait être une espèce de juge sommaire dans mon affaire : il refusa constamment de m'entendre, repoussa tout éclaircissement ; et, malgré mes vives et instantes représentations, se contenta de faire froidement demander, à trois mille lieues, à mes juges naturels, s'il ferait bien de m'envoyer à eux ; et par là, il exécuta dès cet instant sur moi la plus affreuse sentence qu'aucun tribunal eût jamais pu m'infliger : un bannissement et une captivité de sept à huit mois, à trois mille lieues de ma famille, de mes intérêts, de mon pays, de mes proches, de toutes mes affections.

» Milord, d'après la sainteté de vos lois, et selon les principes classiques que vous ont légués vos pères, lord Charles Somerset s'est rendu coupable envers moi du plus grand des crimes ; d'un crime égal, aux yeux de bien des gens, et aux miens par les tourmens que j'ai éprouvés, supérieur à l'homicide même. Je vous le dénonce, et j'en demande justice. Il n'est point d'Anglais à qui ces beaux priviléges sont chers, qui ne joigne ici sa voix à la mienne, et n'ait une juste idée du supplice que j'ai enduré. C'est en vain qu'on se replierait sur ce que le Cap n'est qu'une colonie sous un pouvoir militaire, et avec des lois encore en partie hollandaises. Milord, partout où arrive le nom Britannique, doivent régner la justice et la protection des lois anglaises; ce qui serait un crime sur la Tamise, ne saurait demeurer une chose simple sur un point de l'Afrique où flotte le pavillon d'Angleterre.

» Je n'étais point un prisonnier de guerre, je n'ai pu être qu'un prisonnier judiciaire; me tenir huit mois séparé de mes juges, est un déni de justice qui ferait frémir parmi vous; me punir sans jugement, sans sentence, est une tyrannie qui révolte votre législation. Et que demandais-je à lord Charles Somerset? La liberté? Non; mais de vous être envoyé captif, et pour subir un jugement s'il y avait lieu. Il s'est fait dans ma personne un jeu de ce que la raison estime de plus sacré, de ce que le cœur a de plus doux,

de ce que l'homme a de plus cher. Et quels
pouvaient être ses motifs, quelles seraient ses
excuses? il me les a constamment et obstiné-
ment refusés. Et ici, Milord, je demande qu'il
soit bien entendu que l'indignation et la douleur ne m'emportent pas au point de ne pas distinguer en lord Charles Somerset les égards privés dont il a cherché à adoucir ma captivité,
d'avec l'horreur de l'acte public par lequel il m'y
a condamné; bien qu'il soit vrai que sur la fin
de mon séjour, la chaleur de mes expressions,
l'importunité de mes réclamations sans doute,
l'ont aigri au point de me retenir, en dépit de
mes instances et d'incommodités graves, dans
la campagne, hors de la portée journalière des
médecins et des remèdes de la ville.

» Enfin, Milord, après sept mois de captivité,
et vos ordres sans doute arrivés, il m'a été signifié qu'il ne me restait plus qu'à me pourvoir d'un
bâtiment qui pût me conduire en Angleterre.
J'ai vainement sollicité une occasion qui pût
convenir à la détresse de ma santé et de celle de
mon fils; les vaisseaux convenables m'ont été
refusés par un motif ou par un autre; je me suis

vu réduit, dans le choix qui m'était laissé, au seul bâtiment qui se trouvait en partance, et indiqué d'ailleurs par S. E. le Gouverneur lui-même. J'ai dû m'y embarquer *captif,* et pourtant à *mes frais,* ce qui, pour le dire en passant, semble peu conciliable : c'était un brick de deux cent trente tonneaux et de douze hommes d'équipage, sur lequel, privé de médecin, soumis à tous les inconvéniens, à toutes les privations, à tous les maux d'un aussi petit bâtiment, il nous a fallu endurer une traversée de près de cent jours.

» Voilà, Milord, toute la partie de mon affaire qui concerne le cap de Bonne-Espérance, et dont la preuve et le développement se trouvent dans ma correspondance avec lord Charles Somerset, saisie par vos ordres dans la Tamise, et en ce moment même en votre possession.

» En atteignant vos rivages, Milord, je croyais toucher enfin aux termes de mes maux. J'avais eu l'honneur d'adresser, en arrivant au Cap, une lettre à S. A. le Prince-Régent, pour me placer sous sa protection royale ; je vous en avais écrit une en même temps pour le même sujet.

8.   23

Je ne doutais pas que je ne dusse à ces lettres l'ordre de mon retour. Déjà je me faisais un bonheur qui adoucissait mes chagrins, de retrouver les amis que j'ai à Londres, d'y reprendre mes intérêts domestiques, depuis plus de trois ans négligés ou détruits. Quel a été mon étonnement! En entrant dans la Tamise, je me suis vu aussitôt transféré à l'écart, mis au secret, mes papiers ont été scellés. Peu d'heures après, un de vos messagers est venu se saisir de moi au milieu de la nuit, m'a signifié ma déportation sur le continent, et m'a conduit à Douvres pour la mettre en exécution. S'étant présenté trois jours de retard, son zèle a su mettre ce temps à profit; il a remis mes papiers à ma disposition, m'a fait donner tout ce qu'il me fallait pour écrire, m'y a encouragé de son mieux, et a attendu le dernier instant du départ pour saisir, après la fouille la plus minutieuse, jusqu'à la dernière ligne d'écriture. C'est une sorte de piége, Milord, que je n'ai garde d'attribuer autrement qu'à la bassesse de celui qui l'a pratiqué.

» Une circonstance de même nature s'était présentée à Sainte-Hélène. Sir Hudson Lowe, après m'avoir gardé cinq semaines au secret, où il m'avait permis tous les moyens d'écrire, voulait, à mon départ, fouiller de nouveau mes papiers, mais il me suffit alors de lui donner à entendre l'étrange couleur que prendrait la facilité qui m'avait été offerte de consigner sur le papier des idées qu'autrement j'aurais gardées en moi-même; sir Hudson Lowe y renonça à l'instant : c'est une justice que je dois rendre à ce gouverneur.

» Ce qu'il y a de plus étrange ici, Milord, et qu'on aura de la peine à croire, c'est que votre messager, bien que j'en aie fait, a emballé tous mes papiers, et m'en a séparé, sans vouloir en tracer d'inventaire, ni observer aucune des formalités que requièrent toutes les jurisprudences du monde. Persuadé que cette déviation du premier des principes provenait de l'ignorance du subalterne, et non des ordres du ministre, j'ai cherché à y remédier dans vos intérêts, Milord, en obtenant et m'empressant d'y apposer mon sceau, afin de vous mettre à même de régulariser à temps les fautes de votre agent. Je désire que V. S. apprécie cette mesure : elle a été calculée de ma part, ainsi que vous le prouvera la nature de mes papiers, uniquement pour vous donner une nuance de mon caractère et une preuve de ma modération. J'ai eu l'honneur de l'écrire à l'instant même à lord Sidmouth, et de lui faire observer en même temps combien ma présence demeurait nécessaire à l'examen de mes papiers, qui, par une seule parole de moi, deviennent fort simples, tandis que mon absence peut les laisser inexplicables. Lord Sidmouth ne m'a honoré d'aucune réponse.

» Milord, votre agent, du reste, sortant de la décence et de la générosité qui caractérisent si bien les particuliers de votre nation, a accompagné sa mission de plus d'amertume qu'il ne serait facile de l'imaginer. Après m'avoir choqué une première fois par ses grossières injures sur la personne que je vénère le plus dans le monde, il a épuisé sur moi toutes les vilenies de la langue, et cela parce que je ne me prêtais pas à converser avec lui. Il avait reçu de vous l'ordre de me garder; mais a-t-il pu croire que vous eussiez voulu étendre votre pouvoir jusqu'à me contraindre de faire société avec lui? Cet homme

avait un second, sur lequel ne s'étendent point
mes plaintes ; bien qu'il ait partagé les mêmes
torts, j'ai su néanmoins lui distinguer parfois
certaine retenue, et puis il a été excité, aiguil-
lonné par le premier.

» Milord, votre messager, en me signifiant
l'ordre de ma déportation au milieu de la nuit,
ne m'a laissé de choix que Calais ou Ostende.
A peine à moi-même, il a fallu me décider sur-
le-champ. Peu d'heures après, rendu à la réflexion, j'ai demandé s'il ne me serait pas permis
d'aller en Amérique, ou sur quelque autre point
du continent. Il m'a répondu que non ; que d'ailleurs, d'après mon choix, il avait déjà écrit au
gouvernement. J'ai insisté ; mais il m'a déclaré
être sûr que tous mes efforts seraient inutiles.
Son assertion pourrait-elle être vraie, Milord?
Je ne saurais le croire ; toutefois ma destinée a
été arrêtée en conséquence.

» On a montré à mes yeux, et l'on a refusé à
mes mains l'ordre de S. A. R. le Prince Régent
de sortir à l'instant de la Grande-Bretagne. Ce
refus est-il une forme ? Était-ce une précaution?

Cet acte royal entraînerait-il une responsabilité, ou a-t-on craint que je ne m'en fisse un titre d'honneur? Et, en effet, en pourrait-il être autrement, si, n'arguant aucun grief, il ne semble punir qu'un des plus rares dévouemens, celui d'un serviteur s'immolant avec son maître qu'avait abandonné la fortune?

» Milord, dans le choix rétréci que m'a fait parvenir Votre Seigneurie, j'ai donné la préférence à Ostende sur Calais par de simples motifs de délicatesse puisés dans ma tendre vénération pour la patrie ; il m'en aurait trop coûté qu'on eût pu dire que mes compatriotes m'auraient persécuté pour un acte de vertu; et peut-être de leur part c'eût-il été au moins excusable ; de la votre, Milord, ma déportation d'Angleterre n'a été qu'un vrai caprice, une dureté sans excuse.

» Quoi qu'il en soit, me voilà sur le continent, j'y ai été jeté de votre fait et contre mon gré ; et ici, Milord, qu'il me soit permis de m'arrêter un instant. Je connais toutes les circonstances de ma vie, et fortunément il n'est pas de coin

en Europe où je ne puisse porter un cœur tranquille, un front serein, un pas assuré. Mais
vous, Milord, qui n'avez ni le loisir, ni le vouloir, ni les facilités de rechercher mon obscure
carrière, si par hasard les dissentions politiques,
durant lesquelles les actes poursuivis ne sont pas
toujours des crimes, eussent mis ma personne
en danger, si j'y eusse succombé, on m'eût dit
une victime; mais vous, Milord, qui m'auriez
livré, quel nom n'eût pas été le vôtre? Ne vous
exposiez-vous pas à ce qu'on pût dire : « Tandis
» que les lois anglaises s'enorgueillissent d'avoir
» aboli la traite des nègres aux îles d'Amérique,
» les ministres anglais trafiquent de la chair blan-
» che sur le continent de l'Europe !!!»

» Milord, par suite de l'impulsion que Votre
Seigneurie a imprimée à mes destinées, j'ai été
saisi et conduit à travers le royaume des Pays-
Bas, en malfaiteur et sans pitié, bien que moribond. J'en ai jeté les hauts cris. Oserais-je à ce
sujet, Milord, vous transcrire des vérités peu
agréables? Mais pourquoi pas? C'est le droit de
tous vos compatriotes de faire entendre la vérité
sans crainte à un ministre d'Angleterre; à plus

forte raison ce doit être celui d'un étranger qui
a de si justes motifs de plainte et de douleur.
Eh bien! quand je me suis récrié sur un si révoltant abus à mon égard, on m'a demandé de quel
point du globe je venais, d'où pouvait naître
mon étonnement? Les uns m'ont dit : « Notre
» Roi est bon, ne vous en prenez pas à lui; il
» n'est que l'instrument dont on vous frappe; la
» main tyrannique vient de plus loin. » D'autres
ont dit : « Le peuple anglais a depuis long-temps
» des comptoirs aux Indes pour son trafic; les
» ministres anglais en établisssent aujourd'hui
» sur le continent pour leur despotisme. Quand
» leur autorité finit en Angleterre, ils la prolon-
» gent sur le continent. C'est chez nous qu'ils
» ont placé leurs instrumens de torture et leurs
» exécuteurs. Vous n'échapperez ni à leur inqui-
» sition ni à ses supplices. » Et alors les diatribes,
les imprécations de pleuvoir sur l'Angleterre et
les Anglais. Sans doute, Milord, les gens sages,
instruits et sans passion, sont loin de s'y tromper, et savent à qui s'en prendre exclusivement;
ils distinguent fort bien l'excellence des lois
d'avec leur violation et les abus du pouvoir; ils

savent que les vrais Anglais combattent et détestent toute espèce de tyrannie chez eux et au loin ; qu'ils sont dans leur île les défenseurs les plus ardens, les gardiens les plus zélés des grandes et belles vérités qui, sur notre continent, sont l'objet de nos espérances et de nos vœux ; mais le gros du vulgaire n'y regarde pas de si près : il trouve plus court de s'en prendre à une nation en masse et de la maudire tout entière.

» Mais enfin, Milord, après tout, quel est mon crime? quel peut être le motif d'une si cruelle persécution? J'ose vous le demander ; et les pays où elle s'est prolongée par votre impulsion vous le demandent avec moi. Partout les autorités qui ont agi sur ma personne m'ont évité avec soin : elles eussent été embarrassées de mes droits, et n'eussent pu motiver leurs actes ; elles en ignorent elles-mêmes la source et la cause. Depuis le Cap de Bonne-Espérance jusqu'au lieu où je me trouve, si je demande quel jugement, quelle sentence, quelle charge existe contre moi, on ne me répond que par un ordre. Si je sollicite un motif, je n'obtiens que le silence.

» Milord, j'ai eu l'honneur de vous l'écrire du Cap, et j'ose vous le répéter ici : Quelle objection raisonnable s'opposait aux vœux que je formais de demeurer sur votre sol et auprès de vous ? Craignait-on que je ne parlasse, n'écrivisse sur des sujets politiques ? Mais quel inconvénient pouvait-il y avoir pour votre île ? Craignait-on que je ne fisse entendre des plaintes importunes sur votre administration ? Mais est-il un point sur le continent où l'on interdise mes cris, et où je ne trouve les esprits disposés à m'entendre ? Votre voisinage, Milord, votre seul territoire n'était-il pas celui où vous aviez sur moi le plus d'action et d'autorité ? Si je me rendais coupable, n'avez-vous pas vos lois générales ? Si je me rendais désagréable, n'avez-vous pas vos lois particulières, et surtout le *bill des étrangers ?* Enfin, plus que tout cela, vous aviez pour garantie de ma réserve et de ma modération, mon désir de demeurer auprès de vous ; ce désir était extrême, Milord, et je vais vous en dire la cause. Mon séjour en Angleterre accomplissait les vœux, le destin du reste de ma vie, celui de me consacrer à jamais (en dedans de vos réglemens, et

par les voies légales que vous avez admises), à
procurer des adoucissemens et des consolations
à celui que je pleure. Je vous suppose. assez
d'élévation, Milord, ainsi qu'à vos collègues,
pour ne remplir, en cette circonstance, qu'un
devoir politique, et demeurer étranger à toute
animosité personnelle. Quand vous avez pourvu
à la sûreté du captif, vous ne sauriez lui envier
des indulgences qui ne vous seront point à
charge; vous les faciliterez plutôt. Or j'implore
de vous cet emploi religieux; mon cœur a besoin
de le remplir; je le ferai avec loyauté. Je vous
en eusse convaincu, Milord, si j'avais pu parvenir jusqu'à vous, et je n'en désespère point
encore; je sollicite de nouveau et toujours....

» J'avais compté aussi, Milord, je l'avoue,
comme une chance de mon admission auprès de
vous, le désir de Votre Seigneurie de saisir cette
occasion singulière de vous affermir dans la connaissance de la vérité; je pensais que votre poste
et votre caractère vous en faisaient une loi. En
prononçant sur les plaintes de Sainte-Hélène,
quelles lumières contradictoires n'eussent pas
éclairé vos nobles fonctions de *jury?* J'eusse ré-

pondu à toutes vos questions avec candeur, sans passion ; je vous eusse convaincu sans bruit, si vous en aviez eu le désir, de toutes les erreurs dans lesquelles la multiplicité et l'importance de vos affaires vous laissent sur ce qui nous concerne. J'ai lu dans trois papiers différens (les *Times*, *New-Times* et *London-Chronicle*) votre réponse à lord Holland sur sa motion relative à Sainte-Hélène, et je puis vous assurer que presque chaque ligne est une irrégularité.

» A Dieu ne plaise, Milord, que je ne vous croie dans la bonne foi ! Mais vos bureaux vous ont mal instruit. Votre Seigneurie a affirmé qu'aucun des parens de l'Empereur Napoléon, excepté son frère Joseph, ne lui avait écrit ; or, je lui ai remis moi-même trois ou quatre lettres venues de vous par le canal de sir Hudson Lowe, savoir : de Madame Mère, Madame la Princesse Borghèse et de son frère Lucien. Le fait est peu important en lui-même, Milord ; mais cette inexactitude matérielle doit exciter vos doutes sur d'autres points, et donner du poids à mes assertions sur le reste. Ce qui me concerne, par exemple, est tellement défiguré que, quelque

préjugé que j'aie lieu d'entretenir contre sir
Hudson Lowe, je n'hésite pas à penser qu'il se
récriera sans doute lui-même contre l'irrégularité de l'exposition. Du reste, Milord, dans la
chaleur des partis et de toute opposition, il se
forme inévitablement deux *vérités*. La mienne ne
saurait être précisément la vôtre. Le public le
sait; aussi c'est sur les pièces officielles qu'il aurait aimé à établir la sienne. Vous avez cru devoir les refuser, Milord; n'aurez-vous pas fixé
son opinion?

« » Milord, je me résume après de si longs
détails :

« 1° Je demande justice et redressement de
l'abus d'autorité, de l'acte arbitraire et tyrannique par lequel lord Charles Somerset m'a
privé si long-temps de ma liberté, en violation
des lois positives de son pays.

» 2° Je demande justice et redressement des
formes irrégulières avec lesquelles on a saisi tous
mes papiers dans la Tamise. On m'en a séparé;
sans vouloir, en dépit de toutes mes instances,
en dresser d'inventaire.

« » 3° Je demande justice et redressement de

ce qu'au mépris de tous les principes, j'ai été livré captif sur le continent, et, par suite de l'impulsion ou des instructions données, contraint de traverser la Belgique et les pays adjacens en malfaiteur.

» 4° Je demande la visite et la restitution prompte des papiers qui m'ont été saisis dans la Tamise. La plupart avaient été respectés par sir Hudson Lowe, et d'autres me deviennent absolument nécessaires dans l'usage journalier de mes circonstances domestiques; ils contiennent tous mes titres de propriétés et de fortune; sans eux, je demeure privé de tout.

» 5° Je demande la restitution de mes papiers de Sainte-Hélène, dont l'inventaire, reconnu et signé par sir Hudson Lowe, se trouve parmi les papiers saisis sur la Tamise. Mes papiers de Sainte-Hélène se réduisent à peu près à un seul manuscrit, renfermant l'espace de dix-huit mois, où, jour par jour, se trouvent inscrits, encore en désordre et sans être arrêtés, les conversations, les paroles, les gestes peut-être, de celui qui long-temps guida les destinées de l'Europe.

» Ce manuscrit, sacré par sa nature et son

objet, était inconnu à tous, et devait le demeurer; j'en ai laissé prendre connaissance à sir
Hudson Lowe suffisamment pour le convaincre
de son inoffensive nature en politique. En arrivant au Cap, j'ai eu l'honneur d'écrire au Prince
Régent par le canal des ministres, aussi bien
qu'à eux-mêmes, pour mettre ces matériaux précieux sous leur protection spéciale; je le leur
demandais au nom de la justice, au nom de
l'histoire; ils sont, aux yeux de toutes les lois,
ma propriété sacrée, celle de mes enfans, celle
de l'avenir.

» 6° Enfin, et sur toutes choses, je demande
la restitution de la lettre que l'Empereur Napoléon m'a fait l'honneur de m'adresser dans ma
prison, au secret, dans l'île de Sainte-Hélène.
Une lettre étrangère à la politique, lue par le
gouverneur de Sainte-Hélène, lue par les ministres même, s'ils l'ont voulu, ne saurait, dans
aucun code du monde, quelques sévères d'ailleurs qu'en pussent être les expressions confidentielles, être enlevée à celui dont elle est devenue la propriété. Cet objet précieux et sacré

est la récompense de ma vie, le titre de mes enfans, le monument de ma famille.

« Milord, ami naturel et réfléchi de toute convenance et de toute modération, c'est à vous
que j'adresse d'abord l'énumération de mes
griefs. C'est à vous seul que j'en demande sans
bruit * le redressement. Si Votre Seigneurie
croyait ne devoir pas y répondre, c'est à vos tribunaux de justice alors auxquels je me trouverais dans l'obligation d'adresser mes plaintes.
Après eux, viendrait encore le tribunal de l'opinion publique, et ensuite, par-dessus tout encore, ce tribunal suprême d'en haut, qui, pla-
nant également sur la victime et les tyrannies,
accomplit dans l'éternité le triomphe infaillible
de tous les droits, et le châtiment final de toutes
les injustices.

» J'ai l'honneur d'être, etc. »

Enfin, c'est vers ce même temps que parut

---

* Cette lettre n'a été rendue publique qu'au bout d'un
an, et encore a-t-on vu plus haut ou lira-t-on plus loin
le motif qui en a amené la publicité.

aussi ma pétition au parlement d'Angleterre ; je l'avais fait passer des déserts de Tygerberg à Londres, pour qu'on en fît l'usage convenable : soit qu'elle ne fût pas parvenue, soit qu'on trouvât des inconvéniens à la produire, il n'en avait pas été dit un mot; mon retour réveilla cette circonstance. Un membre des communes, frappé de la sensation que sa publicité venait de causer, s'offrit de la présenter lui-même, et il me fut envoyé à cet effet d'Angleterre un papier auquel j'apposai ma signature, formalité qui ne se trouva pas suffisante ; ce qui, joint à d'autres considérations peut-être, empêcha qu'elle ne fût mise sous les yeux de la chambre. Je la retranscris ici; elle tient de trop près à mon sujet pour qu'on ne me le pardonne pas; et puis ce papier, et d'autres qu'on trouve dans ce volume, ont été mutilés, défigurés, retraduits en français d'un texte étranger ; j'ai intérêt à les rétablir dans leur intégrité ; et puis encore, si l'on ne les trouvait pas ici, ils passeraient pour apocryphes; ce que je veux éviter.

PÉTITION AU PARLEMENT D'ANGLETERRE.

« Un simple individu, un faible étranger, ose élever sa voix au milieu de vous, Représentans du peuple d'Angleterre, mais il vous invoque au nom de l'humanité, de la justice, au nom de votre gloire. Parlerait-il en vain ? pourrait-il ne pas être écouté ?

» Jeté hors de Sainte-Hélène, enlevé d'auprès du plus grand monument des vicissitudes humaines qui fut jamais, je me traîne vers vous pour vous peindre sa situation, ses souffrances.

» Arraché soudainement d'auprès de lui, et sans qu'il ait été possible de le prévoir ; privé de toute communication, mes paroles, mes idées ne seront que de moi ; elles n'auront d'autre source que mon cœur. Peut-être l'âme altière de celui qui en est l'objet s'irritera-t-elle de la démarche que j'entreprends en ce moment, pensant qu'ici bas il ne doit, il ne peut appeler de ses griefs *qu'à Dieu seul*. Peut-être me demandera-t-il qui m'a commis les soins et le bien-être de sa vie ? N'importe. Mon amour pour lui aura causé ma faiblesse ; je me sens déjà trop loin de son héroïque influence; mon cœur ne peut plus renfermer les maux dont il a été le témoin : ils s'ouvrent un passage, ils m'arrachent des cris.

» Vous avez banni dans les déserts de l'Océan celui dont la magnanime confiance venait, *librement* et *par choix*, vivre au milieu de vous, sous la protection de vos lois, qu'il avait crues toutes puissantes. Sans doute vous ne cherchâtes dans votre détermination que ce qui vous semblait utile ; vous ne prétendîtes pas être justes. Autrement on vous demanderait : Qui l'avait mis en votre pouvoir? Qui vous avait donné le droit de le juger? Sur quoi l'avez-vous condamné? Qui avez-vous entendu dans sa défense?.... Mais vous avez porté une loi..... elle existe, je la respecte. Je ne suis point qualifié pour discuter le principe. Je contiendrai tout murmure, mon protêt ne sortira pas de mon cœur. Vous n'entendrez ici que les maux dont on accompagne vos décisions, et sans doute contre vos intentions.

» Représentans de la Grande-Bretagne, vous avez dit ne vouloir que vous assurer de la personne de l'Empereur Napoléon, et garantir sa détention. Cet objet rempli, vous avez entendu

qu'on prodiguât tout ce qui pourrait adoucir,
alléger ce que vous avez pensé l'œuvre, l'obligation de la politique : tels ont été l'esprit, la lettre
de vos lois, les expressions de vos débats; les
vœux de votre nation, les sentimens de son honneur. Eh bien! il n'est parvenu à l'illustre captif,
sur son affreux rocher, que la partie sévère de
vos intentions. Heureux toutefois encore si elles
n'avaient pàs été outre-passées! Mais les nuages
qui couronnent son île sont moins épais, moins
sombres, que les peines morales et physiques
qu'on amoncelle sur sa tête.

» Sous le prétexte vain d'appréhensions purement imaginaires, chaque jour on a vu de nouvelles restrictions. Son âme fière a dévoré chaque
jour de nouveaux outrages; tout exercice lui est
devenu impossible; toutes visites, toutes conversations se sont trouvées à peu près interdites.
Ainsi les privations de toute espèce, les contrariétés de toute nature, se joignent pour lui à l'insalubrité mortelle d'un climat tout à la fois hu-
mide et brûlant, à la fade monotonie d'un ciel
sans couleurs ni saisons. On resserre à chaque
instant d'une manière effrayante le cercle de sa

vie ! Il est réduit à garder sa chambre ; on va lui donner la mort !

» Avez-vous donc voulu toutes ces choses ? Non sans doute ; et quels motifs pourraient les justifier ? La crainte d'une évasion ? Mais qu'on réunisse des militaires, des marins, des juges capables ; que l'on consulte leurs lumières ; qu'on s'instruise de leurs opinions ; et qu'on cesse de livrer un tel objet à l'arbitraire d'un seul homme, qui, pouvant prendre ses terreurs pour guide, ne s'occupera chaque jour qu'à combattre jusqu'aux fantômes que pourra lui créer son imagination frappée, sans songer qu'il ne peut détruire toutes les chances, et parvenir à la dernière qu'en donnant la mort. A Longwood, on tient toute évasion pour impossible, on n'y songe pas. Certes, chacun y voudrait accomplir l'entreprise au prix de sa vie : la mort paraîtrait douce pour un si glorieux résultat. Mais comment tromper des officiers en constante surveillance ? Échapper à des soldats bordant le rivage ? Descendre des rocs à pic ? Se jeter pour ainsi dire à la nage dans le vaste Océan ? Franchir une première ligne de bateaux, une seconde de vaisseaux de guerre, lorsqu'on est dominé de tous les sommets, qu'on peut être environné, suivi de signaux à chaque instant, et dans toutes les directions? Et sur quelles embarcations se hasarderait-on? Il n'en existe point à portée du rivage. Sur quel bâtiment chercherait-on un refuge? Il n'en est de près ni de loin; toutes voiles étrangères, celles de votre nation même, deviennent la proie de vos croiseurs si elles s'approchent, sans d'urgens motifs, de l'île maudite.

» Avec de telles précautions et de telles circonstances, l'île entière n'est-elle donc pas une prison suffisamment sûre? devrait-il être nécessaire d'y encercler sans cesse des prisons dans des prisons? et si, ce qui est impossible, tant de difficultés pouvaient être vaincues, l'immensité des mers, la presque totalité des terres, ne demeurent-elles pas encore une nouvelle prison?

» Or, qui pourrait porter des hommes dans leur bon sens à rêver d'aussi ridicules efforts? Qui pourrait induire dans Longwood à des pensées si follement désespérées? Aussi l'Empereur Napoléon en est toujours aux mêmes projets, aux mêmes désirs qu'il exprima lorsqu'il vint avec

confiance, *librement* et *de bonne foi,* au milieu
de vous : « Une retraite et du repos sous la pro-
» tection de vos lois positives ou de celles de l'A-
» mérique. » Voilà ce qu'il voulait, voilà ce qu'il
veut encore, ce qu'il demande toujours.

» Si donc l'île de Sainte-Hélène, par sa nature,
n'est pas déjà une prison suffisante; si elle n'a
pas l'avantage de faire concourir la sûreté avec
l'indulgence, alors on a trompé votre choix et
vos intentions. A quoi bon nous envoyer mourir
misérablement dans un climat qui n'est pas le
nôtre? A quoi bon toutes vos dépenses addition-
nelles? A quoi bon votre nombreuse garnison
et son grand état-major? A quoi bon votre établissement de mer? A quoi bon les gênes qu'on
impose au commerce de cette île malheureuse?
Il était tant de points dans vos dominations euro-
péennes où vous pouviez nous garder sans frais,
et où nous nous serions estimés moins malheureux! Si cette île, au contraire, par sa nature et
à l'aide des précautions exprimées ci-dessus, présentait en elle-même tout ce que la sagesse, la
prudence humaine peuvent croire nécessaires,
alors toutes additions aggravantes ne seraient-

elles pas autant de vexations inutiles, d'actes tyranniques et barbares exécutés contre votre intention ? Car vous n'avez pu vouloir qu'on torturât Napoléon, qu'on le fît mourir à coups d'épingle ; et pourtant il n'est que trop vrai qu'il périt par des blessures incessantes de chaque jour, de chaque heure, de chaque minute.

» Si vous n'avez voulu voir en lui qu'un simple prisonnier, et non l'objet de l'ostracisme des Rois, Roi lui-même ; si vous n'avez prétendu lui donner qu'une prison ordinaire, et non lui choisir un lieu où l'on pût adoucir l'irrégularité de son exil ; si on n'a voulu le confier qu'à un geolier et non à un officier d'un grade éminent, qui, par ses habitudes des affaires et du monde, sût allier ce qu'il doit à la sûreté du captif avec le respect et les égards qu'il commande ; si on n'a voulu suivre que la haine et la vengeance et toutes les passions étroites, vulgaires ; si on n'a voulu enfin que confier au climat la mort de l'illustre ennemi, charger la nature d'un acte qu'on n'osait pas exécuter soi-même ; si on a voulu tout cela, je m'arrête ; je n'ai plus rien à dire, je n'ai déja que trop dit.

» Mais si, dans le sens de votre bill même, vous avez voulu entourer votre acte politique, comme vous l'avez fait en effet, de toutes les intentions d'une nation grande, noble, honorable, je puis continuer; car vous aurez voulu tout le bien que peut permettre la circonstance, vous aurez interdit tout le mal que ne commanderait pas la nécessité. Vous n'avez pas voulu qu'on privât le prisonnier de tout exercice, en lui imposant inutilement des conditions ou des formes qui eussent fait de cette jouissance un tourment.

» Vous n'avez pas voulu qu'on lui prescrivît la nature de ses paroles, la longueur de ses phrases; vous n'avez pas voulu qu'on restreignît son enceinte primitive, sous prétexte qu'il ne faisait pas un usage journalier de son étendue; vous n'avez pas voulu qu'on le forçât de se réduire à sa chambre, pour ne pas se trouver au milieu des retranchemens et des palissades dont on entoure ridiculement son jardin, etc.

» Or, toutes ces choses existent, elles se sont succédées chaque jour, bien qu'elles soient jugées inutiles, et que beaucoup de vos compatriotes les condamnent et en gémissent.

« Vous n'avez pas voulu qu'au grand détriment de sa santé et de ses aises, il fût condamné à une mauvaise, petite, incommode demeure, tandis que l'autorité en aurait de grandes et de belles à la ville et à la campagne qui eussent été beaucoup plus commodes, plus convenables, et eussent sauvé l'envoi du fameux palais, ou, pour parler bien plus correctement, de l'immense quantité de madriers bruts pourrissant aujourd'hui, sans emploi, sur le rivage, parce qu'on a trouvé qu'il faudrait de sept à huit ans pour accomplir la bâtisse projetée. Vous n'avez pas voulu qu'en dépit des sommes que vous y consacrez, les nécessités de la vie, toutes les subsistances fournies journellement à Longwood fussent du dernier rebut, lorsqu'il en existerait pour d'autres de meilleure qualité; vous n'avez pas voulu qu'on poussât l'outrage vis-à-vis de Napoléon, jusqu'à vouloir le forcer de discuter les petits détails de sa dépense; qu'on le sommât de fournir un surplus qu'il ne possédait pas; ou qu'à

défaut, on le menaçât de réductions impossibles;
qu'on le forçât de s'écrier dans son indignation :
« De le laisser tranquille, qu'il ne demandait
» rien ; que quand il aurait faim, il irait s'asseoir
» au milieu de ces braves dont il apercevait les
» tentes au loin, lesquels ne repousseraient pas
» le plus vieux soldat de l'Europe. » Vous n'avez
pas voulu que Napoléon se trouvât contraint par
là de faire vendre son argenterie pièce à pièce,
afin de subvenir à ce qui lui manque chaque
mois, et qu'il se trouvât réduit à accepter ce que
des serviteurs fidèles étaient assez heureux pour
pouvoir déposer à ses pieds.

» O Anglais ! est-ce ainsi qu'on peut traiter en
votre nom celui qui a gouverné l'Europe, disposé
de tant de couronnes, créé tant de Rois? Ne
craignez-vous pas le cri de l'histoire? Et si jamais
elle venait à graver : « Ils l'ont trompé pour s'en
» saisir, et puis ont marchandé son existence. »
Souffrirez-vous que l'on compromette à ce point
vos sentimens, votre caractère, votre honneur?
Est-ce donc là votre bill, sont-ce là vos intentions? Et quel rapport de si inconvenables mesures ont-elles avec la sûreté ?

» Vous n'avez pas voulu que l'autorité se fît une
étude puérile et barbare dans ses paroles, ses
réglemens et ses actes, de rappeler sans cesse ce
qu'il eût été délicat de ne mentionner jamais,
en nous répétant chaque jour que nous nous
abusons étrangement sur notre position ; en interdisant sévèrement tout respect inusité; en pu-
nissant même, nous a-t-on dit, celui en qui
l'habitude l'aurait laissé échapper ; en restrei-
gnant les journaux qui nous parviennent, à ceux
qui pourraient nous être les plus désagréables ;
en nous procurant volontiers les libelles, et sous-
trayant ou retenant, au contraire, les ouvrages
bienveillans ; enfin, en nous imposant la forme
littérale de la déclaration par laquelle nous ache-
tions l'esclavage et le bonheur de soigner un
objet révéré, en nous contraignant d'y admettre
des dénominations contraires à nos habitudes et
à nos lois, se servant ainsi de nos propres mains
pour dégrader l'objet auguste que nous entou-
rions ; et toutefois, nous avons dû le faire, parce
que, sur notre refus universel, nous avons été
menacés d'être arrachés tous à notre doux emploi, jetés aussitôt sur un bâtiment et déportés

au cap de Bonne-Espérance. De quel intérêt ces mesures cruelles et tyranniques peuvent-elles être à la sûreté?

» On croira avec peine que Napoléon, s'informant s'il pouvait écrire au Prince Régent, l'autorité ait répondu qu'on ne laisserait passer sa lettre qu'au cas qu'elle fût ouverte, ou qu'on l'ouvrirait pour en prendre connaissance. Procédé que réprouve la raison, également injurieux aux deux augustes personnes.

» Sainte-Hélène avait été choisie pour nous, avait-il été dit, afin que nous pussions y jouir d'une certaine liberté et de quelque indulgence. Mais nous ne pouvons parler à personne; il nous est interdit d'écrire à qui que ce soit; nous sommes restreints dans nos plus petits détails domestiques. Des fossés, des retranchemens entourent nos demeures; une autorité sans contrôle nous gouverne... Et l'on avait choisi Sainte-Hélène pour nous procurer quelque indulgence! Mais quelle prison en Angleterre eût donc pu être pire pour nous? Certes, il n'en est aucune aujourd'hui qui ne nous semblât un bienfait. Nous nous trouverions en terre chrétienne; nous respirerions l'air

européen. Une autorité supérieure, contradic-
toire, nous mettrait à l'abri des ressentimens personnels, de l'irritation du moment, ou même du
défaut de jugement.

· » Il a été insinué, ou interdit même aux officiers de votre nation de se présenter devant celui
dont ils surveillent la garde ; il a été défendu aux
Anglais même, quels que soient le rang et la confiance qu'ils possèdent, de nous approcher et de
s'entretenir avec nous, sans des formalités qui
équivalent à une interdiction, dans la crainte que
nous ne leur dépeignissions les mauvais traitemens dont on nous accable. Précaution inutile
à la sûreté ; mais qui prouve l'envieuse attention
qu'on met à nous empêcher de faire parvenir la
vérité. On nous a fait un crime de nos efforts à
ce sujet, comme si de vous la faire parvenir, surtout quand elle intéresse votre honneur, votre
caractère, n'était pas bien mériter de vous.

» Certes, vous n'avez pas voulu qu'on portât
la tyrannie sur nos pensées et nos sentimens, au
point de nous insinuer ou de nous dire que, si
nous continuions à nous exprimer librement dans
nos lettres à nos parens, à nos amis, nous serions

arrachés d'auprès de Napoléon, et déportés de
l'île; circonstance qui a précisément amené ma
déportation, en me portant à faire passer clan-
destinement les lettres mêmes que j'avais d'abord
destinées pour le Gouverneur, et que je lui aurais
envoyées, sans son inquiétante insinuation; insinuation gratuitement tyrannique, puisque ces
lettres étaient envoyées ouvertes aux ministres,
accompagnées, au besoin, des notes de l'autorité locale; qu'elles pouvaient être retenues par
les ministres, si elles étaient inconvenables, ou
livrées même aux lois, si elles étaient criminelles;
et que, dans tous les cas, elles devaient avoir à
leurs yeux le mérite d'être un moyen de plus
d'obtenir la vérité.

» Certes, vous n'avez pas voulu que ceux qui
avaient obtenu la faveur de demeurer auprès de
Napoléon, se trouvassent en dedans des lois pour
leur sévérité, et fussent jetés en dehors pour leurs
bienfaits. C'est pourtant ce qui nous a été posi-
tivement signifié. Vous n'avez pas voulu qu'on
saisît mes papiers les plus secrets et les plus sacrés, et que, bien que je les eusse fait parcourir
sommairement pour en laisser connaître la na-

ture, on m'en séparât, on me refusât d'y apposer mon sceau. Vous n'avez pas voulu qu'on se fît sur ma personne un jeu barbare de ce qu'il y a de plus saint et de plus sacré parmi vous ; qu'au mépris de mes constantes réclamations d'être rendu à la liberté ou livré aux tribunaux ; qu'en dépit de mes offres réitérées de me soumettre volontairement d'avance à toutes les précautions, même arbitraires, qu'on voudrait m'imposer en Angleterre, on me retînt captif à Sainte-Hélène, on m'envoyât de cette île au cap de Bonne-Espérance, pour me faire revenir, avec le temps, du Cap vers Sainte-Hélène, me promenant ainsi prisonnier sur la vaste étendue des mers, dans de frêles bâtimens, au grand détriment de la santé de mon fils, dont la vie était en danger, au péril de la mienne qu'on a affligée d'infirmités qui doivent m'accompagner au tombeau, si toutefois elles ne m'y précipitent avant le temps.

» Vous n'avez pas voulu qu'arrivé au Cap, l'autorité m'y retînt arbitrairement sans discussions, sans examen, sans informations, et m'y fît sécher dans les angoisses de la douleur, de l'attente et du désespoir, sous le prétexte ridicule d'envoyer

à deux mille lieues demander à mes juges naturels, aux ministres auxquels je sollicitais si vivement d'être livré, si l'on ferait bien de m'envoyer
à eux ; et exécutant déjà sur moi, par ce seul
fait, une sentence mille fois plus terrible que ne
saurait être celle de tous les juges, savoir : de
me priver durant plusieurs mois de ma liberté ;
de me retenir tout ce temps captif aux extrémités de la terre, séparé de ma famille, de mes
amis, de mes intérêts, de tous mes sentimens,
consumant péniblement dans le désert le peu de
jours qui me restent. Certes, sous l'empire des
lois positives, on ne saurait se jouer tyrannique-
ment ainsi de la liberté, de la vie, du bonheur
des individus.

» O Anglais ! si de tels actes demeuraient im-
punis, vos belles lois ne seraient plus qu'un vain
nom. Vous porteriez la terreur aux extrémités
de la terre, et il ne serait plus ni liberté ni justice
au milieu de vous.

» Tels sont les griefs * que j'avais à vous faire

* Les griefs de Longwood, adressés à sir Hudson
Lowe, qu'on a vus plus haut.

8.   25

connaître, et qui sont développés avec d'autres encore dans une lettre ci-jointe, qu'en quittant Sainte-Hélène j'ai remise à l'autorité, dans l'espoir qu'elle pourrait lui faire faire un retour sur elle-même.

» Beaucoup de ces griefs eussent mérité peut-être que nous ne voulussions pas les apercevoir; toutefois, je me suis fait la violence de vous les exposer. Il n'en est pas de si petits qui n'intéressent votre honneur.

» Et quelles peuvent être les causes de pareilles mesures? D'où peuvent venir ces graduelles attaques, ces aggravations continues? Comment les aura-t-on justifiées? Nous l'ignorons.

» Ce n'est pas, du reste, qu'à Sainte-Hélène l'autorité conteste le péril de la santé du captif, l'imminent danger de la vie, la probable et prompte issue d'un tel état de choses. « Mais, « C'est lui qui l'aura voulu, se contente-t-on » d'observer froidement; ce sera sa faute. » Mais y prend-on bien garde? Confesser que Napoléon cherche la mort, n'est-ce pas confesser qu'on lui rend la vie intolérable? « D'ailleurs, continue-» t-on, pourquoi se refuser à prendre l'exercice

» nécessaire, parce qu'un officier doit l'accom-
» pagner? Qu'a donc cette formalité de si heur-
» tant, de si pénible? Pourquoi s'obstiner à en
» faire une si grande affaire? » Mais qui peut se
croire le droit de juger des sensations de l'illustre
victime? Napoléon se prive et se tait; que veut-
on de plus? Du reste, on l'a répété cent fois;
ce n'est ni la couleur de l'habit, ni la différence
de nation qui crée la répugnance; mais la nature
de la chose en elle-même, et ses effets inévi-
tables. Si, dans un pareil exercice, le bénéfice
du corps demeurait de beaucoup au-dessous des
souffrances de l'esprit, cet exercice serait-il un
avantage?

« Mais, insinue-t-on encore (car il n'est pas
» une même échelle pour tous les esprits et tous
» les sentimens), pourquoi des égards si recher-
» chés, des attentions, des soins si extraordi-
» naires? après tout, c'est un captif de distinction,
» peut-être; mais qu'est-il donc de plus? quels
» seraient ses titres? »

Ce qu'il est? quels sont ses titres? je vais le
raconter :

» Napoléon est la première; la plus étonnante

» destinée de l'histoire. C'est l'homme de la re-
» nommée, celui des prodiges, le héros des siè-
» cles. Son nom est dans toutes les bouches, ses
» actes agitent toutes les imaginations, sa carrière
» demeure sans parallèle. Quand César médita
» de gouverner sa patrie, César en était déjà
» le premier par sa naissance, ses richesses;
» quand Alexandre entreprit de subjuguer l'Asie,
» Alexandre était roi et fils d'un roi qui avait pré-
» paré ses succès; mais Napoléon, s'élançant de
» la foule pour gouverner le monde, se présente
» seul, sans autre auxiliaire que son génie : ses
» permiers pas dans la carrière sont autant de
» merveilles; il se couvre aussitôt de lauriers im-
» mortels, il règne, dès cet instant, sur tous les
» esprits : idole de ses soldats, dont il a porté la
» gloire jusqu'aux nues; espoir de la patrie, qui,
» dans ses angoisses, pressent déjà qu'il sera son
» libérateur; et cette attente n'est point trompée.
» A sa voix expirante, Napoléon, interrompant ses
» mystérieuses destinées, accourt des rives du
» Nil; il traverse les mers au risque de sa liberté
» et de sa réputation, il aborde seul aux plages
» françaises. On tressaille de le revoir; des accla-

» mations, l'allégresse publique, le triomphe le
» transportent dans la capitale. A sa vue, les fac-
» tions se courbent, les partis se confondent ; il
» gouverne, et la révolution est enchaînée !

» Le seul poids de l'opinion, la seule influence
» d'un homme ont tout fait. Il n'a pas été besoin
» de combattre ; pas une goutte de sang n'a coulé ;
» et ce ne sera pas la seule fois qu'un tel prodige
» signalera sa vie.

» A sa voix, les principes désorganisateurs
» s'évanouissent, les plaies se ferment, les souil-
» lures s'effacent. La création semble encore une
» fois sortir du chaos.

» Toutes les folies révolutionnaires disparais-
» sent ; les seules grandes et belles vérités demeu-
» rent. Napoléon ne connaît aucun parti ; aucun
» préjugé n'entache son administration. Toutes
» les opinions, toutes les sectes, tous les talens
» se groupent autour de lui : un nouvel ordre de
» chose commence.

» La nation respire et le bénit ; les peuples
» l'admirent, les rois le respectent, et l'on est
» heureux, l'on va s'honorer de nouveau d'être
» Français.

» Bientôt onl'éleva sur le trône : il devint de
» Empereur. Chacun connaît le reste. On sait
» quel lustre, de quelle puissance il honora
» sa couronne. Souverain par le choix des peu-
» ples, consacré par le chef de la religion, sanc-
» tionné par la main de la victoire, quel chef
» de dynastie rassembla jamais des titres aussi
» puissans, aussi nobles, aussi purs? Qu'on re-
» cherche!.....

» Tous les souverains se sont alliés à lui par
» le sang ou les traités; tous les peuples l'ont
» reconnu. Anglais, si seuls vous faites excep-
» tion, cette exception n'a tenu qu'à votre poli-
» tique; elle n'a été qu'une affaire de forme:
» bien plus, vous êtes précisément ceux qui au-
» ront vu dans Napoléon les titres les plus sa-
» crés, les moins incontestables. Les autres puis-
» sances auront pu obéir peut-être à la nécessité.
» Vous, vous n'aurez fait que vous rendre à vos
» principes, à votre conviction, à la vérité; car
» telles sont vos doctrines, que Napoléon, quatre
» fois l'élu d'un grand peuple, a dû nécessaire-
» ment, malgré vos dénégations publiques, se
» trouver souverain dans le fond de vos cœurs:

» descendez dans vos consciences !.... Or, Na-
» poléon n'a perdu que son trône ; un revers
» l'en a arraché, le succès l'y eût fixé pour jamais.
» Il a vu marcher contre lui onze cent mille hom-
» mes : leurs généraux, leurs souverains ont
» proclamé partout qu'ils n'en voulaient qu'à sa
» seule personne. Quelle destinée !.... Il a suc-
» combé ; mais il n'a perdu que le pouvoir ; tous
» ces caractères augustes lui demeurent et com-
» mandent les respects des hommes. Mille sou-
» venirs de gloire le couronnent toujours, l'in-
» fortune le rend sacré ; et, dans cet état de
» choses , le véritable homme de cœur n'hésite
» pas à le considérer comme plus vénérable sur
» son rocher, qu'à la tête de six cent mille hom-
» mes, imposant des lois. »

« Voilà quels sont ses titres.

» Vainement les esprits bornés ou les cœurs
de mauvaise foi voudraient le charger, comme
de coutume, d'être la cause offensive de tous
les maux, de tous les troubles dont nous avons
été les témoins ou les victimes. Le temps des
libelles est passé ; la vérité doit avoir son tour.
Déjà les nuages du mensonge s'éclaircissent

devant le soleil de l'avenir. Un temps viendra qu'on lui rendra pleine justice ; car les passions meurent avec les contemporains ; mais les actes vivent avec la postérité qui n'a point de bornes. Alors on dira que les grandes actions, les grands biens furent de lui ; que les maux furent ceux du temps et de la fatalité.

» Qui ne commence à voir aujourd'hui que, malgré sa toute-puissance, il n'eût jamais le choix de sa destinée ni de ses moyens ? que, constamment armé pour sa propre défense, il ne recula sa destruction que par des prodiges toujours renaissans ; que dans cette lutte terrible, on lui rendait obligatoire de tout soumettre, s'il voulait survivre et sauver la grande cause nationale. Qui, parmi vous, Anglais, songe à nier surtout cette dernière vérité ? N'a-t-on pas mainte fois, au milieu de vous, proclamé *la guerre viagère;* et vos alliés secrets n'avaient-ils pas dans le fond du cœur ce que votre position vous permettait de dire tout haut ? Ne vous vantez-vous pas encore en cet instant que vous l'eussiez combattu tant qu'il eût subsisté ? Ainsi, toutes les fois qu'il vous a proposé la paix, soit que ses offres fussent sincères, soit qu'elles ne le fussent pas, cela vous importait peu : votre décision était arrêtée. Quel parti, dès-lors, lui restait-il donc, et quel reproche pourrait-on hasarder contre lui, dont on ne fût déjà coupable soi-même? Et qui aujourd'hui prétendrait encore mettre en avant le reproche banal de son ambition? Qu'a-t-elle donc eu de si neuf, de si extraordinaire, et surtout de si exclusif dans sa personne?

» Étouffait-elle en lui le sentiment, quand il disait à l'illustre Fox, que désormais les lois, les mœurs, le sang faisaient tellement de l'Europe une même famille, qu'il ne pouvait plus y avoir de guerre que ce ne fût une guerre civile?

» Était-elle irrésistible, quand, nous peignant tous ses inutiles efforts pour empêcher la rupture du traité d'Amiens, il concluait que l'Angleterre, malgré tous les avantages d'aujourd'hui, gagnerait pourtant encore à s'y être tenue; que toute l'Europe y eût gagné; que lui seul peut-être, son nom et sa gloire y eussent perdu.

» Était-elle bien avide et commune cette ambition, quand, à Châtillon, il préférait la chance de perdre un trône à la certitude de le posséder au prix de la gloire et de l'indépendance nationale.

» Était-elle incapable d'altération, quand on lui a entendu dire : « Je revenais de l'île d'Elbe » un tout autre homme. On ne l'a pas cru pos- » sible, et l'on a eu tort. Je ne fais pas les choses » de mauvaise grâce ni à demi. J'eusse été tout » à fait le monarque de la constitution et de la » paix ? »

» Était-elle insatiable, quand, après la victoire dont il se regardait comme certain à Waterloo, sa première parole aux vaincus allait être à l'instant même l'offre du traité de Paris, et une union sincère et solide qui, confondant les intérêts des deux peuples, eût assuré l'empire des mers à l'Angleterre, et forcé le continent au repos ?

» Était-elle aveugle et sans motifs, quand, après son désastre, passant en revue les conséquences politiques, qu'il avait tant prévues, et frémissant des probabilités de l'avenir, il s'écriait: « Il n'est pas jusqu'aux Anglais même qui auront

» peut-être à pleurer un jour d'avoir vaincu à
» Waterloo. »

« Et qui pourrait donc songer désormais à revenir avec avantage sur cette ambition? Ce ne
sauraient être les peuples, tout frappés qu'ils
sont de la conduite de ceux qui l'ont renversé.
Seraient-ce les souverains? Mais ceux qui ne
parlaient que de justice avant le combat, quel
usage ont-ils fait de la victoire? Qu'on cesse
donc de répéter d'oiseuses allégations. Elles purent être un excellent prétexte; elles seraient
de pitoyables justifications. Qu'on se contente
d'avoir vaincu!....

» Mais je m'emporte. Où m'entraînent la force
de la vérité, la chaleur du sentiment, l'élan du
cœur? Je reviens à mon objet.

» Représentans de la Grande-Bretagne, prenez cet état de choses en considération nouvelle.
La justice, l'humanité, votre honneur, votre
gloire vous le demandent. Sainte-Hélène est insupportable; son séjour équivaut à une mort
certaine et préméditée; vous ne voudrez pas vous
en rendre responsables aux yeux des siècles.
Napoléon fut vingt ans votre terrible ennemi;

il vous souviendra d'*Annibal* et de *l'infamie romaine*..... vous ne voudrez pas souiller d'une pareille tache les belles pages de votre histoire présente. Sauvez à votre administration l'odieuse, l'horrible inculpation d'avoir trafiqué du sang du prisonnier. L'histoire en fournit plusieurs exemples : tous nous font horreur. Et quel plus grand caractère encore ne serait pas réservé à celui-ci ! car il est aisé de le prédire, quand Napoléon ne sera plus, quand on pourra croire le forfait accompli, alors Napoléon deviendra l'homme des peuples ; alors il ne sera plus que la victime, le martyr des rois. Ainsi le voudra la marche inévitable de la force des choses et du sentiment des hommes. Sauvez nos annales modernes d'un tel scandale et de ses dangereuses conséquences.

» Sauvez la royauté de ses propres aveuglemens ; sauvez les intérêts les plus sacrés des grands monarques au nom desquels s'exécute la victime ; sauvez la majesté royale dans le premier de ses attributs, le plus saint de ses caractères, son *inviolabilité*. Si les rois eux-mêmes portent la main sur les représentans de Dieu sur la terre, quel frein, quel respect prétendraient-ils opposer aux attentats des peuples? Il n'est point ici bas de prospérité à l'abri du temps ou de la fortune; le cercle des vicissitudes enveloppe tous les trônes. Cette cause est la cause de tous les rois présens et à venir. Un oint du Seigneur, dégradé, avili, torturé, immolé, ne peut, ne doit être qu'un objet d'indignation, d'horreur pour l'histoire, de frémissement pour les rois....

» Rappelez Napoléon au milieu de vous, laissez-le venir trouver le repos sous la protection de vos lois : qu'elles jouissent de son insigne hommage. Ne les privez pas de leur plus beau triomphe. Et qui pourrait vous arrêter?

» Serait-ce votre première décision? Mais en la rappelant, vous montreriez à tous les yeux que vous ne fûtes alors guidés que par la force des circonstances, la loi de la nécessité.

» Serait-ce votre repos intérieur? Mais la pensée en serait insensée, le doute une injure, un outrage à vos institutions, à vos mœurs, à toute votre population.

» Serait-ce la sûreté de l'Europe? Mais les

vérités de circonstances n'ont qu'un temps, et
ce n'est qu'au vulgaire qu'il appartient de les per-
pétuer, de les mettre en avant long-temps après
qu'elles n'existent plus. Napoléon dans sa toute-
puissance, pouvait être l'effroi de l'Europe ; réduit à sa seule personne, il ne peut plus en être
que l'étonnement, la méditation. Et de bonne
foi, que pourrait-il aujourd'hui, même avec du
pouvoir, contre la sûreté de la Russie, celle de
l'Autriche, de la Prusse, la vôtre ?

» Enfin, seraient-ce ses arrières pensées qu'on
pourrait redouter? Mais Napoléon n'en a d'autres aujourd'hui que celles du repos. A ses propres yeux, dans sa propre bouche, sa prodigieuse carrière a déjà toute la distance des siècles.
Il ne se croit plus de ce monde, ses destinées
sont accomplies. Pour une âme d'une telle élévation, le pouvoir n'a de prix que pour conduire
à la célébrité, à la gloire ; or, quel mortel en
accumula davantage sur sa tête? La mesure n'en
semble-t-elle pas au-dessus de l'imagination des
hommes? Ses revers même n'en ont-ils pas été
pour lui des sources abondantes? Existe-t-il rien
de comparable au retour de l'île d'Elbe? Et plus

tard, quelle apothéose que les regrets d'un grand peuple? Un grand nombre parmi vous ont traversé nos provinces, pénétré dans nos foyers ; vous connaissez nos secrets, nos sentimens. Si la patrie lui était moins chère que la gloire, qu'aurait-il à désirer, après ce qu'il a laissé en arrière? Son âge avancé, sa santé perdue, le dégoût des vicissitudes, peut-être celui des hommes, la satiété surtout des grands objets qu'on poursuit ici-bas, ne lui laissent plus rien de neuf aujourd'hui, de désirable qu'un asile tranquille, un heureux et doux repos. Il vous les demande, . Anglais, et vous les lui devez, vous les devez à l'héroïque magnanimité avec laquelle il vous donna la préférence sur tous ses autres ennemis. Sachez, osez, veuillez être justes. Rappelez-le, et vous aurez consacré la seule gloire qui semble manquer à votre condition présente. Les admirateurs, les vrais amis de vos libertés et de vos lois l'attendent de vous; ils le réclament. Vous avez mis en défaut ceux qui se plaisent à vanter tous les biens qui découlent de votre belle constitution. » Où sont donc, disent ces adversaires » avec une ironie triomphante, cette générosité,

» cette élévation de sentimens, cette inflexibilité
» de principes, cette moralité publique, cette
» force d'opinion que vous nous disiez, chez ce
» peuple libre, être en quelque sorte supé-
» rieures à la souveraineté même? Où sont les
» fruits tant vantés de ce sol classique des institu-
» tions libérales? Tout ce pompeux échafaudage,
» ces peintures imaginaires ont donc disparu de-
» vant les dangers qu'avaient fait courir un seul
» homme, ou bien encore devant la haine et la
» vengeance qu'il a laissées après lui. Et qu'aurait
» fait de plus ce pouvoir absolu que nous défen-
» dons et que vous décriez tant? Il eût fait moins
» peut-être; mais bien sûrement il n'eût pas pu
» faire davantage. Il se fût montré sensible, sans
» doute, à la noble et magnanime confiance de
» son ennemi, ou, s'il se fût décidé, parce que
» la chose lui eût été utile, il eût mis du moins
» plus d'énergie, de franchise, d'élévation dans
» son injustice; il ne se fût pas abaissé, pour
» pallier son tort aux yeux des peuples, à y asso-
» cier gratuitement ses voisins. Il eût évité sur-
» tout de se laisser envelopper dans ce dilemme
» accablant : ou, quand vous avez conclu votre

» inique traité d'ostracisme, la victime n'était
» pas encore en votre pouvoir, et vous avez eu
» la lâcheté de lui tendre la main pour vous en
» saisir; ou vous la teniez déjà, et vous avez
» sacrifié votre gloire, l'honneur de votre pays,
» la sainteté, la majesté de vos lois, à des sol-
» licitations étrangères. »

« Anglais, pour pouvoir répondre, vos amis
» sont obligés de se retourner vers vous : ils at-
» tendent.

« Pour moi, malgré une funeste expérience de
deux années, telle est encore ma confiance en
vos principes, que je compte toujours sur votre
justice; et j'ai osé parler devant vous, ne consultant que mon cœur, persuadé que ce serait du
milieu de vos rangs même que je verrais s'élever
la défense et les talens dignes de cette grande
et belle cause. Quoi que vous décidiez, au reste,
mes destinées à moi sont arrêtées.

» Où que demeure la victime, je veux aller
porter à ses pieds le peu de jours qui me restent
encore *; et, dans ce tribut de sentimens, je

---

* Toute sollicitation à cet égard a été vaine auprès du

8.   26

croirai n'avoir rien fait que pour moi. Quand je
le suivis d'abord, j'obéissais plutôt à l'honneur,
je suivais la gloire. Mais aujourd'hui je pleure
loin de lui toutes les qualités du cœur qui attachent l'homme à l'homme. Combien de vos compatriotes l'ont approché! Ils vous diraient tous
la même chose. Qu'on les consulte? Anglais!
est-ce donc là l'homme dont on vous avait fait la
peinture? Est-ce bien avec connaissance de cause
que vous avez prononcé sur son sort....?

« Le comte de LAS CASES. »

Cependant ma sollicitude ne s'était pas bornée
aux lettres adressées aux souverains et rapportées
plus haut, mes soins s'étaient portés avec ardeur
sur tous les points et tous les objets que j'avais
pu imaginer. Dès que j'avais été rendu à la liberté, je m'étais vu entouré des bannis français
qui se trouvaient à Francfort, et qui, partageant
mes sentimens, me montrèrent l'intérêt le plus

---

ministère anglais. Cette demande, plusieurs fois répétée,
est demeurée sans réponse, ou n'a produit qu'un refus,
ainsi qu'on le verra spécialement dans une des lettres de
ce Recueil.

tendre. Tous, sans excepter même ceux qui n'a-
vaient à disposer que du denier de la veuve,
m'offrirent ce qu'ils possédaient, non seulement
pour les besoins personnels qu'ils me suppo-
saient, mais encore pour l'objet pieux qui m'occupait tout entier. J'eus aussi le bonheur de
trouver dans la même ville la comtesse de Sur-
villers, dont l'extrême bonté n'est qu'une des
vertus. Enfin, des négocians distingués de
Francfort, sur le seul bruit de mes aventures,
et par pure sympathie, me firent les offres les
plus généreuses; et il n'est pas jusqu'à des membres de la diplomatie, en si grand nombre dans
cette ville, qui ne me fissent parvenir indirectement des preuves de bienveillance. Tout cet ensemble me mit à même de savoir aussitôt où se
trouvaient tous les membres de la famille de
l'Empereur, et me procura les moyens les plus
efficaces d'entrer promptement en relation avec
chacun d'eux, pour pourvoir sans délai aux besoins de celui au soulagement duquel j'avais résolu, leur apprenais-je, de consacrer tous mes
efforts, tous mes momens, toute mon existence.

D'un autre côté, je m'étais imposé la règle

d'écrire régulièrement une fois par mois, à jour
fixe, au Grand-Maréchal, afin d'obtenir les indi-
cations nécessaires pour pouvoir me rendre le
plus utile possible ; et j'envoyais cette lettre ouverte au Sous-Secrétaire d'État des Colonies,
avec lequel j'avais, par ce moyen, ouvert une
correspondance que je jugeais la plus sûre et la
plus propre à remplir mon objet. Je le suppliai
et il me promit d'envoyer régulièrement à Longwood les journaux, brochures, ouvrages nouveaux et autres objets de consommation journalière que je lui indiquais, ou dont je le priais
de vouloir bien faire lui-même la désignation,
contre l'acquittement que j'en ferais à son ordre.

Tous les parens de l'Empereur, sa mère, ses
frères, ses sœurs, à l'exception du prince Lucien,
et je n'étais particulièrement connu d'aucun
d'eux, me répondirent aussitôt avec les expressions
les plus vives, les plus touchantes : c'était la première nouvelle authentique ou à peu près qu'ils
recevaient de l'illustre victime, mandaient-ils,
et ils étaient heureux de trouver enfin un intermédiaire à l'aide duquel ils pussent lui faire parvenir leur respect, leur dévouement et leurs

vœux; ils ne demandaient qu'à savoir ce qu'ils
avaient à faire. Une rétribution annuelle de cent
cinquante mille francs fut immédiatement ré-
solue et organisée; c'était la somme que je jugeais indispensable aux nécessités de Longwood.
Ils s'en partagèrent la charge, et déjà je tenais
entre les mains la cote part de plusieurs d'entre
eux, quand j'eus la satisfaction de pouvoir la leur
renvoyer, en les prévenant de réserver pour
d'autres momens leurs bonnes intentions, dont,
à moins de cas imprévus, je n'aurais pas besoin
de deux à trois ans. C'est qu'il s'était trouvé un
dépôt de quelques centaines de mille francs appartenant à l'Empereur, et je m'estimais heureux de pouvoir donner d'aussi bonne heure aux
membres de la famille, une preuve de la régularité de la réserve et de la réflexion avec laquelle
j'opérais : malheureusement je me pressai trop ;
car l'argent qui avait été promis, et devait être
fourni par mois, soit par des méprises, des embarras de banque ou la négligence des agens,
fut plus d'une année à se réaliser, ce qui me
causa beaucoup de chagrin et d'embarras ; car
les treize lettres de change que j'avais laissées au

Grand-Maréchal en partant avaient été promptement dépensées, et il avait continué de tirer de nouvelles traites sur mon banquier ou sur d'autres à Londres, qui laissèrent protester ces lettres de change, l'un parce qu'il n'avait plus de fonds à moi, les autres parce qu'ils n'en avaient reçu de personne ; ce qui amenait des frais énormes, compromettait Longwood, et faisait le sujet des gorges chaudes des papiers ministériels anglais.

Dès que je fus instruit de ce malheureux contretemps, j'écrivis à Londres que je me rendais, une fois pour toutes, personnellement garant de toutes les traites qui arriveraient de Longwood, et qu'elles seraient remboursées à ordre à Francfort ; et j'y pourvoyais du mieux que je pouvais avec l'argent de Madame mère, le seul que j'eusse tenu en réserve, et que je lui ai fait rentrer depuis, et celui de quelques amis, quand le mien propre était épuisé ; car mes quatre mille louis m'étaient rentrés, et d'une manière assez singulière pour que je le mentionne. Quelqu'un, très-délicatement situé d'ailleurs, et qui se trouvait avoir de l'argent à l'Empereur, bien qu'il ne me connût pas, soupçonnant que je pouvais avoir quelques besoins, me fit tenir indirectement cent mille francs, sans aucun titre de ma part. C'était le seul moyen qu'il eût imaginé, sans doute, d'accorder la prudence avec sa délicatesse; de sorte que je me suis trouvé remboursé sans avoir jamais produit de créance ni donné de reçu, et que je ne sache pas qu'il s'en trouve de traces dans aucun compte.

Six mois s'étaient déjà écoulés, la belle saison était venue, et mes souffrances, que les contrariétés et les peines d'esprit avaient fort empirées, me firent ordonner les eaux de Bade; mais étais-je bien libre de m'y rendre? Nous vivions dans un temps si singulier; on se faisait partout, en cet instant, un tel jeu des droits et de la destinée d'un Français, que chacun, autour de moi, doutait fort de ma liberté, et moi-même je n'étais pas sans quelque inquiétude, tant j'étais habitué à voir violer toute justice à mon égard. On a vu que je n'avais trouvé d'asile à Francfort que par la protection spéciale de l'ambassade autrichienne; j'avais demandé un refuge en Autriche, conditionnellement il est vrai; mais en m'accor-

dant cette faveur, on pouvait avoir eu l'idée de
s'en prévaloir comme d'une espèce de droit sur
ma personne. Quoi qu'il en soit je tenais tellement à constater ma droiture et à me montrer
reconnaissant des procédés bienveillans de M. le
baron de Wessemberg, que je crus devoir aller
lui donner connaissance de mon départ, tout en
lui demandant s'il me considérait comme sous
sa surveillance ; mais il dissipa d'un mot mes
scrupules et mes craintes, en me répondant
avec la loyauté, la grâce qui le caractérisent,
qu'on avait prétendu me donner l'hospitalité, et
non m'imposer une prison.

Je me rendis donc à Bade, où j'eus l'honneur
d'être reçu par le Grand-Duc et la Grande-Du-
chesse, presque avec mystère il est vrai, mais avec
tout l'accueil et tous les sentimens que je devais
attendre d'enfans adoptifs de Napoléon. Il y avait
d'autant plus de mérite en eux à le témoigner,
qu'il se trouvait dans leur entourage et leur
haute confiance d'État, certains ennemis achar-
nés de la cause que j'avais suivie, qui regardaient
comme une espèce de scandale politique ce vif
intérêt, cette grande bienveillance du couple.

souverain à mon égard. Ce n'est pas, au surplus, que j'en mésusasse ; car, dans ces réunions d'eaux, toujours si bruyantes, et cette
année particulièrement remarquables, je m'étais
retiré tout à fait à l'écart, vivant dans une solitude profonde, ne paraissant jamais, et me dé-
robant scrupuleusement à une curiosité naturelle
à ces lieux de dissipation et d'oisiveté.

Cette réserve de ma part, cette circonspection, me valurent, du reste, l'honneur d'entrevues augustes où je pus jouir de l'inestimable
satisfaction d'apprécier toute l'étendue du dévouement et de la tendresse portés à celui auquel je m'étais consacré. L'une de ces entrevues
surtout, par la nature du rendez-vous, celle du
lieu, des formes, etc., composerait un véritable
épisode de roman. Toutefois je n'en dirai rien
par plusieurs considérations ; aussi bien je suis
forcé d'être bref, et je dois glisser rapidement
ou sauter à pieds joints sur une foule de circonstances, non seulement par la peine que j'ai à
dicter, mais aussi pour ne pas épuiser la patience
des lecteurs.

En quittant l'excellent Grand-Duc, je lui

demandai à demeurer dans ses États, et fus me fixer à Manheim. J'avais choisi cet endroit, parce qu'en me conservant, comme à Francfort, l'avantage de toutes mes correspondances, il ne me présentait pas les inconvéniens de cette dernière ville, dans laquelle j'en avais trouvé beaucoup, dont plusieurs d'une nature fort délicate, et je cherchais à leur échapper.

Je ne sortais presque jamais, et n'abusais guère plus de ma liberté que du temps du commissaire prussien; mais je m'étais créé l'obligation de recevoir tout le monde. Je ne me dissimulais pas qu'il se présenterait sans doute des mal intentionnés déguisés; mais je savais aussi qu'il était tant de gens de toutes les classes et venant parfois de si loin uniquement conduits par le sentiment!....... Or, je ne me serais pas pardonné, pour échapper à un perfide, de courir le risque de navrer peut-être un cœur de bonne foi, qui, dans ses regrets et sa douleur, croyait pouvoir trouver près de moi quelques mots de jouissance et de consolation; mais, par suite de ma facilité, on s'imaginerait difficilement tout ce que j'eus à entendre, les questions

qui me furent faites, les idées que l'on me sug-
géra, les insinuations de tout genre, etc. L'un
me proposait de se charger de mes commissions
les plus secrètes, les plus chanceuses, les plus
lointaines ; un autre m'offrait d'être mon intermédiaire avec des personnages marquans et très-
chauds ; un autre voulait se rendre déguisé à
Parme, me garantissant de remettre à l'Impératrice Marie-Louise en personne tous mes paquets. Que sais-je ? je n'en finirais pas. Enfin,
je reçus plusieurs fois, et de gens de diverses
contrées, la proposition d'aller tenter l'évasion
de Napoléon. Les uns étaient conduits par l'enthousiasme ; d'autres spéculaient ; d'autres encore tendaient des piéges sans doute ; la provo-
cation est devenue si effrontée, si commune de
nos jours ! Heureusement que toute ma garantie
à moi était de n'avoir rien à cacher. Je ne possédais aucun secret, je n'avais donc que des
désirs ou des vœux à exprimer en réponse ; et
dans la position avouée où je m'étais placé, les
rapports qu'on en aurait été faire n'eussent assurément appris rien de bien neuf ; aussi ne m'en
est-il jamais arrivé le moindre désagrément.

Toutefois, en adoptant Manheim, qui est à l'é-
cart, et où je vivais dans un isolement absolu,
ne voyant personne, j'obviais tout d'un coup
à la plupart de ces inconvéniens dont j'étais
assailli, au contraire, dans une ville de passage
comme Francfort, rendez-vous naturel des agio-
teurs de tout genre, des intrigans de toute espèce; et de plus, je constatais aux yeux intéressés à m'observer, combien je voulais demeurer
étranger à tout indigne moyen.

Le congrès d'Aix-la-Chapelle approchait,
et j'avais fondé sur cette auguste réunion de
grandes espérances; toutes les âmes généreuses
les partageaient: on ne pouvait pas s'imaginer que
des souverains ne se montrassent pas sensibles
au tourment de Napoléon, que chacun d'eux
avait si long-temps traité d'ami, de frère et de
fils, surtout quand ils auraient un récit authentique et fidèle de son supplice. Je m'étais donné
tous les soins pour qu'ils se trouvassent entourés,
assaillis de sollicitations et de lumières. J'avais
écrit à Marie-Louise; j'étais chargé de faire présenter aux souverains une lettre de Madame
Mère; tous les autres parens devaient agir de

leur côté, et j'avais moi-même soigneusement réuni, pour chacun des souverains, tous les documens authentiques existans, et tracé une note relative, incluse dans une lettre adressée *à eux-mêmes*. Il n'est pas jusqu'à lord Castlereagh auquel je ne crusse devoir la communiquer, comme représentant le roi d'Angleterre. Voici toutes ces pièces. Qu'on me pardonne, au surplus, si on y retrouve souvent des répétitions et parfois jusqu'aux mêmes phrases, c'est qu'au fait elles ne concernent toutes qu'un seul et même objet, que cet objet se trouve réduit à sa plus simple expression, que le cercle est fort rétréci, et qu'il ne reste qu'à tourner sur soi-même.

A L'IMPÉRATRICE MARIE-LOUISE.

« Madame, — Revenu des lieux où l'on fait
» périr votre époux, que de maux j'aurais à vous
» peindre !!! Mais vous êtes sa femme, la mère
» de son fils, quelles paroles pourraient parler
» plus haut que ce qui doit se retracer naturel-
» lement à votre cœur !!!

» Je pense devoir faire connaître à V. M. que
» je vais profiter de la réunion des souverains

» alliés pour porter à leurs pieds, d'une voix dé-
» faillante, les supplications d'un adoucissement
» au sort affreux, aux peines cruelles qu'on fait
» peser en leur nom., et qui ne peuvent être
» dignement senties que par un serviteur dé-
» voué comme moi, ou par un sang aussi proche
» comme est le votre.

　　» Mais, Madame, quels pouraient être mes
» titres auprès des droits de Votre Majesté, es-
» timés saints, sacrés, tout-puissans, tenus en
» vénération par toute la terre.

　　» Veuillez les faire valoir, Madame, et la
» postérité, l'histoire, qui consacrent aussi des
» couronnes, vous ceindront d'un diadême aussi
» impérissable que la sainte morale qui subjugue
» les hommes, et les douces vertus qui rem-
» plissent l'âme de délices *.

　　» Je suis, etc., le Comte de LAS CASES. »

---

* Cette lettre a été mise à la poste à Vienne ; on
ignore si elle est jamais parvenue : il est probable que
non.

MADAME MÈRE AUX SOUVERAINS ALLIÉS,
A AIX-LA-CHAPELLE.

« Sires, — Une mère affligée au-dessus de
» toute expression, a espéré depuis long-temps
» que la réunion de vos MM. II. et RR. lui ren-
» drait le bonheur.

» Il n'est pas possible que la captivité prolongée
» de l'Empereur Napoléon, ne prête point l'oc-
» casion de vous en entretenir, et que votre gran-
» deur d'âme, votre puissance, les souvenirs des
» événemens passés, ne portent vos MM. II. et
» RR. à vous intéresser pour la délivrance d'un
» prince qui a eu tant de part à leur intérêt, et
» même à leur amitié.

» Laisseriez-vous périr dans un exil de tour-
» mens, un souverain qui, confiant dans la ma-
» gnanimité de son ennemi, se jeta dans ses bras?
» Mon fils aurait pu demander un asile à l'Empe-
» reur, son beau-père; il aurait pu s'abandonner
» au grand caractère de l'empereur Alexandre,
» dont il fut jadis l'ami; il aurait pu se réfugier
» chez S. M. Prussienne, qui, sans doute, se
» voyant implorée, ne se serait rappelé que son

» ancienne alliance ; l'Angleterre peut-elle le
» punir de la confiance qu'il lui a témoignée?

» L'Empereur Napoléon n'est plus à redouter :
» il est infirme Fût-il plein de santé, eût-il les
» moyens que la Providence lui mit jadis dans les
» mains, il abhorre la guerre civile.

» Sires, je suis mère, et la vie de mon fils
» m'est plus chère que ma propre vie. Pardonnez
» à ma douleur la liberté que je prends d'adres-
» ser à vos MM. II. et RR. cette lettre.

» Ne rendez point inutile la démarche d'une
» mère qui réclame contre la longue cruauté
» exercée sur un fils.

» Au nom de celui qui est bon par essence,
» et dont vos MM. II. et RR. sont l'image, in-
» téressez-vous à faire cesser les tourmens de
» mon fils; intéressez-vous à sa liberté. Je la de-
» mande à Dieu, je la demande à vous, qui êtes
» ses lieutenans sur la terre.

» La raison d'État a ses limites, et la postérité,
» qui immortalise tout, adore par-dessus tout la
» générosité des vainqueurs.

» Je suis, etc.,

» MADAME MÈRE. »

N. B. Cette lettre est restée sans réponse. D'autres démarches furent faites en faveur de Napoléon par des personnes de sa famille ; mais elles ne m'ont pas été connues d'une manière assez authentique pour pouvoir les mentionner ici.

NOTE ADRESSÉE AUX SOUVERAINS ALLIÉS, EN CONGRÈS A AIX-LA-CHAPELLE (octobre 1818).

« Sires,—La majesté royale n'a point de juges
» sur la terre ; toutefois, puisque les souverains
» eux-mêmes, la dépouillant de son attribut le
» plus sacré, l'ont soumise à leur tribunal, je
» viens avec une respectueuse confiance leur par-
» ler en faveur d'un monarque long-temps re-
» connu par eux tous, aujourd'hui déchu par eux,
» captif en leur nom, et donnant en ce moment
» à l'univers l'exemple de la plus grande, de la
» plus terrible vicissitude qui fût jamais ! Et qui
» pourrait s'en dire à l'abri, si l'on viole l'invio-
» labilité ?

» Fidèle à sa dignité, supérieur à l'infortune,
» il n'attend que de la mort seule la fin de ses
» tourmens ; mais moi, arraché inopinément du

8.　　　　　　　　　　　　　　　27

» roc fatal où je l'entourais de mes soins pieux,
» je veux encore lui consacrer au loin les restes
» d'une vie défaillante, et chercher à adoucir des
» maux que je ne puis plus partager.

    » Cette mission sacrée, que j'ose entreprendre
» en cet instant, je me la donne moi-même; je
» la puise dans mon tendre dévouement à sa per-
» sonne, dans la chaleur de mes affections privées
» pour celui qui fut mon maître.

    » Etranger ici à toute politique, je n'aurai
» d'autre impulsion, je ne prendrai d'autre guide
» que cette morale sainte et sacrée qui enchaîne
» les rois et les peuples : elle sera ma force, mes
» droits, mon excuse.

    » Napoléon, sur son roc, est en proie aux tour-
» mens, aux privations de toute nature, aux mau-
» vais traitemens des hommes et aux calamités
» du climat. C'est un fait notoire à tous aujour-
» d'hui, suffisamment prouvé par les documens
» authentiques sortis du lieu même, et dont j'ose
» placer ici quelques-uns sous les yeux des hauts
» souverains.

    » Or, si le droit de la guerre, si le droit des
» nations ont dû être méconnus pour le repos

» du monde, *a-t-on dit*, l'humanité du moins
» ne saurait aussi avoir perdu tous ses droits.

» Depuis trois ans la paix a partout succédé à
» la guerre; les passions se sont calmées; les na-
» tions, les individus se sont réconciliés; les gou-
» vernemens, les partis ont désarmé; le droit
» commun a partout repris son empire; un homme
» seul n'a point participé à ces bienfaits. Il de-
» meure seul encore en dehors des lois humaines,
» jeté sur un roc stérile, livré à un climat dévo-
» rant, voué aux angoisses d'une mort lente,
» qu'abreuvent chaque jour la haine et les ou-
» trages. Quel terme fixe-t-on à un aussi étrange
» supplice? S'il est condamné à vivre, cet état
» d'exception n'est-il pas trop cruel? Ne l'est-il
» pas encore bien davantage, s'il était condamné
» à mourir? Et quels ont été ses crimes? Qui l'a
» entendu? Où est le tribunal, sa sentence, ses
» juges, leurs droits? Dira-t-on qu'il n'y a d'au-
» tres garanties contre lui, d'autres sûretés que
» la prison, les chaînes, la mort? Dira-t-on qu'on
» ne peut s'en fier à ses actes, à ses promesses,
» à ses sermens? Citera-t-on le retour de l'île
» d'Elbe? Mais il y était souverain. On avait signé

» des engagemens avec lui : les a-t-on tenus?
» Cette fois, en abandonnant le continent, il a
» abdiqué toute souveraineté, il a déclaré sa car-
» rière politique terminée; c'est donc un tout
» autre état de choses. Mais même, dans le cas
» où la mort seule pourrait assouvir la haine et
» les craintes, *pourquoi alors ne l'avoir pas donnée*
» *franchement* (ce sont ses propres paroles) ? *Une*
» *mort prompte, sans être plus juste, serait plus*
» *humaine et moins odieuse : elle deviendrait un*
» *bienfait.* Voilà ce qu'il a dit lui-même, écrit,
» répété, qui oserait démentir une telle assertion ?

   » Et quels assez puissans motifs perpétuerait-
» on pour justifier une aussi intolérable situation ?

   » A-t-on voulu punir ses envahissemens passés?
» Mais les peuples ont épuisé leur ressentiment
» dans la victoire : ils gardent le silence.

   » Aurait-on voulu user de représailles? Mais
» Napoléon s'est trouvé maître chez les autres;
» en a-t-il agi ainsi? Qu'on se reporte à Austerlitz,
» au bivouac de Moravie, à Vienne, à Tilsit, aux
» conférences de Dresde; bien plus, qu'on le
» prenne dans ce dont l'histoire aura le plus de
» peine à le défendre : Charles IV, captif dans

» ses mains, put à son gré, et toujours en Roi,
» occuper ou Compiègne, ou Marseille, ou Rome:
» et Ferdinand se vit à Valençai constamment
» entouré de tous les soins, de tous les respects
» qu'il pouvait prétendre. Un prince qui lui
» disputait le trône, tombe dans ses mains; quel
» usage Napoléon fit-il de la victoire? La liberté
» immédiate du prisonnier atteste sa magnani-
» mité, et l'histoire la consacrera à côté des in-
» dignes traitemens dont on l'accable,

   » Aurait-on cru devoir renouveler pour lui
» l'ostracisme des Anciens? Mais les Anciens, en
» repoussant d'au milieu d'eux les talens qu'ils
» croyaient redoutables, n'immolaient point leur
» victime; ils ne la transportaient pas dans un
» autre univers, ne la fixaient pas sur un affreux
» rocher, ne l'entraînaient pas sous un climat
» brûlant, en un mot ne chargeaient pas la na-
» ture d'un crime qu'on semblerait ici n'oser pas
» exécuter soi-même.

   » Enfin, craindrait-on que ce nom ne fît encore
» trop au milieu de nous? Mais qu'on prenne
» garde de manquer le grand but. Toujours la
» persécution intéresse les peuples; toujours elle

» remue les masses, constamment généreuses ; et
» si l'on veut fournir des partisans, ne suffit-il pas
» de faire des martyrs? De quelle nécessité sont
» donc d'aussi extraordinaires, d'aussi étranges
» mesures ? Pourquoi violerait-on ainsi à la fois
» le code des nations, le code des souverains, le
» code des particuliers ?

» Parmi les nations civilisées, la fureur s'appaise
» devant un ennemi désarmé, et parmi les sau-
» vages même il demeure sacré, surtout s'il s'est
» confié à la bonne foi.

» Pourquoi donc continuerait-on de lutter pé-
» niblement encore contre ce que réclame l'hu-
» manité, la justice, la religion, la morale, la
» politique, toutes les lois de la civilisation ? Pour-
» quoi ne pas s'abandonner plutôt à ce que com-
» mande la générosité, ce qu'exigent la dignité,
» la gloire, les vrais intérêts ? Osons le dire ici :
» Les rares exemples des rois dévoués aux tour-
» mens et à la mort sont toujours flétris par
» l'histoire, et elle ne doit les rappeler qu'avec
» horreur aux peuples ; aux rois, qu'avec saisis-
» sement !!!.... »

• Depuis que j'ai été enlevé de Sainte-Hélène,

» j'ignore personnellement les altérations qu'au-
» rait pu éprouver le traitement infligé à Napoléon;
» mais, avant mon départ, il était intolérable,
» sous le rapport de sa dignité personnelle et de
» son existence morale et physique : y aurait-on
» porté des modifications long-temps réclamées
» en vain par ses serviteurs, encore n'aurait-on
» pas pu changer l'influence mortifère du climat,
» ni toute l'horreur de cet affreux séjour. Ces
» circonstances sont telles, qu'elles suffisent seules
» pour empoisonner toutes les sources de la vie.
» Il n'est point en Europe de cachot qui ne soit
» préférable; et pas un être humain, quelque
» force de corps, quelque force d'âme qu'on lui
» supposât, qui pût, en de telles circonstances,
» résister long-temps aux terribles effets d'une
» aussi pernicieuse prison.

» Aussi la victime est-elle déjà atteinte d'un
» mal qui doit la conduire infailliblement sous
» peu à la mort. La Faculté n'hésite point à le
» prononcer; et moi, dans les angoisses de mon
» âme, j'ose venir l'exposer devant les augustes
» souverains, en laissant à leur humanité, à leur
» propre cœur, à leur haute sagesse à y pourvoir.

» Certes, on ne saurait m'accuser, moi, d'un
» manque de respect, de dévouement à la sou-
» veraineté. Ces témoignages de ma vie seront en
» ce moment la garantie de ma hardiesse auprès
» des hauts souverains; comme le sentiment de
» leur dignité, de leurs intérêts, de leur gloire,
» demeurera celle de mes espérances et de mes
» vœux. Le comte de LAS CASES. »

LETTRE A S. M. L'EMPEREUR D'AUTRICHE.

(Renfermant la note ci-dessus), à lui-même.

« Sire, — J'ai osé, le dix février dernier, dé-
» poser aux pieds de V. M. la sollicitude et les
» vœux d'un serviteur fidèle en faveur de son
» maître.

» Que V. M. daigne pardonner à ma constance,
» pût-elle lui devenir importune ! J'ose ici placer
» sous ses yeux une note nouvelle en faveur de
» celui qui fut son frère, et dont elle fit son fils.
» Je prends la liberté d'accompagner cette note
» de quelques documens authentiques.

» Sire, mon espérance et mes excuses sont
» dans les qualités privées, les vertus profondes
» de V. M. L'Europe se plaît à reconnaître, à

» proclamer en vous le plus droit, le plus moral,
» le plus humain, le plus religieux des hommes ;
» et pourtant c'est en votre nom qu'on torture,
» qu'on fait mourir celui à qui vous unîtes votre
» fille chérie, celui que votre choix et la religion
» ont rendu votre fils.

» Ah ! Sire, frémissez qu'on ne rapporte à vos
» yeux sa tunique ensanglantée !..... Et s'il était
» arrivé ce jour de la justice éternelle, où le juge
» suprême des hommes et des rois, faisant en-
» tendre ses jugemens terribles, demanderait :
» Qu'as-tu fait de ton fils ? Qu'est-il devenu ?
» Pourquoi séparas-tu l'époux de l'épouse ? Com-
» ment osas-tu désunir ce qui avait été conjoint
» et béni en mon nom ? Je puis bien accorder la
» victoire à qui il me plaît ; mais nul ne saurait
» en abuser contre mes saintes lois, sans encourir
» ma colère....

» Sire, je m'arrête : en aurais-je trop dit ? Que
» V. M. pardonne : ce sont les sentimens dé-
» sordonnés, les cris perçans que m'arrache le
» meurtre de mon maître, exécuté à mes yeux.
» Sire, c'est à vos genoux et tout hors de moi que
» j'en appelle à votre intercession ; c'est contre

» l'homicide que je vous invoque. Ah ! ne soyez
» pas insensible !.....

» Je suis, etc., * Le Comte de LAS CASES. »

A LORD CASTLEREAGH,

En lui adressant la note aux Souverains alliés.

« Milord, — J'ai l'honneur d'adresser à V. S.
» copie d'une note que j'ai pris la liberté d'a-
» dresser aux souverains alliés.

» J'ai cru devoir vous la transmettre, Milord,
» à cause du respect profond que je porte à l'au-
» guste personne que vous représentez, et des
» sentimens que m'inspirent les talens personnels
» de V. S.

» Quelles que soient vos opinions, Milord, sur
» cette note, peut-être même vos oppositions,
» V. S. a trop de générosité d'âme pour con-
» damner tout à fait et sans réserve, j'en suis sûr,
» ces constans efforts d'un serviteur fidèle, qui
» a voué aux adoucissemens et à la consolation

---

* Une pareille lettre fut adressée à l'Empereur Alexandre
et au Roi de Prusse, avec des changemens analogues.

» de celui qui fut son souverain, jusqu'au dernier
» soupir de son existence.

» Milord, combien V. S. a influé sur cette
» grande destinée ! Combien elle peut y influer
» encore ! Que ne puis-je faire arriver ma voix
» jusqu'à vous ! Dans les angoisses et les longueurs
» de mes solitudes, j'ai parcouru souvent le cercle
» des grands motifs qui avaient pu dicter vos ter-
» ribles et cruelles déterminations. Je n'ai pu
» trouver que l'intérêt de votre patrie, la loi ri-
» goureuse de la nécessité, la conviction du ca-
» ractère et des dispositions de celui sur lequel
» vous frappiez ; enfin la gloire et la responsabi-
» lité de votre administration. Mais, Milord, V. S.
» a-t-elle bien pu recueillir le complet ensemble
» de tous les élémens contradictoires ? A-t-elle
» bien pu épuiser toutes les sources d'informa-
» tions et de lumières? Que ne m'a-t-il été pos-
» sible d'approcher V. S. ? Ou que le délabrement
» de ma santé et de mes facultés ne me permet-il
» de lui exposer dignement tout ce que j'ai dans le
» cœur et dans la pensée ! Vous en demeureriez
» frappé peut-être, Milord, et peut-être bien

» des objets captiveraient votre étonnement et
» vos plus graves méditations.

» J'ai l'honneur, etc.

» Le comte de LAS CASES. »

L'époque du congrès arrivée, je me rendis à
Francfort, où, par l'effet du hasard, j'arrivai le
jour même de l'entrée de l'empereur Alexandre.
C'était une occasion bien propice sans doute pour
solliciter la faveur de lui être présenté ; et son
affabilité reconnue, la facilité avec laquelle il se
laisse approcher, peut-être aussi la circonstance
particulière qui me concernait, devaient me faire
espérer de l'obtenir facilement ; aussi m'y excita-
t-on ardemment de tout côté : c'était le moyen
le plus sûr d'accomplir mon objet, disait chacun,
et l'on m'imputa à tort de ne vouloir pas le tenter ;
mais j'avais longuement pesé, à part moi, le pour
et le contre d'une telle démarche, et j'étais loin
de partager l'opinion commune sur la probabilité
de son résultat. Et à quoi pourrait me conduire
cette haute faveur, m'étais-je demandé ? Pouvais-
je prétendre remuer, par mon éloquence, le cœur
du souverain ? Et si mes paroles eussent pu le

toucher comme homme, la décision finale ne
devait-elle pas émaner du concours de plusieurs
autres ? Et puis, dans ces momens si courts et
si embarrassés, étais-je bien sûr de parler avec
autant de suite et de régularité que j'écrirais ?
Etait-il convenable que je lui remisse en temps
inopportun, et comme j'eusse pu le faire d'une
pétition ordinaire, des pièces authentiques que
je ne destinais qu'aux souverains réunis? Et si
l'empereur Alexandre venait, comme il n'était
que trop probable, à s'exprimer devant moi
sur Napoléon d'une manière que je n'eusse pu
m'empêcher de contredire, ne pouvait-il pas arriver que j'eusse irrité, aigri celui que je préten-
dais adoucir? Cette dernière considération surtout m'avait déterminé d'autant plus, qu'à côté
de ces nombreux inconvéniens il ne se présentait
à moi qu'un seul avantage, et qu'il m'était tout
personnel : l'insigne faveur d'approcher le premier des monarques, de converser avec celui
duquel Napoléon avait dit sur son roc : « Si je
» meurs ici, voilà mon héritier en Europe. »

Au surplus, ce souverain me savait dans la
ville ; on m'apprit qu'il l'avait mentionné dans

une de ses réunions, et j'avais la presque certitude qu'on devait lui avoir parlé de moi, et cela
par suite d'une circonstance assez particulière
pour trouver place ici. Ma chambre, dans l'hôtel où j'étais descendu, se trouvait toucher précisément celle d'un de ses généraux qui avait sa
haute confiance et l'habitude de tous ses instans.
La seconde ou la troisième soirée après mon
arrivée, le maître de l'auberge entre chez moi
pour me dire que ce général est prêt à me recevoir, et qu'il se fera un plaisir de m'accorder
l'entretien que je lui ai demandé. Dans mon
étonnement, ma réponse fut d'abord qu'on allât
dire qu'il y avait erreur; puis, réfléchissant tout-
à-coup que c'était peut-être une circonstance
heureuse ménagée par le Ciel, je courus après
l'homme qui exécutait déjà sa commission, et
de la porte j'expliquai moi-même qu'il y avait
méprise sans doute, puisque je n'avais pas eu
l'honneur de demander une pareille faveur. Sur
quoi le général courant à moi comme pour me
retenir, et renvoyant ses aides-de-camp, il me
dit avec grâce et politesse que, méprise ou autrement, il allait se trouver heureux de cette

occasion de faire connaissance et de causer avec moi, et nous eûmes en effet une conversation fort longue, et toute, comme on peut le croire, sur Sainte-Hélène.

Je n'étais venu à Francfort que pour faire déposer authentiquement toutes mes pièces à chacune des légations respectives. Cette opération finie je retournai promptement à Manheim, toujours pour échapper au mouvement et aux intrigues de Francfort, où plusieurs ne manquèrent pas de m'offrir auprès du congrès, des services qu'ils disaient pouvoir être très-importans, me proposant d'y être des agens très-chauds de mon affaire, ce qu'il m'eût fallu comme de raison, payer très-cher, et l'on a vu que j'avais à peine de quoi pourvoir aux premiers besoins de celui pour les intérêts chanceux duquel on me demandait de grosses sommes; mais pendant la durée du congrès, et en attendant quelque décision favorable des souverains, il devait me parvenir, jusque dans ma solitude de Manheim, despreuves nouvelles de la méch'anceté de sir Hudson Lowe et des mauvais traitemens qu'il continuait d'exercer sur ses victimes; je fus déterré à Manheim par un malheureux maître canonnier d'un vaisseau de la compagnie des Indes, et il me parvint un gros paquet du général Bertrand.

On trouve assez au long dans M. O' Méara, l'histoire de ce maître canonnier, et toutes les vexations qu'il éprouva de la part du Gouverneur et de ses confidens, pour avoir été porteur d'un buste du jeune Napoléon, dont il espérait tirer quelque bénéfice en en faisant hommage à Longwood. Ce buste, que l'on avait voulu d'abord faire jeter à la mer, puis essayer d'en déguiser l'existence en l'enlevant, sous le prétexte d'en faire présent même à Napoléon, fut enfin, par la force de la voix et de l'indignation publiques, envoyé en effet à Longwood, et le comte Bertrand fit passer au canonnier, tant pour la valeur du buste que pour l'indemniser des vexations et des pertes qu'il lui avait causées, une des lettres de change que je lui avais laissées en partant, de la valeur de trois cent louis : le comte Bertrand, en la lui adressant, le priait de vouloir bien lui en accuser réception ; mais ce pauvre homme, loin d'avoir pu accuser une telle réception, n'avait même pas eu connaissance de la

lettre du comte Bertrand. Il avait dû continuer sa route vers l'Inde, après le don de son
buste, avec la seule annonce verbale de sir
Hudson Lowe, « Que les gens de Longwood lui
» avaient destiné quelque gratification, et qu'on
» lui en donnerait connaissance avec le temps. »
Au retour de l'Inde, il fut interdit au malheureux, tout le temps de sa relâche à Sainte-Hélène, de descendre à terre, et l'on se contenta
de lui dire encore que ce dont on lui avait parlé
concernant ses intérêts se trouverait à Londres
à l'Amirauté. Arrivé en Angleterre, ses recherches lui procurèrent en effet la lettre de change
de trois cents louis : c'était la première connaissance qu'il en avait; mais plus de dix-huit mois
s'étaient écoulés : les personnes sur qui elle était
tirée n'avaient plus les fonds nécessaires, et il
lui fallut quitter Londres avec la persuasion et la
douleur d'avoir perdu et son buste et son argent.
C'était un habitant de la Dalmatie, retournant
dans son pays par la voie de Trieste : il traver-
sait tristement l'Allemagne, lorsque, par le plus
grand des hasards, il apprit à Francfort qu'il

trouverait à Manheim le signataire de sa lettre de
change : il m'arriva, et sa joie fut vive, et ses
malédictions contre sir Hudson abondantes, en
recevant un argent qui lui composait désormais
une petite fortune, disait-il, et ferait le bonheur de sa vie.

Quant au gros paquet que je reçus aussi, vers
ce même temps, du Grand-Maréchal, il se composait d'une longue lettre de lui, écrite par
ordre de l'Empereur, et de diverses pièces authentiques venues en dehors de la voie régulière.
Mais, à mon grand étonnement, le même jour
où il me parvenait, j'en lisais le contenu dans
les papiers belges, tiré et retraduit des journaux
anglais. Devinant les intentions de Longwood,
je ne m'empressai pas moins d'en envoyer officiellement copie à lord Liverpool, ainsi qu'on
va le voir : j'insère ici toutes ces pièces, parce
que la lettre du comte Bertrand reprenant
avec quelques détails les mauvais traitemens
éprouvés par l'Empereur depuis l'instant où je
l'avais quitté, procure au lecteur dix-huit mois
de plus de l'historique de Longwood ; et puis

quelques-unes des pièces portent des apostilles
de la main même de Napoléon, et sont trop
remarquables pour être passées sous silience.

LETTRE DU COMTE DE LAS CASES A LORD LIVERPOOL.

« Milord, — Je reçois à l'instant une longue
» lettre du comte Bertrand, et le même courrier,
» à mon grand étonnement, me la montre impri-
» mée dans le *Vrai Libéral* de Bruxelles, retra-
» duite du *Morning Chronicle* de Londres.

» Dire à Votre Seigneurie comment cela est
» arrivé, c'est hors de mon pouvoir; mais l'as-
» surer que c'est à mon grand regret et sans ma
» participation, est la vérité.

» Je ne m'explique qu'en me disant qu'un de
» vos compatriotes n'aura voulu se charger de ce
» paquet de Longwood qu'autant qu'il lui aura
» été donné ouvert, et qu'il lui sera demeuré
» prouvé qu'il intéressait l'honneur de son pays.
» Arrivé à Londres, il en aura tout à la fois
» donné connaissance au public, et me l'aura
» expédié.

» Milord, si, d'après mes constantes sollicita-
» tions, j'avais obtenu la faveur de résider en

» Angleterre, il n'en eût pas été de même. Per-
» suadé, ainsi que le comte Bertrand semble le
» soupçonner, que les vexations atroces et les
» détails odieux qu'on accumule journellement à
» Longwood peuvent être étrangers et incon-
» nus à l'administration, c'est à vous, Milord,
» qui présidez cette administration, et à vous
» seul, que j'eusse accouru d'abord donner con-
» naissance de ces torts inouis, vous fournissant
» ainsi les moyens, et vous laissant le mérite de
» les redresser vous-même.

» Je supplie Votre Seigneurie de croire que ce
» n'eût été qu'après avoir épuisé vainement tout
» ce que les formes, la bienséance et les hiérar-
» chies commandent, que je me serais aban-
» donné au parti extrême de recourir enfin à
» l'opinion publique, qui, elle-même, se plaît
» à n'accueillir et à ne se prononcer qu'en der-
» nier ressort.

» J'en ai donné la preuve, Milord, lorsque
» après dix mois d'un silence absolu de lord Ba-
» thurst aux divers griefs dont j'avais eu l'hon-
» neur de lui demander le redressement, leur
» publicité eût été au moins excusable, et que

» pourtant je n'y ai cédé encore que lorsque
» les expressions déplacées d'un membre de vos
» communes sont venues le rendre indispen-
» sable.

» J'en ai donné la preuve, Milord, dans les
» vives instances hasardées par l'impulsion de
» mon cœur à Aix-la-Chapelle, en transmettant
» soigneusement à lord Castlereagh même copie
» des sollicitations et des griefs que je déposais
» respectueusement aux pieds des hauts sou-
» verains.

» Enfin, c'est pour vous en donner, autant
» qu'il reste en moi, une nouvelle preuve, Mi-
» lord, que je fais copier à la hâte la lettre du
» comte Bertrand, afin que vous puissiez en
» avoir une connaissance authentique, directe,
» et la placer sous les yeux de S. A. R. le Prince
» Régent.

» Milord, demeuré victime des souffrances
» physiques infligées par l'insalubrité de Sainte-
» Hélène, aussi bien que des peines morales
» dont on a accompagné ma séparation, l'état
» déplorable de ma santé, qui me fait interdire
» par la faculté tout travail quelconque, ne me

» permet pas de rien ajouter à la lettre que j'ai
» l'honneur de vous faire transcrire. D'ailleurs,
» quel commentaire pourrait égaler les seuls faits
» qu'elle présentera à vos regards!

» J'ai l'honneur d'être avec la plus haute con-
» sidération, Milord, etc.

» *P. S.* Milord, après m'être adressé à Votre
» Seigneurie pour les intérêts d'une importance
» si haute et si sacrée, me sera-t-il permis de
» profiter de cette occasion toute naturelle pour
» descendre avec vous à des objets qui me sont
» purement personnels?
» Ne dois-je espérer aucun redressement,
» obtenir aucune réponse concernant les griefs
» nombreux sur lesquels j'ai fait entendre mes
» plaintes? Dois-je surtout demeurer privé des
» papiers qu'on me retient à Sainte-Hélène de-
» puis deux ans, en dépit de mes nombreuses
» protestations à sir Hudson Lowe lui-même;
» malgré la lettre que j'ai eu l'honneur d'adres-
» ser, pour cet objet, du Cap, à S. A. R. le
» Prince Régent; celle que j'ai écrite, au même
» sujet, du même lieu, à un de vos collègues;

» enfin celle que j'ai adressée de Francfort à lord
» Bathurst?

» Ce silence constant et absolu à des deman-
» des si justes et si réitérées, serait-il un déni
» formel de justice? Je ne saurais le croire,
» Milord; j'ai été élevé à connaître la force, la
» supériorité de vos lois, à savoir le respect que
» chacun de vous est tenu de leur porter, quel
» que soit son rang ou son poste. Je préfère
» penser què la faute en est à moi, qui ne sais
» point m'y prendre, et manque peut-être aux
» formes exigées; mais, dans ce cas encore,
» Milord, ne serait-il pas convenable, juste,
» délicat de me les faire connaître, ou même d'y
» suppléer. Milord, je l'invoque de votre géné-
» rosité. Ces papiers, que dans le temps j'ai
» laissé parcourir à sir Hudson Lowe, sont d'une
» considération tout à fait étrangère à la réclusion
» qui vous occupe : ils ne sauraient, sous ce rap-
» port, vous être d'aucune importance; mais à
» moi, ils sont chers et précieux au-delà de toute
» expression.

LETTRE DU COMTE BERTRAND AU COMTE DE LAS CASES.

Longwood, 18 janvier 1818.

» J'ai reçu le sept juin, mon cher Las Cases,
» la lettre que vous m'avez fait l'honneur de
» m'écrire le quinze janvier dernier, et depuis
» j'ai reçu, le treize de ce mois, celles des quinze
» février, quinze mars et quinze avril *, que j'ai
» communiquées, et qui ont décidé l'Empereur
» à me dire de vous écrire. J'ai reçu, il y a quatre
» mois, une caisse de livres et de brochures qui
» m'était adressée par M. Goulburn, et depuis
» une offre extrêmement obligeante d'envoyer
» un tableau qui se trouvait dans la chambre de
» St.-Cloud, relatif au baptême du petit Napo-
» léon : M. Henri Goulburn avait eu la complai-
» sance de débattre le prix de ce tableau avec le
» propriétaire, et d'en réduire le prix à moitié.
» On n'a pas voulu répondre à cette offre, parce
» que cela a paru tellement contraster avec ce
» qui se passait ici, qu'on l'a prise pour une

---

* Voyez plus bas, page 476 et suivantes, copie de
ces lettres.

» démarche tenant à des discussions parlemen-
» taires, à peu près comme celles relatives à la
» maison de bois. Cependant l'honnête procédé
» qu'on a tenu à votre égard, et tout ce que vous
» me dites dans votre dernière lettre * me frappe
» si vivement!...... Serait-il possible que les hor-
» ribles vexations que nous éprouvons ne fussent
» pas faites de l'aveu du gouvernement anglais,
» et que l'Empereur mourût ici victime de la
» haine particulière du Gouverneur? Les gouver-
» nemens et les princes peuvent si facilement être
» trompés, que, dans ce doute, je vous écris
» cette lettre.

» Les choses sont bien changées depuis votre
» départ, en l'année 1817, et celle-ci, 1818.
» Les vexations envers l'Empereur sont devenues
» telles, qu'on doit les caractériser d'un attentat
» contre sa vie. Vous allez en juger par le détail:
» il ne se peut que vous n'ayiez lu, dans les jour-
» naux du mois de mars, des observations sur

---

* L'expérience semble n'avoir que trop prouvé qu'il
y avait plus de connaissance des hommes à Longwood,
que dans le correspondant de Francfort.

» le discours de lord Bathurst; mais depuis, les
» choses ont bien empiré, et la haine du gouver-
» neur de ce pays n'a plus connu de bornes.

   » Quand vous êtes parti, l'Empereur avait re-
» noncé à monter à cheval, pour se soustraire
» aux piéges et aux insultes dont on voulait le
» rendre l'objet en le faisant insulter par les sen-
» tinelles. Depuis, il a dû se priver même de la
» promenade à pied, pour éviter les mêmes in-
» convéniens. Pendant les mois de mars et d'avril,
» l'Empereur sortait quelquefois pour venir chez
» ma femme, et quelquefois aussi il s'asseyait à
» cinquante pas de la maison, sur le banc que
» vous connaissez, où il restait une demi-heure
» ou une heure. On a trouvé le moyen de l'en
» empêcher et de l'obliger à ne plus sortir de la
» chambre. On savait que cela n'était pas très-
» difficile : on mit pour jardinier un soldat du
» 66ᵉ; on avait stationné chez moi un sergent
» d'ouvriers, l'un et l'autre fort utiles à la mai-
» son, soit pour ôter quelques mauvaises herbes
» qui pouvaient empester l'air (car aucun jardin
·» n'est possible dans cette localité), soit pour
» raccommoder la maison, qui est en ruines et

» fait eau à chaque pluie. Cela paraît fort raison-
» nable. Mais le Gouverneur a investi ces deux
» soldats du droit d'arrêter qui leur plaît, aux
» portes mêmes et sous les fenêtres de l'Empe-
» reur. Dès ce moment, il n'est plus sorti, et
» voilà plus de cent jours qu'il n'a pas même mis
» la tête à la fenêtre.

  » Ce climat, ce défaut absolu d'exercice, cette
» mauvaise habitation ont affecté sa santé de ma-
» nière que vous ne le reconnaîtriez plus. Depuis
» la fin de septembre 1817, il a eu les premiers
» symptômes d'une hépatalgie chronique, que
» vous savez être mortelle en ce pays. Il avait
» pour le soigner le bon O'Méara, en qui vous
» savez qu'il a confiance. Sir Hudson Lowe, dans
» le mois d'avril, au moment où ce médecin lui
» était le plus nécessaire, l'a forcé de donner
» sa démission; voulant lui imposer M. Baxter,
» que vous connaissez, l'Empereur a refusé de
» voir aucun médecin. Il a été, depuis le dix avril
» jusqu'au dix mai, sans médecin, et enfin les
» commissaires russe et autrichien qui étaient
» ici, indignés, ont fait connaître au Gouverneur
» que si, dans cette circonstance, l'Empereur

» mourait, eux-mêmes ne sauraient que dire, si
» l'opinion se répandait en Europe qu'il avait été
» assassiné. Il paraît que cela a décidé le Gou-
» verneur à restituer le médecin; mais il n'est
» sorte de mauvais traitemens qu'il ne lui ait fait
» éprouver. Ils ont voulu le faire chasser de la
» table des officiers du 66ᵉ, et ces braves mili-
» taires n'ayant pas voulu participer à un acte
» aussi arbitraire, il a fait donner lui-même
» l'ordre par le colonel à ce médecin de cesser de
» manger avec ses officiers. Il a écrit à Londres,
» et il est probable qu'on chassera ce médecin.
» L'Empereur n'en recevra aucun autre; et si le
» Prince Régent ou le lord Liverpool ne prennent
» pas connaissance de ce fait, il mourra ici de
» maladie, même privé de l'assistance de son
» médecin. Cependant l'Empereur est très-ma-
» lade; depuis deux mois il se lève à onze heures
» du matin, et se recouche à deux heures. Il
» eut, il y a peu de jours, une crise très-violente,
» produite par le mercure que le docteur O'
» Méara lui fait prendre : cela lui était indiqué
» pour le mal de foie. Le docteur O' Méara, fort
» effrayé de sa responsabilité, me proposa de

» faire appeler M. Baxter et le chirurgien du
» *Conquérant*. Ce sont les deux premiers méde-
» cins de ce pays. Vous savez la répugnance que
» l'Empereur avait contre M. Baxter, fondée sur
» ce qu'il était un ancien chirurgien-major du
» bataillon italien que commandait sir Hudson
» Lowe. Cette répugnance depuis s'est fort
» accrue, parce qu'il s'est prêté depuis le mois
» d'octobre 1817 jusqu'au mois de mars 1818,
» à rédiger des bulletins pleins de faussetés, et
» qui ont trompé son gouvernement et l'Europe.
» Mais il ne vit pas d'inconvénient, quoiqu'il s'en
» souciât peu, à ce qu'il appelât le sieur Stokoe,
» qui effectivement vint à Longwood le même
» jour à trois heures après midi; mais ne voulut
» pas entrer chez l'Empereur, considérant sa
» responsabilité comme compromise, et en dan-
» ger de perdre une place qu'il avait acquise par
» quarante ans de service. Cela me parut si ex-
» traordinaire, que je ne voulus pas le croire. Je
» le vis, il me témoigna ses regrets, car c'est un
» homme qui est fort respectable : cela s'expliqua
» très-facilement; c'était une insinuation qui lui
» avait été faite comme au sieur Cole, banquier

» que vous connaissez, avec qui j'avais quelque
» compte d'argent à régler, que je fis appeler
» chez moi, et qui, en arrivant, me déclara qu'il
» ne pouvait me parler qu'en présence de l'offi-
» cier d'ordonnance, parce que, sans cela, il
» serait perdu. Comme de raison je m'y suis re-
» fusé. La même chose est arrivée, il y a peu de
» jours, avec le sieur Fowler, arrivé d'Angleterre,
» avec qui j'avais un compte à régler pour quel-
» ques centaines de livres sterl. d'objets d'habil-
» lement qu'on avait fait faire à Londres. Il est
» vrai que vous ne connaissez pas la position où
» nous nous trouvons aujourd'hui, qui ne peut
» en rien se comparer à celle où nous étions de
» votre temps. Mais alors même elle était vexa-
» toire, et vous connaissez assez ce prince pour
» que vous eussiez dû vous opposer à ce qu'au-
» cune personne de la famille de l'Empereur ne
» vînt ici. Le spectacle des humiliations, des ve-
» xations, de la haine auxquelles il est en proie,
» lui serait tout à fait insoutenable si sa mère
» ou quelqu'un de ses frères venait à le partager.
» Même le comte de Montholon et moi, qui
» sommes seuls aujourd'hui auprès de lui, il nous

» a plusieurs fois engagés à partir, à nous sous-
» traire à un pareil traitement, et à le laisser
» seul; que son agonie en serait moins amère,
» s'il ne nous en voyait pas les victimes. Depuis
» long-temps, vous savez que les officiers ne
» venaient plus chez moi; mais sur la route,
» quand nous les rencontrions, ils avaient l'hon-
» nêteté de causer avec ma femme : ils en ont
» eu la défense, non par écrit, mais par insinua-
» tion; de sorte qu'il est arrivé plusieurs fois que
» ces officiers, nous apercevant, se sont détour-
» nés de la route.

   » Les choses en sont venues au point que le
» linge sale reste plusieurs jours à être visité par
» le capitaine d'ordonnance, et quelquefois par
» l'état-major, scène fort indécente et fort dés-
» honorante pour eux; mais qui n'a pour but
» que l'outrage et l'insulte.

   » Au mois de juin 1816, un store-ship, vais-
» seau magasin, apporta un buste de marbre du
» petit Napoléon. Sir Hudson Lowe lui fit donner
» l'ordre de le jeter à l'eau. Il l'a depuis nié;
» mais nous en avons l'attestation juridique; car
» cet acte a révolté et ladi Malcolm, qui était

» encore dans ce pays., et tous les capitaines du
» store-ship qui s'y trouvaient alors.

» Depuis, en février dernier, le store-ship *le*
» *Cambridge* a apporté deux gravures du petit
» Napoléon, qu'il avait achetées sur les quais
» de Londres. Sir Hudson Lowe les a fait acheter,
» en disant que c'était pour en faire présent au
» père, et lorsqu'un mois après les officiers de
» ce bâtiment ont appris que c'était au contraire
» pour les lui soustraire, ils n'ont pu dissimuler
» leur indignation qu'un pareil trait fût fait par
» un Anglais.

» Toute cette conduite du Gouverneur ne peut
» pas être ignorée du gouvernement britannique.
» Si on s'est fait répéter, à Londres, par lord
» Amherst, ce que lui a dit l'Empereur ; si on a
» interrogé le capitaine Popleton, qui a été deux
» ans officier d'ordonnance, et que vous connais-
» sez ; si on a interrogé le colonel Nichols du 66e ;
» si on a interrogé le colonel Fehrzen du 53e, et
» tant d'autres, on a dû connaître quels ont été
» les indignes traitemens qu'on se permet ici.

» S'il est des ennemis de l'Empereur en Europe
» qui eussent approuvé le gouvernement anglais

» s'il l'eût fait périr ouvertement et publiquement
» à bord du *Bellérophon*, il n'en est aucun qui
» un jour ne couvre d'imprécations et d'opprobre,
» et ne désavoue ceux qui le font périr d'une
» manière aussi lâche.

» Comment concilier tout cela avec ce que
» vous m'écrivez? Peut-être par une correspon-
» dance astucieuse, pleine de faussetés et tissue
» avec adresse. Toutefois, nous avons fait nos
» plaintes depuis deux ans, assez ouvertement,
» et on doit être instruit à Londres de la con-
» duite criminelle qu'on tient ici.

» Vous serez étonné que je vous parle des com-
» missaires Français, Autrichien et Russe qui sont
» ici. Pendant que vous y étiez, nous ne les avons
» jamais vus. Aujourd'hui ils n'ont pas vu l'Em-
» pereur, ni ne sont venus chez nous; mais nous
» les avons rencontrés plusieurs fois sur les che-
» mins de l'enceinte; manière assez ridicule de se
» voir. Si l'Empereur ne les reconnaît pas comme
» commissaires, il n'a jamais refusé de les rece-
» voir comme étrangers.

» Quant au Gouverneur, il ne l'a pas vu depuis
» le mois d'avril 1816, et vous êtes au fait des

8.

» raisons que l'Empereur avait de né pas le rece-
» voir, après les insultes qu'il en avait reçues.
» Dans cet état de choses, que sir Hudson Lowe
» se venge, cela n'est pas d'un caractère géné-
» reux sans doute; mais cela s'explique. Mais
» comment le gouvernement peut-il continuer
» depuis deux ans sa confiance à un homme qui
» en abuse aussi étrangement?

» Je vous prie donc instamment, et au nom
» de l'Empereur, de faire connaître la situation
» des choses à la famille et à ses parens; d'exiger
» impérieusement qu'aucun d'eux ne vienne ac-
» croître ses maux, en venant les partager.

» Vous nous dites que le gouvernement anglais
» nous a abonnés au *Morning-Chronicle*. Il en est
» pour ce journal comme pour le *Times* : on nous
» l'envoie en ôtant les numéros qu'il convient
» d'ôter. Ainsi, on nous a envoyé quelques nu-
» méros de février, quelques numéros de mars;
» mais on a ôté tous ceux qu'il a plu de sous-
» traire : n'avoir pas une série de journaux, c'est
» pire que de n'avoir rien.

» Comment nous enverrait-on des livres? lors-
» qu'aussitôt qu'un *store-ship* arrive, le premier

» soin du Gouverneur est d'acheter tous les livres
» qui s'y trouvent, surtout en français, pour nous
» priver de les acheter.

» Quant aux brochures que vous nous annon-
» cez, nous n'avons reçu, le douze mars, qu'une
» caisse dont vous trouverez ci-joint l'état, ce
» qui nous fait penser que probablement on aura
» gardé le reste *.

» J'ai lu cette lettre à l'Empereur, qui en a
» approuvé le contenu; mais qui a trouvé que
» j'avais faiblement exprimé tout ce que la con-
» duite qu'on tient à son égard a de lâche. Il dé-
» sire que j'y ajoute deux apostilles ** qui vous
» feront connaître quelle est sa pensée tout en-
» tière sur l'officier qu'on a préposé à la garde
» de ce pays. Jusqu'à cette heure, le traitement
» du calomelas n'a pas amélioré l'état du foie, et
» lui a produit d'autres incommodités.

» Recevez, mon cher Las Cases, l'assurance
» de mes sentimens affectueux.

» Le comte BERTRAND. »

---

* Voyez plus bas, page 463.
** Voyez plus bas, pages 465 et 466.

« *P. S.* Dans le peu de jours qui se sont
» écoulés depuis que ma lettre est écrite, il s'est
» passé bien des événemens qui vous prouveront
» combien notre situation empire tous les jours,
» loin de s'améliorer comme vous paraissez le
» croire. Vous savez que le capitaine Mackey,
» officier du 53ᵉ, avait été remplacé à Longwood,
» comme officier d'ordonnance, par le capitaine
» Popleton, du même régiment, et celui-ci, à
» son départ, par le capitaine Blackeney, du 66ᵉ,
» officier qui, comme ses prédécesseurs, jouis-
» sait de la meilleure réputation dans son régi-
» ment. Dès les premiers jours de son arrivée,
» il trouva que le Gouverneur exigeait de lui des
» choses bien peu dignes d'un homme d'hon-
» neur; mais comme depuis cela s'est fort accru,
» il a enfin vivement désiré, aussitôt que son
» année de service dans ce poste avilissant serait
» à son terme, d'en être quitte. On sait qu'il a
» déclaré confidentiellement à ses amis du régi-
» ment, qu'il était impossible à un homme d'hon-
» neur de continuer à rester dans ce poste sans
» perdre sa propre estime. Il se peut aussi que
» sir Hudson Lowe n'ait pas été satisfait des sen-

» timens connus de ce capitaine. Quoi qu'il en
» soit, le vingt de ce mois, un officier envoyé
» dans l'île pour y commander les milices, et
» dont vous connaissez les anciennes relations
» avec sir Hudson Lowe, le seul de tout l'état-
» major du Gouverneur que l'Empereur ait refusé
» de voir, vint s'installer pour officier d'ordon-
» nance, et avec lui, sous divers prétextes, un
» autre officier; de sorte qu'on en avait deux au
» lieu d'un. Il paraît que quelques chambres et
» effets du gouvernement, qui avaient été donnés
» en commun pour l'officier d'ordonnance et le
» docteur O'Meara, ont donné lieu à des démêlés
» vifs entre eux.

» J'adressai, le vingt-deux, la protestation A*
» au Gouverneur, qui me fit envoyer un cartel
» par cet officier. Il était au-dessous de mon ca-
» ractère et de ma situation de provoquer sir H.
» Lowe; mais, dans cette circonstance, je crus
» devoir lui adresser la lettre cotée B**.

» Le vingt-quatre, il a fait partir de Longwood

---

* Voyez plus bas, page 468.
** Voyez plus bas, page 469.

» le docteur O'Meara, en vertu, a-t-il dit, d'un
» ordre de lord Bathurst, ainsi que vous le verrez
» par la lettre du Gouverneur, côtée C*, au
» comte de Montholon, qui lui a répondu la
» lettre D**.

» Le docteur O'Méara, comme vous savez, a
» été donné à l'Empereur, par une décision du
» conseil, en remplacement de son propre méde-
» cin, et sur la demande spéciale que j'en adres-
» sai à l'amiral Keith. Il ne pouvait être ôté à
» l'Empereur que par un ordre du conseil. Si
» cet ordre existe, pourquoi ne nous en donne-
» t-on pas connaissance ? Certainement, ni le
» conseil, ni le lord Bathurst n'eussent ôté à
» l'Empereur le médecin de son choix, ils en
» sentaient la conséquence, sans le remplacer au
» préalable par un autre qui eût sa confiance.

» Mais y eût-il même un ordre du conseil,
» cela ne justifierait point le Gouverneur; car cet
» ordre, donné dans des circonstances ordinaires,
» ne pouvait être exécuté au moment où l'Em-

---

* Voyez plus bas, page 470.
** Voyez plus bas, page 472.

» pereur était gravement malade ; on n'a jamais
» pu entendre qu'on lui enlevât son médecin au
» milieu du traitement d'une maladie aussi sé-
» rieuse, et qui attaque sa vie, surtout lorsque,
» depuis le mois d'avril, on a demandé que, si
» on voulait lui ôter le docteur O'Méara, on en-
» voyât d'Europe un médecin qui le remplaçât,
» et qui eût la confiance du malade, demande
» dont la réponse doit arriver avant trois mois.

　　» Je termine, mon cher Las Cases ; j'ai le cœur
» déchiré. BERTRAND. »

PREMIER ENVOI DE LIVRES CONTENUS DANS UNE CAISSE REMISE
LE 12 MARS 1818.

Biographie moderne.	5 volumes.
L'Ermite de la Chaussée-d'Antin.	2
Le Franc Parleur.	2
L'Ermite de la Guyane.	3
Tableau historique de la Littérature de- 　　puis 1789.	1
La France et les Français en 1817.	1
Histoire du Donjon et Château de Vincennes.	3
Bulletins de Paris, 1815.	1
Les Devoirs.	1

17 volumes.

D'autre part. . . . .   17 volumes.

Histoire des Sociétés secrètes de l'année 1815   1

Le Faux Dauphin.   2

Le Cri des Peuples.   1

Anecdotes curieuses et intéressantes. . . .   1

De l'Organisation de la Force armée, 1817.   1

TOTAL. . . . .   23 volumes.

Lettres Normandes et Champenoises. . . . 15 numéros.

Nota. Ces livres n'ont point été envoyés sur votre demande ; mais d'après une lettre écrite à la nièce de ma femme, la comtesse de Liedekerke, fille de Mme Latour du Pin, lettre qui nous a été renvoyée de Londres, et par suite de laquelle M. Goulburn a bien voulu se charger d'envoyer quelques livres et brochures dont on avait demandé l'envoi régulier chaque mois. Depuis le vingt-huit mars, au reste, nous n'avons plus rien reçu, quoiqu'il soit arrivé plusieurs store-ships et bâtimens de guerre. — BERTRAND. —

DEUXIÈME ENVOI REÇU LE 28 MARS 1818.

Histoire des Campagnes de 1814 et 1815,

par Alphonse de Beauchamps. . . . . .   4 volumes.

Itinéraire du retour de l'île d'Elbe.   2

Précis de la Vie du duc d'Otrante.   1

TOTAL *. . . . . .   7 volumes.

_____

* Ce dernier envoi surtout est assurément une mau-

PREMIÈRE APOSTILLE ÉCRITE PAR L'EMPEREUR AU DOS
DE LA LETTRE DE SIR H. LOWE, DATÉE DU 18 NO-
VEMBRE 1817.

« Cette lettre, celles des 24 juillet et 26 oc-
» tobre derniers, sont pleines de mensonges. Je
» me suis renfermé dans mon appartement de-
» puis dix-huit mois, pour me mettre à l'abri des
» outrages de cet officier. Aujourd'hui ma santé
» est affaiblie : elle ne me permet plus de lire de
» si dégoûtans écrits; ne m'en remettez plus.

» Soit que cet officier se croie autorisé par des
» instructions verbales et secrètes de son ministre,
» comme il l'a fait entendre, soit qu'il agisse de
» son propre mouvement, ce que l'on pourrait
» arguer du soin qu'il prend à se déguiser, je ne
» puis le traiter que comme mon assassin.

» Si on eût envoyé dans ce pays un homme
» d'honneur, j'aurais éprouvé quelques tourmens
» de moins sans doute; mais on se fût épargné
» bien des reproches de l'Europe et de l'histoire,

---

vaise plaisanterie; et, vu les circonstances locales et
morales, on laisse à la caractériser dignement.

» que le fatras d'écrits de cet homme astucieux
» ne saurait tromper. »

Longwood, ce 23 novembre 1817. NAPOLÉON.

« 1° Je vous ai fait connaître hier, quand vous
» m'avez présenté cette lettre, que je ne voulais
» point en prendre connaissance, et que vous ne
» deviez pas me la traduire, puisqu'elle n'était
» pas dans les formes usitées depuis trois ans.

» 2° Ce nouvel outrage ne déshonore que ce
» fat. Le roi d'Angleterre seul est fondé à traiter
» d'égal avec moi.

» 3° Cette conduite astucieuse cependant a un
» but : empêcher que vous ne fassiez connaître
» *la trame criminelle que l'on ourdit depuis deux*
» *ans contre ma vie.*

« 4° C'est ainsi qu'ayant l'air d'ouvrir des re-
» cours aux réclamations, on les ferme.

» 5° C'est ainsi qu'ayant eu l'air de vouloir me
» loger, en annonçant une bâtisse depuis trois

» ans, je suis toujours dans cette grange insalubre,
» et aucune bâtisse n'est encore commencée.

» 6° C'est ainsi qu'ayant eu l'air de me laisser
» la faculté de monter à cheval, on m'empêche,
» par des moyens indirects, de pouvoir le faire
» et de prendre de l'exercice : première cause de
» ma maladie.

» 7° On emploie les mêmes moyens pour em-
» pêcher de recevoir aucune visite. On a besoin
» des ténèbres.

» 8° C'est ainsi qu'après avoir attenté à mon
» médecin ; l'avoir forcé à donner sa démission,
» ne voulant pas être un instrument passif et privé
» de toute moralité, on le tient cependant en ar-
» restation à Longwood, voulant faire accroire
» que je m'en sers, sachant bien que je ne veux
» pas le voir, que je ne l'ai pas vu depuis quinze
» jours, et que je ne le verrai jamais tant qu'on
» ne l'aura pas mis en liberté, fait sortir de l'op-
» pression où il se trouve, et rendu à son indé-
» pendance morale, en ce qui concerne l'exercice
» de ses fonctions.

» 9° C'est ainsi qu'on commet un faux carac-
» térisé en faisant faire des bulletins par un mé-

» decin qui ne m'a jamais vu, ne connaît ni mon
» état ni ma maladie; mais cela est bon pour
» tromper le prince, le peuple d'Angleterre et
» l'Europe.

   » 10° On sourit avec un plaisir féroce aux nou-
» velles souffrances que cette privation des se-
» cours de l'art jette sur cette longue agonie.

   » 11° Demandez que cette apostille soit en-
» voyée à Liverpool, ainsi que votre lettre d'hier
» et celles des treize et quatre avril, afin que le
» Prince Régent connaisse mon assassin, et qu'il
» puisse le faire punir publiquement.

   » 12° S'il ne le fait pas, *je lègue l'opprobre de*
» *ma mort* à la maison régnante d'Angleterre.

Longwood, le 27 avril 1818. NAPOLÉON.

Pièce A. — PROTESTATION ADRESSÉE AU GOUVERNEUR
LE 22 JUILLET 1818.

Au nom de l'Empereur Napoléon.

   « Je suis chargé de protester:

   » 1° Contre toute violation de l'enceinte par
» des domestiques, ouvriers ou autres, que vous
» revêtiriez secrètement de l'autorité publique.

   » 2° Contre les insultes faites au docteur

» O'Méara pour l'obliger à s'en aller d'ici, et
» contre les empêchemens publics ou secrets que
» vous avez mis ou que vous mettriez à ce.que
» Napoléon se fît assister dans sa maladie, comme
» consultant, par un officier de santé en qui il
» aurait confiance, accrédité au service de Sa
» Majesté Britannique, ou reconnu pour exercer
» publiquement ses fonctions dans l'île.

« 3° Contre les témoignages, les rapports, les
» écrits de l'officier de milice Hyster, qui n'est
» placé à Longwood que pour être un instrument
» de haine et de vengeance.

« Le comte BERTRAND. »

Pièce B. — AU GOUVERNEUR SIR H. LOWE.

Longwood, 25 juillet 1818.

«M. le Gouverneur, — J'ai l'honneur de vous
» envoyer une lettre que je reçois.

» Le vieillard me paraît en démence.

» Il ne peut avoir connaissance de ma corres-
» pondance officielle que par vos ordres. Je ne
» lui réponds, ni ne lui répondrai. Il n'est qu'un
» mandataire, et si son principal officier-général

» veut me demander raison, je suis prêt à lui
» faire honneur.

» J'ai l'honneur d'être, le comte BERTRAND. »

Pièce C. — DU GOUVERNEUR AU COMTE MONTHOLON.

Plantation-house, le 25 juillet 1818.

« Monsieur, je me fais à moi-même l'honneur
» de vous apprendre, pour l'information de Na-
» poléon Bonaparte, que, selon l'instruction que
» j'ai reçue du comte de Bathurst, datée du 16
» mai 1818, il m'est enjoint de retirer M. O'Méara
» d'auprès de sa personne, et qu'en conséquence
» j'ai donné des ordres pour qu'il ait à quitter
» Longwood sur-le-champ.

» Le contre-amiral Plampin a reçu, à la même
» occasion, des instructions des lords de l'ami-
» rauté, pour lui faire quitter cette île.

» Après l'éloignement de M. O'Méara, les ins-
» tructions du comte de Bathurst portent en
» outre, que j'aie à enjoindre au docteur Baxter
» de donner ses soins, comme médecin, à Napo-
» léon Bonaparte toutes les fois qu'il en sera re-
» quis, et d'informer particulièrement ce doc-
» teur qu'il ait à considérer la santé de Napo-

» léon Bonaparte comme le principal objet de
» son attention. En communiquant cet arrange-
» ment, il m'est enjoint de ne pas manquer d'a-
» vertir, en même temps, que si Napoléon Bo-
» naparte a quelque motif pour n'être point sa-
» tisfait de l'assistance médicale du docteur Bax-
» ter, ou s'il préfère quelque autre médecin de
» cette île, je suis parfaitement disposé à acquies-
» cer à cet égard à ses désirs, et à permettre
» à tout autre praticien médical qu'il pourra
» choisir, de lui donner ses soins, pourvu que
» celui-ci se conforme strictement aux règles
» établies et en vigueur.

» Ayant ainsi expédié au docteur O'Méara
» les ordres pour son départ, j'ai donné les ins-
» tructions nécessaires à M. Baxter. Il sera prêt
» à se rendre à Longwood, à la première de-
» mande qui lui en sera faite.

» En même temps, jusqu'à ce que je sois in-
» formé des désirs de Napoléon Bonaparte à ce
» sujet, je donnerai ordre pour qu'un officier de
» santé soit toujours prêt à Longwood, en cas
» d'appel subit.

» J'ai l'honneur d'être, etc. HUDSON LOWE. »

Pièce D. — DU COMTE MONTHOLON AU GOUVERNEUR.

» M. le Gouverneur, — Le docteur O'Méara
» a quitté hier Longwood, forcé de laisser son
» malade au milieu du traitement qu'il diri-
» geait. Ce matin ce traitement a cessé, ce matin
» un grand crime a commencé d'avoir son exé-
» cution!!! Les lettres de M. le comte Bertrand
» des treize, vingt-quatre, vingt-six et vingt-sept
» avril dernier ne laissent rien à dire. L'Empereur
» ne recevra jamais d'autre médecin que le sieur
» O'Méara, parce qu'il est le sien, ou celui qui
» lui serait envoyé d'Europe, conformément à la
» lettre ci-dessus citée, du treize août.

» J'ai communiqué la lettre que vous m'avez
» écrite hier. Ce que j'ai l'honneur de vous écrire
» est la substance de la réponse qu'on m'a chargé
» de vous transmettre.

» J'ai l'honneur d'être, Monsieur, votre, etc.

» Le comte MONTHOLON. »

LETTRE DU COMTE BERTRAND À SON ÉMINENCE LE CARDINAL FESCH [*].

« Monseigneur, — Le sieur Cypriani, maître-
» d'hôtel de l'Empereur, est décédé à Longwood
» le vingt-sept février dernier, à quatre heures
» de l'après-midi. Il a été enterré dans le cime-
» tière protestant de ce pays, et les ministres de
» cette église lui ont rendu les mêmes devoirs
» qu'ils eussent rendus à quelqu'un de leur secte.
» On a eu soin de faire mettre dans l'extrait mor-
» tuaire, que je vous enverrai, mais dont l'extrait
» de ma lettre peut tenir lieu, qu'il était mort
» dans le sein de l'église apostolique et romaine.
» Le ministre de l'église de ce pays aurait volon-
» tiers assisté le mort, et celui-ci aurait désiré
» un prêtre catholique; comme nous n'en avons
» pas, il a paru ne pas se soucier d'un ministre
» d'une autre religion. Je serais bien aise que
» vous nous fissiez connaître quels sont les rites

---

[*] Nous avons cru devoir insérer ici la présente lettre, parce qu'elle multiplie les détails intérieurs de Long-wood, et ajoute des traits à tout ce qui a été dit de sa véritable situation.

» de l'Église catholique à ce sujet, et si on peut
» faire administrer un catholique mourant par un
» ministre anglican. Nous ne pouvons, du reste,
» trop nous louer du bon esprit et du zèle que,
» dans cette circonstance, ont montré les minis-
» tres de la religion de ce pays. Cypriani est mort
» d'une inflammation de bas-ventre. Il est mort
» le vendredi, et le dimanche précédent il avait
» fait son service sans aucun pressentiment. Un
» enfant d'un des domestiques du comte de Mon-
» tholon était mort à Longwood quelques jours
» avant; une femme de chambre est morte, il y
» a quelques jours, d'une même maladie. C'est
» l'effet du climat malsain de ce pays, où peu
» d'hommes vieillissent. Les maux de foie, la dy-
» senterie et les inflammations de bas-ventre font
» beaucoup de victimes parmi les naturels, mais
» surtout parmi les Européens. Nous avons senti,
» dans cette circonstance, et nous sentons tous
» les jours le besoin d'un ministre de notre reli-
» gion. Vous êtes notre évêque, nous désirons
» que vous nous en envoyiez un français ou ita-
» lien. Veuillez, dans ce cas, faire choix d'un
» homme instruit, ayant moins de quarante ans,

» et surtout d'un caractère doux, et qui ne soit
» pas entêté de principes anti-gallicans.

» Le sieur Pierron, officier, a pris le service
» de maître-d'hôtel; mais il a été très-malade,
» et quoique convalescent, est encore en mauvais
» état. Le cuisinier est aussi dans la même situa-
» tion. Il serait donc nécessaire que vous, ou le
» prince Eugène, ou l'Impératrice envoyassiez
» un maître-d'hôtel et un cuisinier français ou
» italiens, de ceux qui ont été au service des mai-
» sons de l'Empereur, ou qui le seraient des mai-
» sons de sa famille.

» Votre Éminence trouvera ci-joint : 1° les
» papiers qu'on a trouvés dans le porte-feuille
» du sieur Cypriani; 2° une épingle qu'il portait
» habituellement, et que j'ai cru devoir envoyer
» pour sa femme; 3° le décompte de tout ce qui
» lui revient, montant à la somme de 8,287 fr.
» ou 345 liv. sterl., 5 sh., 10 p.; 4° une lettre de
» change pour la solder à ses héritiers. Sachant
» que vous avez soin de son fils, et que sa fille est
» chez Madame, l'Empereur entend qu'il con-
» naisse la fortune que laisse Cypriani, qui pa-
» raît avoir des fonds assez considérables placés

» à Gênes, pour assurer un sort à ses deux
» enfans.

» Je ne veux pas vous affliger en vous parlant
» de la santé de l'Empereur, qui est peu satisfai-
» sante. Cependant, son état n'a pas empiré de-
» puis les chaleurs. Je pense que vous cacherez
» ces détails à Madame. N'ajoutez aucune foi à
» toutes les fausses relations qu'on peut faire en
» Europe. Tenez comme règle et comme seule
» chose vraie que depuis vingt-deux mois l'Em-
» pereur n'est pas sorti de son appartement, si ce
» n'est quelquefois et rarement pour venir voir
» ma femme. Il n'a guère vu personne, si ce n'est
» deux ou trois Français qui sont ici, et l'ambas-
» sadeur anglais à la Chine.

» Je prie Votre Éminence de présenter mes
» respects à Madame et aux personnes de sa fa-
» mille; et d'agréer les sentimens avec lesquels
» j'ai l'honneur d'être, etc. Comte BERTRAND. »

PREMIÈRE LETTRE DU COMTE DE LAS CASES AU
GÉNÉRAL COMTE BERTRAND *.

« Je viens vous consacrer le premier instant

---

* On a cru devoir joindre ici les lettres suivantes du

» qui m'appartient. Voilà déjà plus d'un an que
» je suis loin de Longwood, et depuis ce temps,

---

comte de Las Cases, 1° parce qu'elles se trouvent mentionnées dans la lettre précédente du comte Bertrand,
et qu'elles servent à en compléter le sens et l'intelligence; 2° parce qu'elles font connaître la candeur et la
bonne foi qui présidaient à cette correspondance avec
Longwood; 3° enfin, parce qu'elles mettent à même
d'apprécier dignement l'assertion étrange du sieur Goulburn, qui, recevant ces lettres et y répondant avec politesse, n'a pas craint néanmoins d'affirmer, dans la chambre des communes, en une certaine occasion, que les
expressions de leur auteur se présentaient toujours enveloppées d'une double interprétation. Comment l'homme
de bonne foi à qui ont été adressées les lettres ci-dessus,
qui a reçu et doit avoir lu la lettre à lord Bathurst surtout,
peut-il se permettre de dire que les expressions de leur
auteur se présentent toujours enveloppées d'une double
interprétation? Certes, M. Goulburn doit être difficile en
fait de sens explicite et prononcé, ou bien il n'entend
pas le français. Mais a-t-il lu? a-t-il mal lu? a-t-il voulu
mal lire? et, semblable à lord Bathurst, ne s'exprimerait-
il pas, ainsi que son noble patron dans ses fameuses
dénégations à lord Holland, dans la chambre des pairs,
non d'après ce qui est, mais seulement d'après ce qu'il
lui est avantageux de dire? C'est le besoin surtout de
mettre chacun à même de juger du mérite des assertions
du sieur Goulburn, qui a amené la communication de
ces lettres. La négligence, l'abandon qu'on y remarque

» que de peines, de chagrins et de traverses de
» toutes espèces!!! Je laisse aux papiers publics
» à vous en instruire. J'écarterai de mes lettres
» toute parole, tout sujet qui pourrait servir de
» prétexte à vous en priver. Je veux faciliter de
» tout mon pouvoir le seul but que je me pro-
» pose, celui de faire arriver jusqu'à vous les
» preuves d'une sollicitude qui va faire l'objet
» du reste de ma vie. J'ai trop présens la conso-
» lation et le bonheur dont m'étaient auprès de
» vous autres quelques souvenirs d'Europe, pour
» ne pas me vouer entièrement à vous procurer
» cette espèce de consolation; ô, mes chers com-
» pagnons qui remplissez à jamais mes pensées
» de chaque jour et de tous les momens! Je vous
» écris donc au premier instant où je me trouve
» libéré de surveillance personnelle; et tous les
» mois au moins, régulièrement à pareil jour, je
» vous donnerai une semblable marque de mes
» soins incessans. Des obstacles étrangers pour-
» ront les empêcher peut-être d'arriver jusqu'à

démontrent assez combien peu elles étaient destinées à
devenir publiques.

» vous; mais, de ma part, la mort seule pourra
» m'y faire manquer; et j'invoque ici, au nom de
» tous les sentimens, ceux qui, chargés de la
» censure de mes lettres, croiraient y trouver des
» motifs de les intercepter; je les supplie de me
» faire connaître, afin de me donner l'occasion
» de les éviter, les déviations involontaires de ma
» part qu'ils croiraient condamnables. La morale
» publique ne saurait interdire le besoin, et la
» consolation des sentimens domestiques. Or, ce
» sont eux uniquement que je chercherai à satis-
» faire auprès de vous.

» Je viens de recevoir en Autriche l'asile que
» j'avais demandé dès que je me suis vu inquiété
» dans ma liberté. Je me rendrai à Lintz sitôt
» que ma santé, qui est déplorable, me per-
» mettra de pouvoir supporter la route. Les maux
» de tête que j'ai pris au Cap ne font qu'accroître,
» et demeurent fort inquiétans. Je vais faire usage
» des libres communications qui me sont per-
» mises désormais, pour obtenir des informations
» précises sur toutes les personnes qui peuvent
» vous être chères. Aujourd'hui je ne puis vous
» envoyer que ce que j'ai recueilli indirectement.

» Ma femme, qui par le plus grand des bon-
» heurs éprouvait le refus de venir à Sainte-Hé-
» lène, précisément au moment où j'en sortais
» moi-même, et qui est venue me joindre sur
» les grands chemins, où j'étais colporté comme
» un ballot, retourne à Paris chercher mes autres
» enfans. Elle me mettra à même de vous donner
» quelques détails dans ma première lettre, tou-
» chant votre famille, celles de Montholon et de
» Gourgaud.

» J'ai pu m'assurer que S. M. Marie-Louise
» se portait très-bien à Parme, que son fils, à
» Schœnbrunn, y est resplendissant de santé et
» de beauté. La comtesse de Survilliers est re-
» tenue ici par une santé très-chancelante ; elle
» reçoit de temps à autre des nouvelles de son
» mari, qui est bien en Amérique. Ses deux filles
» sont à merveille : l'aînée est une ressemblance
» frappante de l'auguste chef de la famille. La
» princesse Borghèse, Madame Mère, le prince
» de Canino, le cardinal Fesch, le prince Louis,
» sont à Rome, et en bonne santé ; le reste de la
» famille, la princesse Élisa, le comte de Monfort
» et la princesse Murat, sont dans différentes

» parties de l'Autriche. J'espère, avec le temps,
» pouvoir vous transmettre des détails plus directs
» et plus positifs. J'éprouve le plus vif regret de
» n'avoir pu débarquer et me fixer en Angleterre.
» Je suis privé d'exécuter immédiatement moi-
» même la recherche et l'envoi de tout ce que
» j'imaginerais propre à porter quelques légères
» distractions sur votre affreux rocher. C'est un
» devoir religieux que j'ai sollicité auprès des
» ministres britanniques, et que je solliciterai
» chaque jour de nouveau ; ma constance ne dé-
» sespérera jamais de les toucher sur ce point.
» Toutefois, quelque éloigné que je sois, je ne
» manquerai pas de remplir cet objet sacré à
» l'aide de quelque intermédiaire ; seulement
» vous recevrez plus tard et moins complets les
» résultats de mes efforts et de mes soins.

» Soignez tous votre santé ; vivez pour la con-
» solation, la tendresse, le bonheur et les vœux
» de ceux qui vous admirent et vous aiment.

» J'ai reçu, en touchant à Douvre, une lettre
» de vous, du vingt-deux juillet, et une de sir
» H. Lowe, du vingt-neuf. Elles m'apprennent que
» vous avez reçu le peu de choses que j'avais adres-

» sées du Cap à Longwood, ce que je n'avais pas
» compris jusque là; que vous avez reçu le titre
» éventuel que vous m'aviez remis, et que je vous
» ai renvoyé, concernant l'argent que j'avais osé
» déposer aux pieds de l'Empereur, en partant,
» et que j'avais été assez heureux pour voir ac-
» cepter. Sir H. Lowe m'apprend que tous les
» billets que je vous avais laissés à ce sujet ont
» été négociés. J'espère qu'on y aura fait stric-
» tement honneur. Je ne sais encore où j'en suis
» moi-même. Je n'ai pas eu jusqu'ici la possibi-
» lité d'écrire une ligne à mon agent de Londres,
» ni d'en recevoir aucune.

» Je regrette bien de n'avoir point en mon
» pouvoir et à ma disposition la relation des cam-
» pagnes d'Italie. Cette époque éloignée, déjà
» étrangère à la politique de nos jours, a désor-
» mais tout le mérite de l'histoire. Elle est vive-
» ment désirée; la science et les contemporains
» la réclament. Je m'estimerais heureux qu'elle
» fût livrée à ma discrétion; et, dans le cas où
» vous m'obtiendriez cette faveur*, je vais pour-

* La réponse du c^te Bertrand fut qu'on n'attendait qu'une
occasion favorable pour m'envoyer ces campagnes.

» voir au moyen d'en profiter sans retard, en
» demandant dès cet instant, à Londres, quelles
» seraient les formalités qu'on imposerait ici et
» là-bas pour que ce manuscrit pût me parvenir.
» Je prierai qu'on veuille bien transmettre aussi
» la réponse qui me sera faite, à sir H. Lowe,
» afin que vous puissiez juger, de votre côté, si
» ce que l'on prescrirait vous semblerait con-
» venable.

   » A votre tour, mon cher général, écrivez-
» moi par toutes les occasions; mandez-moi
» toutes les commissions qui vous viendront à
» l'esprit, sérieuses et frivoles, aisées ou diffi-
» ciles, n'importe. Dites-vous bien, répétez-vous
» sans cesse, que je ne vis que pour vous tous et
» en vous tous. Mon corps seul a quitté votre
» rocher.

» Le comte de LAS CASES. »

DU COMTE DE LAS CASES A M. GOULBURN, EN LUI
ADRESSANT LA PRÉCÉDENTE.

   « Monsieur, j'apprends de ma femme l'extrême
» bonté avec laquelle vous avez bien voulu, en
» différentes circonstances, lui transmettre, au

» nom de lord Bathurst, à Paris, des nouvelles
» de moi et de mon fils. Veuillez bien en recevoir
» mes remercîmens et ma reconnaissance.

» Oserais-je (si, comme je le comprends, vous
» vous trouvez sous lord Bathurst, à la tête de
» la direction des affaires de Sainte-Hélène) im-
» plorer de vous la faveur de me diriger sur cer-
» tains points relatifs à la correspondance avec
» cet endroit.

» Oserais-je vous solliciter, au nom de tous les
» sentimens qui peuvent habiter dans un cœur
» humain et sensible, de seconder, d'accord avec
» vos propres réglemens, mes religieuses inten-
» tions de chercher à porter quelque consolation
» et quelque adoucissement aux douleurs qu'on
» y éprouve.

» Oserais-je vous prier de m'obtenir de lord
» Bathurst, de savoir s'il me sera permis de faire
» parvenir à Longwood les livres, brochures,
» papiers publics et autres objets que je croirais
» y pouvoir être agréables : dans le cas de l'affir-
» mative, vous priant, Monsieur, de vouloir bien
» désigner vous-même la personne de confiance
» que vous voudriez, pour en faire la recherche

» et l'achat à Londres, ne me réservant que d'en
» payer le montant à vos ordres.

» Oserais-je vous prier, si dans les lettres
» ouvertes que je vous adresserai pour Sainte-
» Hélène vous y aperceviez la moindre phrase
» douteuse qui pût vous inquiéter, de l'effacer
» vous-même de mon consentement, pour ne
» pas en gêner l'expédition, et avoir la bonté de
» m'en prévenir, pour que je ne retombasse pas
» dans le même inconvénient.

» Vous pourrez lire, Monsieur, dans la lettre
» que j'ai l'honneur de vous envoyer aujourd'hui
» pour Longwood, que j'y fais la demande d'un
» manuscrit *(les Campagnes d'Italie)*, étranger à
» la politique du temps, mais précieux pour l'his-
» toire et la science. Dans le cas où l'on voudrait
» bien me le confier de Longwood, pourrais-je
» obtenir de vous que vous voulussiez bien m'en
» faciliter le prompt envoi, en prescrivant dès
» cet instant à sir H. Lowe les formalités qu'il y
» aurait à remplir de part et d'autre pour qu'il
» pût me parvenir?

» Je sais, Monsieur, qu'au milieu de tous vos
» embarras, ce que j'ose vous demander peut

» multiplier vos soins ; toutefois, je ne désespère
» pas de les obtenir par la sainteté des motifs
» qui me portent à vous les demander. Je vous
» en aurai la plus vive et la plus sincère recon-
» naissance. C'est dans l'intention de me rendre
» le moins importun possible et de simplifier
» d'autant l'objet de mes désirs, que j'ai cru pou-
» voir m'adresser directement à vous, Monsieur,
» au lieu de m'adresser à lord Bathurst; ce en
» quoi j'ose espérer que je n'ai rien fait d'incon-
» venable; ce serait fort innocemment et tout à
» fait contre mon gré.

» J'ai l'honneur d'être, Monsieur, etc.

» Le comte de LAS CASES. »

DEUXIÈME LETTRE DU COMTE DE LAS CASES AU
GÉNÉRAL COMTE BERTRAND.

Francfort, 15 février 1818.

« Me voilà fidèle à mon engagement; je vous
» écris après un mois, et à pareil jour de ma pre-
» mière lettre. Je tiens à consacrer la même date,
» pour que vous soyez certain qu'elle ne vous
» manquera jamais. Toutefois, des parties de

» ma lettre seront peut-être plus fraîches que sa
» date, par la circonstance du silence de Madame
» de Las Gases dont j'attendais chaque jour des
» nouvelles de Paris. Elle m'a quitté il y a près
» d'un mois. Elle devait aller voir tous vos parens,
» ainsi que ceux des généraux Gourgaud et Mon-
» tholon. Je devais en recevoir les détails les plus
» circonstanciés. A mon grand étonnement, je
» n'en entends point parler ; et ne voulant pas
» retarder plus long-temps à vous écrire, je me
» vois réduit à renvoyer au mois prochain tous
» les détails que je suis bien sûr qu'elle aura été
» prendre avec autant de zèle et de soin que si
» c'était moi-même.

» J'ai la satisfaction de savoir que ma première
» lettre vous a été envoyée : je l'avais accompa-
» gnée d'une lettre d'envoi à M. Goulburn : je
» viens de recevoir sa réponse. Je me fais un vrai
» plaisir de reconnaître qu'elle est pleine d'atten-
» tions, d'égards, et satisfaisante sur tous les
» points ; ce qui me donne l'espoir qu'il y avait
» le vice de ne pas s'entendre.

» On m'assure qu'on sera toujours prêt à vous
» transmettre mes lettres lorsqu'elles seront de

» même nature, et ne présenteront pas plus d'ob-
» jections. On ajoute que, conformément à ma
» demande, on vous transmettra les livres et
» pamphlets que je désignerai. On s'offre de se
» les procurer, et d'en surveiller exactement
» l'envoi, se réservant de m'en envoyer de temps
» à autre le montant, pour être acquitté par moi.
» On me fait savoir que, s'il est agréable à l'Em-
» pereur de me confier les *Campagnes d'Italie*,
» sir H. Lowe reçoit des instructions pour les
» transmettre en Angleterre, d'où on me les fera
» remettre, dans les formes exprimées, de Long-
» wood même, après en avoir pris la connaissance
» nécessaire. Enfin, l'on m'apprend que mes pa-
» piers saisis dans la Tamise m'ont été renvoyés
» sur-le-champ, et sans avoir été ouverts, que
» des fatalités seules peuvent m'en avoir privé
» jusqu'ici, ce qui en effet est encore de la sorte.

  » J'espère donc qu'avec cette présente lettre
» vous recevrez déjà quelques publications. Mal-
» heureusement, je suis loin et bien mal placé
» pour les choisir et les avoir dans toute leur
» nouveauté. Mais je vais écrire à Londres, pour
» tâcher de remédier à cet inconvénient. J'espère

» aussi, par la même occasion, pouvoir vous
» faire expédier bien des objets dont vous man-
» quez ou qui pourraient vous être agréables,
» ou bien encore essentiels à la santé de l'Em-
» pereur.

» Sa Majesté Marie-Louise se porte à mer-
» veille, et est toujours à Parme. Son fils, d'a-
» près les nouvelles de peu de jours, de quel-
» qu'un qui l'avait vu à un bal d'enfans, était
» beau comme l'Amour, et faisait les délices de
» Vienne ; ce sont ses propres expressions. Il
» danse avec fureur et s'en acquitte à merveille.

» J'ai été pour tous les membres de la famille
» de l'Empereur, un objet du plus tendre et du
» plus touchant intérêt. Je me suis vu entouré,
» pressé de leurs offres et de leurs vœux. Je se-
» rai assez heureux pour vous transmettre de
» leurs nouvelles régulièrement tous les mois.

» Le prince Jérôme m'a fait dire que ses offres
» pour moi ne connaîtraient d'autres bornes que
» *l'impossible*. Il a recueilli près de lui le bon et
» vertueux Planat, qui, depuis notre séparation
» du *Bellérophon*, poussé de tourmente en tour-
» mente, était menacé de périr sur la plage. La

8.   31

» princesse Hortense me mande qu'elle a été
» bien persécutée ; mais que si le motif de ses
» tourmens avait été le tendre et respectueux
» dévoûment qui remplissait son cœur, elle en
» était fière et heureuse.

» Toutes les fois que ma santé me le permet,
» je vais faire ma cour à la princesse Joseph, que
» sa mauvaise santé tient dans la retraite la plus
» absolue, et alitée la plupart du temps. Nous
» parlons de Sainte-Hélène. Nos pensées tra-
» versent les mers : ce sont d'heureux instans
» pour nous. Ses filles sont à merveille. Son mari,
» d'après de très-fraîches nouvelles, était en
» bonne santé. Il avait pris soin de deux domes-
» tiques de l'Empereur Napoléon, dont le Gou-
» vernement anglais avait jugé à propos de dimi-
» nuer l'établissement de Longwood.

» Le prince Lucien me donne des nouvelles
» de toute la famille réunie à Rome. Madame,
» M. le cardinal Fesch, la princesse Borghèse et
» le prince Louis se portent à merveille, et joi-
» gnent leurs vœux et leurs prières pour la santé
» et la conservation de leur auguste parent. Pour
» le prince Lucien, il est heureux, dit-il, à Rome :

» il vient d'établir avantageusement ses trois
» filles. Toutefois, son esprit et son cœur se di-
» rigent sans cesse sur.Sainte-Hélène ; il ne peut
» plus se faire à l'idée de voir son frère languir
» et mourir dans son exil : il me somme de lui
» dire, du fond de mon cœur, si l'Empereur se-
» rait aussi heureux de le voir, qu'il le serait lui-
» même de se présenter à lui ; et il me charge,
» ce que j'exécute par le même courrier, de de-
» mander au gouvernement anglais s'il veut lui
» accorder de passer à Sainte-Hélène, pour y
» demeurer deux années, ou toujours, si son
» frère ne le renvoie, avec ou sans sa femme et
» ses enfans, sa femme lui disputant l'honneur
» de le suivre ; s'engageant à ce que lui ou les
» siens ne contribuent à aucun accroissement
» quelconque de dépense, se soumettant à toutes
» les restrictions imposées à son frère, et offrant
» de se soumettre à toutes celles qu'on jugerait à
» propos de lui imposer personnellement, avant
» son départ, ou après son retour.

» Mon cher général, je ne puis m'empêcher
» de revenir encore à vous prier de voir si l'Em-

» pereur daignerait me confier les *Campagnes*
» *d'Italie;* vous me ferez parvenir ensuite celles·
» d'Egypte à leur tour. Ce sont deux trésors
» pour le monde savant et pour l'histoire, tout
» à fait étrangers à la politique du temps, par
» conséquent sans nulle objection. J'ai fait parve-
» nir à Londres tous les remercîmens de la com-
» tesse Bertrand, pour les souvenirs gracieux qu'on
» avait bien voulu lui témoigner, et les attentions
» aimables qu'on avait eues pour ses enfans. Si
» j'avais pu demeurer en Angleterre, je me se-
» rais occupé, moi, sur les lieux, de chercher
» quelque chose qui pût être agréable à ces
» dames. De si loin, je n'ai que mes vœux : ils
» sont bien sincères pour elles et pour vous tous,
» mes chers compagnons. Le oc fatal ne sort
» point de mon cœur.

   » Ma santé continue d'être bien mauvaise ;
» mes maux de tête s'aggravent journellement :
» les médecins ne savent qu'en dire. Que Dieu
» me la conserve pour le service et pour le bien
» de mon cœur ! Je vous embrasse tous bien ten-
» drement. Pour vous autres, soignez votre santé,

» portez-vous bien, ce sera ma récompense, celle
» de vos amis, qui vous aiment comme moi.

Le comte de Las Cases.

LETTRE DU COMTE DE LAS CASES A M. GOULBURN
EN LUI ADRESSANT LA PRÉCÉDENTE.

Francfort-sur-le-Mein, le 4 mars 1818.

» Monsieur, je reçois à l'instant votre lettre, la
» réponse satisfaisante qu'elle contient à tous les
» articles de la mienne, les procédés et l'obli-
» geance personnels dont vous voulez bien me
» donner la preuve : j'en suis extrêmement tou-
» ché et tout à fait reconnaissant.

» Je vous envoie une seconde lettre pour Long-
» wood. Tout ce que vous me rappelez touchant
» les papiers de la campagne d'Italie, lorsque j'é-
» tais encore à Sainte-Hélène, est très-juste.
» Veuillez bien faire agréer mes remercîmens à
» lord Bathurst, pour les instructions qu'il fait
» adresser à sir Hudson Lowe, afin de me faci-
» liter l'envoi de ces papiers, dans le cas où l'Em-
» pereur Napoléon daignerait trouver agréable
» de me les confier.

» Je vais écrire à Londres pour qu'on vous
» remette, Monsieur, une note des livres et des
» publications que je désirerais que vous eussiez
» la bonté de transmettre à Longwood. Je suis
» trop loin des lieux pour pouvoir les choisir à
» temps. Dans tous les cas, si les premières occa-
» sions étaient trop prompte pour que cette note
» vous fût remise, oserais-je vous prier d'expé-
» dier de vous-même les dernières brochures
» de MM. de Pradt, Fiévée, Benjamin-Constant;
» Châteaubriant, celles sur le concordat, etc.,
» etc.? Voudriez-vous y joindre, de votre choix,
» ce que vous croirez de meilleur, de plus
» neuf, de plus recommandable dans vos publi-
» cations? Auriez-vous la bonté d'abonner l'éta-
» blissement de Longwood au *Journal du Com-*
» *merce,* si toutefois, depuis mon départ, ils
» ne reçoivent déjà un journal français ; comme
» aussi de vouloir bien l'abonner, de votre choix,
» à un de vos journaux de l'opposition? Le *Cour-*
» *rier* et le *Times* leur étaient communiqués,
» étant communs dans l'île. J'acquitterai ponc-
» tuellement la dépense que vous voudrez bien
» m'en adresser, vous priant seulement de ne

» pas en, laisser monter les réclamations par-
» tielles trop haut; non plus que de les tirer sur
« moi à vue. Je n'ai point de fonds à ma dispo-
» sition ; ceux que j'avais été assez heureux d'of-
» frir et de voir accepter, ne me sont point encore
» remboursés. Je suis donc réduit à puiser dans
» la bourse d'autrui et d'un chacun : je suis le
» *mendiant de Bélisaire.*

» Encouragé par la grâce de votre réponse
» *officielle,* et dans l'espoir de rencontrer de plus
» en vous des dispositions *officieuses,* j'oserai
» étendre mes demandes jusqu'à vous prier de
» vouloir bien faire comprendre dans les envois
» à Longwood, des objets que je crois agréables
» aux jouissances, ou essentiels à la santé du
» prisonnier de Longwood. Auriez-vous la bonté
» de faire chercher quelques livres du meilleur
» café qu'il serait possible de se procurer dans
» Londres, et une certaine quantité du meilleur
» vin de Bordeaux existant? Je sais par expé-
» rience, pour ce dernier, qu'on pouvait s'en
» procurer sur les lieux, de la cave des proprié-
» taires mêmes, du prix de six à sept francs,
» qui était supérieur à tout ce que le commerce

» laissait circuler. Je mettrais du prix à ce qu'il
» fût possible de se procurer quelque chose de
» la sorte. Monsieur, dans toute la vérité de mon
» âme, en dehors de tout ressentiment et de
» toute humeur, je puis vous assurer qu'il n'arri-
» vait que trop souvent que le vin présenté à
» Napoléon n'était pas supportable, et qu'il en
» était ainsi de la plupart des choses à son usage.
» Ce qui pourra vous aider à le comprendre,
» c'est de vouloir bien réfléchir que nous subsis-
» tions, à Longwood, à *l'entreprise.* Votre gou-
» vernement débourse les sommes, nul doute ;
» mais vous connaissez assez les affaires pour sa-
» voir les inconvéniens et les abus des fourni-
» tures. Ceci n'est pas un cri nouveau de ma part,
» c'est un épanchement. Du Cap, j'ai fait parve-
» nir du vin de Constance ; il a été trouvé très-
» bon, a causé quelque plaisir. Voudriez-vous
» bien ordonner qu'on en fît un nouvel envoi à
» mon compte. Un autre objet auquel je tiendrais
» beaucoup, serait de tâcher d'obtenir de nos
» huiles de Provence, sur les lieux mêmes, et ce
» qu'il y aurait de meilleur. On ne nous a jamais
» rien donné en ce genre qui ne fût tout à fait

» repoussant : on y sentait vivement la privation
» d'eau de Cologne, dont l'habitude ou la santé
» même demandait un grand usage.

» Monsieur, je sais que j'ose exprimer ici des
» détails tout à fait hors de votre sphère, je n'i-
» magine pas même comment, avec la meilleure
» volonté, vous en pourriez venir à bout conve-
» nablement ; cependant, la seule humanité, les
» procédés, les égards les plus communs semble-
» raient donner droit à de pareilles indulgences.
» C'est pour obvier à tout, et satisfaire en même
» temps à tout, que je sollicitais si vivement, si
» ardemment, la permission de me fixer sur vos
» rivages. Tout ce que j'ose vous indiquer ici
» eût été mon unique et ma constante occupa-
» tion. Je l'eusse, du reste, rempli sans repro-
» che ; on eût pu s'en rapporter à moi ; j'eusse été
» fidèle à tout ce que j'eusse promis : et quel incon-
» vénient y eût-il eu à permettre des soins aussi
» innocens et aussi naturels ? Quel nom n'a-t-on
» pas le droit de donner, au contraire, aux in-
» terdictions cruelles qu'on a prononcées. Pour-
» rait-on les maintenir ? Je désire et sollicite tou-
» jours un adoucissement en ma faveur, c'est-à-

» dire en faveur du bien. Je demeure à Francfort,
» comme si l'on ne m'avait pas encore délivré de
» mon surveillant; je ne sors guère davantage de
» ma chambre : j'eusse été de même à Londres.

   » Monsieur, je vais terminer ma longue lettre
» en vous priant de mettre sous les yeux du mi-
» nistre la demande que je viens d'être chargé de
» lui faire de la part du prince Lucien Bonaparte ;
» savoir : de lui accorder de passer à Sainte-Hé-
» lène, pour y demeurer deux années, avec ou
» sans sa femme et ses enfans; s'engageant à ce
» que lui et les siens ne contribuent à aucun ac-
» croissement quelconque de vos dépenses, se
» soumettant à toutes les restrictions imposées à
» son frère, et offrant de se soumettre à toutes
» celles qu'on jugerait à propos de lui imposer
» personnellement, avant son départ, ou après
» son retour.

   » Ce que vous avez la bonté de me dire rela-
» tivement à mes papiers saisis dans la Tamise,
» est le premier mot que j'en aie entendu depuis
» que j'en suis privé. Je viens de prier le ministre
» britannique ici de vouloir bien les réclamer à
» Berlin, où ils paraissent oubliés. Je vous assure

» que j'en ai éprouvé et que j'en éprouve chaque
» jour de grandes privations et de véritables dom-
» mages.

« J'ai l'honneur d'être, Monsieur, avec une
» parfaite considération, etc., etc.

« Le comte de LAS CASES. »

TROISIÈME LETTRE DU COMTE DE LAS CASES AU
GÉNÉRAL COMTE BERTRAND.

Francfort, le 15 mars 1818.

» Je trouve un certain plaisir, mon cher gé-
» néral, en vous écrivant ma troisième lettre, à
» penser que ma première doit être déjà fort près
» de vous. J'espère que ma seconde est déjà en
» route, bien que je ne sois pas assez heureux
» pour en avoir la certitude. On a dû vous expé-
» dier avec elle un bon nombre de publications,
» et je vais donner une petite note de quelques
» autres à envoyer avec la présente.

» Je reçois des nouvelles de ma femme, qui
» est à la veille de quitter Paris, pour venir avec
» mes enfans se fixer auprès de moi. Elle me

» mande avoir vu la famille de Gourgaud, et lui
» avoir donné sur lui et sur votre établissement,
» tous les renseignemens qu'elle avait recueillis
» de moi. Sa mère et sa sœur se portent très-
» bien ; elles le comblent de vœux et de ten-
» dresse. Votre famille, Monsieur le Grand-Ma-
» réchal, était en province, et il y avait long-
» temps qu'on n'en avait point entendu parler.
» Quant aux parens de Montholon, Mme de
» Las Cases n'a pas été assez heureuse pour en
» rencontrer aucun. J'espère, dans ma première,
» pouvoir vous parler des vôtres, malgré leur
» éloignement de la capitale.

« Tous les membres de la famille de l'Empe-
» reur se portent très-bien. J'ai eu des nouvelles
» de chacun d'eux depuis ma dernière, et j'en
» aurai chaque mois de manière à pouvoir vous en
» donner régulièrement. Tous le suivent de leurs
» vœux, et ne vivent qu'en lui. La plupart étaient
» demeurés jusqu'à présent tout à fait privés de
» ses nouvelles. Le peu que j'ai pu leur en trans-
» mettre leur a été bien précieux et bien cher.
» Pour satisfaire à leur intérêt et à leur tendresse
» si naturelle, je vais prier le gouvernement an-

» glais , lorsqu'il recevra des nouvelles de Sainte-
» Hélène, de vouloir bien laisser arriver jusqu'à
» moi l'état de la santé de l'Empereur : c'est une
» grâce que je solliciterai au nom de toute une
» nombreuse famille. J'espère qu'il ne la refusera
» pas au sentiment qui porte à la demander.

.» Le prince Jérôme me fait l'honneur de me
» mander que les conditions imposées à sa cor-
» respondance, et son profond respect pour son
» auguste frère, qu'il se plaît à reconnaître pour
» son second père, ont pu seuls le porter à se
» priver du bonheur de lui écrire lui-même, et
» de déposer à ses pieds toute son existence. Si
» la situation de l'Empereur ne se trouve pas
» améliorée l'année prochaine, il se propose de
» demander au gouvernement anglais la liberté
» de se rendre à Sainte-Hélène avec sa femme et
» son fils, ne pensant pas qu'à cette époque, son
» voyage puisse rencontrer aucune objection rai-
» sonnable. La reine, sa femme, à qui rien d'hé-
» roïque et d'élevé ne saurait être étranger, par-
» tage les mêmes sentimens et forme les mêmes
» vœux.

» Le cardinal Fesch m'écrit, de son côté, au

» nom de Madame et au sien, me disant d'ob-
» server qu'étant les seuls à n'être point distraits
» par les liens de la propre famille, ni par la
» crainte de lui créer des inconvéniens, je dois
» m'adresser à eux de préférence, pour tout ce
» qui pourrait concourir à adoucir en quoi que
» ce soit l'affreuse situation de l'Empereur.

» La comtesse de Survilliers, que j'ai l'hon-
» neur de voir très-souvent, et dont les vœux
» voyagent sans cesse à Sainte-Hélène, est dans
» un très-mauvais état de santé. Elle souffre
» beaucoup, et donne même des inquiétudes.
» Les princesses ses filles sont à merveille.

» Je viens enfin de recevoir les papiers qui
» m'avaient été saisis dans la Tamise. Ils m'ont
» atteint après quatre mois de courses inutiles, et
» pour moi de privations journalières. La fatalité
» seule a dû créer ce retard à ma peine ; car ils
» m'ont été rendus sans avoir été ouverts.

» Il me tarde bien de recevoir de vos nou-
» velles et toutes vos commissions. Malheureuse-
» ment, la distance est si grande, et les commu-
» nications si peu régulières, que je dois attendre
» encore long-temps. Demandez-moi tout ce que

» vous voudrez ; jusque-là je suis réduit à deviner.
» Vous ne tarderez pas à recevoir la partie du
» *Moniteur* qui vous manque. J'écris aujourd'hui
» à ce sujet.

» Je viens enfin de recevoir des nouvelles de
» mon agent de Londres. Il me mande avoir fait
» honneur à tous mes billets, j'en suis heureux ;
» mais il me mande avoir reçu de plus deux nou-
» veaux billets de vous, qu'il s'est vu dans la né-
» cessité de refuser, faute de s'être trouvé pré-
» venu ou autorisé de moi ; je suis affligé de cette
» circonstance. Depuis que je vous avais quitté,
» je n'avais pu avoir de relation avec lui ; je viens
» de lui répondre sur-le-champ, pour le charger
» d'y remédier autant qu'il pourrait être en son
» pouvoir. Il ne me dit pas du reste ce que pou-
» vait être ces deux billets.

» Ma santé demeure toujours aussi mauvaise,
» si même elle n'empire beaucoup. Je m'en dé-
» sespère d'autant plus que la saison devient très-
» belle, et que cette circonstance n'apporte au-
» cune amélioration à mon état. C'est ce qui me
» fait demeurer à Francfort, où je me trouve au

» centre d'un grand nombre d'eaux thermales,
» où les médecins vont m'envoyer.

M. le Grand-Maréchal, recevez, pour vous
» et mes chers compagnons, l'expression de tous
» mes vœux et de tous mes sentimens : la colonie
» occupe et remplit ma vie. Soignez-vous tous,
» c'est le vœu de ceux qui vous aiment ; chaque
» jour je le recueille pour vous autres. Il y a ici
» ou aux environs plusieurs des bannis; quel-
» ques-uns étaient de votre connaissance parti-
» culière. Ils vous aiment et vous vénèrent.

« Le comte de LAS CASES. »

LETTRE DU COMTE DE LAS CASES A M. GOULBURN,
EN LUI ADRESSANT LA PRÉCÉDENTE.

Francfort, 27 mars 1818.

«Monsieur, j'ai l'honneur de vous adresser ma
» troisième lettre pour Sainte-Hélène. Je reçois,
» à l'instant même, les papiers qui m'avaient été
» saisis à Douvres; ils me sont remis sans avoir
» été ouverts. Je suis reconnaissant de ce pro-
» cédé. Il n'avait jamais été dans ma pensée de
» me refuser à leur communication : ma lettre à

» lord Sidmouth, publiée malheureusement à
» mon insu et contre mon gré, en fait foi. Je suis
» fâché que l'entêtement et le zèle mal entendu
» d'un agent subalterne aient créé cette circons-
» tance, qui m'a valu quatre mois de peines et
» de privations journalières.

  » Monsieur, je dois m'empresser de vous faire
» observer un fait qui m'a paru inexplicable, et
» qui peut-être vous aura échappé. Vous m'avez
» fait l'honneur de m'écrire le douze février;
» votre lettre m'a été remise par le ministre de
» Sa Majesté britannique en cette ville, le vingt-
» huit du même mois, et le *Times* du deux mars
» contient un article renfermant, à peu de chose
» près, le sens et même les paroles de votre let-
» tre, que j'aurais fait connaître, dit-on. Or,
» comme je ne puis avoir fait parvenir à Londres
» cette circonstance en vingt-quatre heures, je
» n'ai pas besoin de me justifier à vos yeux de
» mon indiscrétion; il me suffit de placer le fait
» sous vos yeux, et de l'abandonner à votre cal-
» cul *, vous assurant que je mets trop de prix

---

* Cette circonstance mérite d'être rapportée, sinon

» à ce que vous voulez bien me transmettre,
» pour lui donner la moindre publicité. C'est un
» égard que je dois à votre obligeance et à la con-
» sidération que je vous porte.

   » Monsieur, je vous prie d'abonner l'établis-
» sement de Longwood à la *Minerve française*,
» et de continuer d'y joindre les publications nou-
» velles, françaises et anglaises, que vous croiriez
» dignes de quelque intérêt.

---

pour son importance, du moins pour son inexplicable
singularité.

   La lettre du secrétaire d'Etat, datée du 12 février, a
été remise au comte de Las Cases, à Francfort, le 28 du
même mois, par le ministre britannique en cette ville,
et le *Times* du 2 mars, c'est-à-dire vingt-quatre heures
après environ, contenait ce qui suit : « Une lettre par-
» ticulière de Francfort-sur-le-Mein, nous apprend que
» le comte Las Cases y est traité avec la plus grande
» attention, qu'il s'y trouve sous la protection spéciale
» des ministres d'Autriche et d'Angleterre. Le comte a
» même dernièrement montré une lettre du sous-secré-
» taire d'Etat, dans laquelle, entre autres offres obli-
» geantes, il est autorisé à envoyer, par l'intermédiaire
» du département des colonies, tous les livres, pam-
» phlets, journaux que le général Bonaparte pourrait
» demander. Cela suggère naturellement la question sui-
» vante : *Le gouvernement anglais considérerait-il le*

» M. le cardinal Fesch m'écrit de Rome. qu'il
» a fait deux fois l'offre de la collection du *Moni-*
» *teur* pour l'établissement de Longwood. On a
» déjà à Sainte-Hélène jusqu'en 1807; il n'y
» manque plus que de 1808 jusqu'à l'année pré-
» sente. Si vous aviez quelque objection à y expé-
» dier ces portions offertes par M. le cardinal,
» vous prêteriez-vous à ce qu'elles remplaçassent,

» *comte de Las Cases comme le chargé d'affaires de*
» *Napoléon en Europe ?*

A présent, le fond de l'article relatif au sous-secrétaire d'Etat est exact et vrai, jusqu'à certaines expressions même. Le comte de Las Cases est sans doute exempt
de se justifier de l'indiscrétion qui aurait propagé ses
paroles en vingt-quatre heures de Francfort à Londres,
et il faut, pour avoir rencontré si juste dans cet article,
qu'on ait ouvert la dépêche du sous-secrétaire-d'Etat
dans sa route de Londres à Francfort, ou bien à Londres
même; ou bien encore qu'on ait fouillé dans ses bureaux.
Cela est sans réplique ; et alors qui a pu le faire? Comment et pourquoi? Et quel peut être le but de l'article
en question ?

Ce n'est pas, du reste, le seul exemple que l'on ait
eu de l'intime relation de certains articles de journaux
avec la correspondance confidentielle de Longwood. On
est prêt à les produire avec des preuves tout aussi incontestables.

» du moins, celles que vous voudriez bien choisir
» et y expédier vous-même? Le motif d'une éco-
» nomie nécessaire me porte à oser vous en faire
» la proposition.

» Monsieur, toute la famille de l'Empereur
» Napoléon se réunit pour que je vous supplie,
» au nom des sentimens les plus naturels et les
» plus tendres, d'avoir l'extrême bonté de me
» faire parvenir l'état de la santé de leur auguste
» parent, toutes les fois que vous recevrez quel-
» que chose d'officiel. C'est une grâce que nous
» vous demandons tous, et dont j'espère que
» votre cœur ne refusera pas de gratifier tant de
» personnes, qui en demeureront vivement re-
» connaissantes. Je sais, Monsieur, que toutes
» les fois que j'ai l'honneur de vous écrire, ce
» sont de nouvelles importunités que je vous
» adresse, ou de nouveaux embarras que je vous
» crée; mais je vous assure, du fond de mon
» cœur, que c'est contre mon gré, et que je
» m'estimerais heureux de pouvoir vous en dé-
» barrasser au prix de mes propres peines. Ceci
» me porte naturellement à vous demander, dans
» l'intention du bien et d'un avantage commun,

» si vous pouvez me dire, non dans votre capa-
» cité publique, mais comme homme privé, si
» je dois renoncer tout à fait à l'espoir d'aller un
» jour auprès de vous accomplir le ministère re-
» ligieux auquel j'ai pieusement voué le reste de
» mes facultés et de ma vie. Si j'en pouvais con-
» cevoir la moindre espérance, j'en recommen-
» cerais demain la demande régulière à milord
» Bathurst; mais si je dois y renoncer absolu-
» ment, je me donnerai bien de garde d'une dé-
» marche qui ne pourrait avoir pour résultat que
» de ramener des observations et des plaintes
» amères, qu'il est dans mon caractère d'éviter
» autant que je le puis.

» J'ai l'honneur d'être, le comte DE LAS CASES. »

QUATRIÈME LETTRE DU COMTE DE LAS CASES AU
GÉNÉRAL COMTE BERTRAND.

Francfort, 15 avril 1818.

« Madame de Las Cases a continué ses infor-
» mations sur votre famille et celle de ces mes-
» sieurs; j'ai écrit moi-même directement; mes
» lettres ont été remises par un valet de chambre
» a moi : j'ai appris que votre famille était bien

» et tranquille. La sœur du général Gourgaud
» m'a écrit directement une lettre extrêmement
» aimable, pleine de tendresse pour son frère.
» Quant à ma troisième tentative, bien que réi-
» térée, elle n'a produit qu'un silence absolu.
» Vous trouverez, M. le Grand-Maréchal, mes
» détails bien stériles; ce n'est pas ma faute, je
» vous mande tout ce que je peux : vous auriez
» tort de juger par ma stérilité, de tous mes
» soins et de mes efforts incessans.

   » Je continue à recevoir des nouvelles de tous
» les membres de la famille de l'Empereur. Ils
» sont tous bien dans leur santé. Son fils est tou-
» jours beau. L'Impératrice, me mande-t-on, est
» fort maigrie. J'ai vu dernièrement quelqu'un
» d'auprès de la princesse Murat : il était spécia-
» lement chargé de me peindre ses tendres sol-
» licitudes pour son auguste frère, son dévoû-
» ment et ses vœux. Je viens de recevoir une
» lettre de la princesse Élisa, pleine des mêmes
» sentimens. Tous ne vivent que pour penser à
» celui qui leur tient de si près, qui les combla
» de bienfaits, et compose aujourd'hui l'en-
» semble de leurs sentimens. La princesse Elisa

» habite Trieste : elle me mande avoir écrit cinq
» fois à Sainte-Hélène. Le cardinal m'écrit, de
» son côté, que de Rome on y écrit fort sou-
» vent. On m'a répondu de Londres à la demande
» que j'avais faite, et dont je dois vous avoir
» parlé dans ma dernière, pour que le prince
» Lucien pût aller visiter son auguste frère. La
» réponse ne m'a pas paru assez claire pour que
» je vous l'envoie avant d'avoir demandé un
» nouvel éclaircissement. Le prince Jérôme, qui
» parlait de faire la même tentative l'année pro-
» chaine, n'a pu différer aussi long-temps une
» démarche dont le succès comblerait son cœur :
» il va s'adresser lui-même au Prince Régent,
» pour qu'il lui soit permis, avec sa femme et son
» fils, d'entreprendre immédiatement ce voyage.

» Le cardinal me donne le plus grand détail
» de tous les membres de la famille établis à
» Rome. La princesse Hortense est tranquille à
» Augsbourg, où son frère vient la voir de temps
» à autre; elle s'occupe de l'éducation de son
» second fils ; elle a eu l'aîné auprès d'elle plu-
» sieurs mois : il a développé, durant ce court

» voyage, toutes les qualités qui honorent, atta-
» chent et intéressent. Il est retourné à Rome au-
» près de son père, qui s'est fixé dans cette ville.

» J'espère que ma première lettre vous est
» parvenue à l'heure qu'il est, et je compte les
» jours et les heures qui doivent m'apporter votre
» réponse, parce qu'alors je saurai plus particu-
» lièrement ce que je pourrai faire pour être
» agréable à chacun de vous tous. Dites-vous bien
» que je ne vis que pour cela, moi et les miens ;
» que la mort même ne saurait interrompre le
» cours de mes efforts à cet égard. Je me serai
» donné un successeur ; faites-moi donc connaî-
» tre tous vos désirs. Rien ne sera impossible à
» mon zèle, à l'affection et au dévoûment de
» ceux qui me secondent.

» On me répond de Londres avec beaucoup de
» complaisance sur tous les objets que j'indiquais
» pour vous être adressés. On m'assure qu'on va
» vous expédier les diverses brochures que j'ai
» indiquées. On vous abonne, me dit-on, au
» *Morning-Chronicle* et au *Journal du Commerce*,
» celui de Paris que l'on m'a dit être le meilleur.

» Du reste , sur ce point comme sur tout autre ,
» mandez-moi vos désirs. Dites tout ce qui pour-
» rait faire plaisir à l'établissement.

   » Quant à des provisions, vin, café, huile, etc.,
» que je mentionnais dans ma lettre, on me ré-
» pond qu'on venait de vous faire un envoi consi-
» dérable, et de la meilleure qualité. On m'en
» envoie la liste. On ajoute que lord Holland
» en avait fait un de son côté, à la demande de
» la princesse Borghèse : on m'en envoie aussi
» la liste.

   » Ma santé, malheureusement, est toujours
» aussi déplorable; je ne vois aucun amende-
» ment; les médecins me défendent absolument
» tout travail. Je vais aller prendre quelques
» eaux; je vous manderai dans ma première,
» suivant les apparences, mon déplacement de
» Francfort. J'ai occasion de voir ici plusieurs
» des bannis qui ont trouvé un refuge tempo-
» raire dans cette ville ou dans les environs : on
» les flatte chaque jour de leur prochain rappel;
» l'opinion le demande, leur écrit-on; on pense
» que ce sera vers la fin de cette année que tous
» les Français auront le droit d'habiter la France.

» Les rigueurs exercées envers eux semblent,
» du reste, me demeurer tout à fait étrangères.
» Madame de Las Cases, à son retour à Paris,
» a reçu, d'anciens amis, beaucoup de conseils
» et d'offres à mon sujet. Ils se sont empressés
» fort obligeamment d'offrir leurs démarches et
» leur crédit; mais elle a constamment répondu
» que je n'avais, à la rigueur, besoin de per-
» sonne, et puis que je n'étais pas dans l'inten-
» tion de mettre à l'épreuve la bienveillance de
» qui que ce fût; que je me bannissais volontai-
» rement pour un saint et religieux ministère;
» et en effet il ne sera plus de patrie pour moi,
» Monsieur le Grand-Maréchal, tant que vous
» serez où vous êtes, et qu'il existera une seule
» chance pour que mes efforts, mon dévoûment
» et mon zèle puissent vous amener quelque con-
» solation utile ou agréable. Jusque-là, je serai
» errant dans le monde. Je promènerai partout,
» s'il le faut, mon atmosphère de douleur et de
» zèle. De votre côté, conservez-moi votre sou-
» venir, donnez-moi la consolation d'imaginer
» que nos pensées se croisent et s'échangent
» quelquefois. De la patience et du courage, ce

» sont les vertus des héros : qui sait mieux que
» moi que ce sont celles de vous tous? Adieu, je
» vous embrasse, etc. Le comte DE LAS CASES.

   » *P. S.* J'écris pour qu'on vous envoie *la Mi-*
» *nerve française,* ouvrage nouveau en grande
» recommandation, qui a succédé au *Mercure,*
» et la *Bibliothèque historique,* dont on parle aussi
» beaucoup.

   » J'attends ma femme tous les jours; sitôt
» qu'elle sera arrivée, je vais faire voyager mon
» fils : il est d'âge à finir son éducation. Je veux
» qu'il tire profit de ses heureux commencemens.
» Il désire que vous et madame Bertrand receviez
» les expressions de sa reconnaissance pour les
» bontés que vous avez toujours eues pour lui. »

LETTRE DU COMTE DE LAS CASES A M. GOULBURN,
   EN LUI ADRESSANT LA PRÉCÉDENTE.

        Francfort-sur-le-Mein, le 26 avril 1818.

MONSIEUR,

   « Je vous remercie beaucoup, et avec une sin-
» cère reconnaissance, de l'exactitude avec la-
» quelle vous voulez bien répondre à mes lettres,

» et des détails dans lesquels vous voulez bien
» entrer.

» J'espère qu'à l'heure qu'il est les diverses
» publications que vous me mentionnez seront
» parties pour Sainte-Hélène. Je vous prie de
» vouloir bien y joindre la *Minerve française,*
» tout ce qui a paru, et ce qui continuera à pa-
» raître de cet ouvrage; de même pour la *Biblio-*
» *thèque historique.* Et, une fois pour toutes, je
» vous prie de donner vos ordres à votre libraire
» ou correspondant, pour que vous puissiez com-
» prendre dans les envois, et sans indication
» ultérieure de ma part, tout ce qui paraîtrait
» de remarquable, Français et Anglais, de quel-
» que opinion que ce soit.

» Je vous remercie des informations que vous
» voulez bien me donner sur tous les approvi-
» sionnemens qu'on vient d'expédier à Sainte-
» Hélène, et des deux listes (n° 1 et 2) que vous
» avez eu la complaisance d'y joindre. J'oserai
» vous prier de vouloir bien comprendre, par
» la première occasion, quelques bouteilles de
» liqueurs de la Martinique, mais *réelles :* on
» trompe souvent sur cet objet. Vous me par-

» donnerez ce petit détail ; vous savez combien
» je m'estimerais heureux de vous l'éviter, en
» l'exécutant moi-même ; ce qui me conduit na-
» turellement à vous dire combien j'attends avec
» impatience votre réponse à ma dernière lettre
» sur ce dernier objet.

» Vous m'informez, Monsieur, que si le prince
» Lucien Bonaparte désire sortir d'Italie, il doit
» s'adresser à un des ambassadeurs des grands
» pouvoirs à Paris. Il me reste à vous prier de me
» laisser savoir si, l'ayant obtenu, il peut se flatter
» que votre gouvernement lui permette, d'après
» sa demande que j'ai eu l'honneur de vous trans-
» mettre, de se rendre à Sainte-Hélène.

» Agréez, Monsieur, l'expression sincère de
» la haute considération, etc., etc.

» Le comte de LAS CASES. »

CINQUIÈME LETTRE DU COMTE DE LAS CASES AU
GÉNÉRAL COMTE BERTRAND.

Francfort-sur-le-Mein, le 15 mai 1818.

« Je ne vous écrirai, aujourd'hui, mon cher Ber-
» trand, que pour être exact et fidèle à la date
» que je me suis invariablement prescrite chaque

» mois pour vous donner de mes nouvelles. Rien
» n'étant changé dans ma situation, je ne pour-
» rais que vous répéter mot à mot les mêmes
» choses renfermées dans ma dernière. J'espérais
» pouvoir vous expédier ma lettre d'un autre en-
» droit; mais des maux d'yeux très-violens qui
» sont venus accroître mes autres incommodités,
» m'ont empêché jusqu'à présent de me mettre
» en route pour quelques eaux thermales de l'Al-
» lemagne méridionale, où je me rendrai pour-
» tant sous peu de jours.

» J'ai la satisfaction d'apprendre que mes lettres
» précédentes vous ont été régulièrement expé-
» diées, et que beaucoup de brochures sont
» parties. Je désire qu'elles vous soient un passe-
» temps. Malheureusement je vous approvisionne
» un peu en aveugle : les localités seront mon
» excuse, je fais de mon mieux : je suis si mal
» placé pour cela ! Un tel soin demanderait une
» capitale. L'on ne me permet pas d'habiter Lon-
» dres, et je ne pourrais à Paris remplir mon objet.
» Le même éloignement m'empêche de songer
» à vous envoyer bien des petites choses dont je
» pourrais m'occuper moi-même si j'étais sur les

» lieux. J'avais eu la pensée de vous compléter
» un petit attirail de chimie ; mais j'y renonce,
» j'apprends qu'il vous serait inutile.

» Tous les parens de l'Empereur se portent
» bien, et attendent avec impatience le cours
» régulier de vos lettres, dont ils ne doutent pas,
» quand vous aurez reçu ma première, et connu
» ma résolution invariable de vous donner des
» leurs exactement tous les mois. Ma femme me
» rejoindra sous peu de jours, et pour ne plus
» me quitter, j'espère.

» Adieu, mon cher général, recevez mes vœux.

» Le comte de LAS CASES. »

LETTRE DU COMTE DE LAS CASES A M. GOULBURN,
EN LUI ADRESSANT LA PRÉCÉDENTE.

Francfort-sur-le-Mein, 19 mai 1818.

« J'ai l'honneur de vous remercier de l'obli-
» geance avec laquelle vous voulez bien me lais-
» ser connaître le départ de mes lettres pour
» Sainte-Hélène, ainsi que celui des brochures
» et journaux dont vous avez bien voulu les ac-
» compagner.

» Je suis fâché que vous ayiez été dans le cas
» de garder le silence sur certains articles de ma
» dernière lettre. Ma discrétion saura interpréter
» ce silence. Je dois à l'obligeance personnelle
» que vous m'avez montrée jusqu'ici de ne pas y
» revenir davantage.

» J'écris à M. le cardinal Fesch, d'après un ar-
» ticle de votre lettre, qu'il peut adresser par la
» voie qu'il jugera la plus convenable, la suite
» des *Moniteurs* à compter de 1808, à l'office de
» lord Bathurst à Londres; que Sa Seigneurie
» admet leur transmission à Sainte-Hélène.

» Monsieur, quant à l'article de votre lettre
» concernant la demande que j'avais eu l'hon-
» neur de vous faire d'un bulletin régulier de la
» santé de Napoléon, au nom et en faveur des
» membres de sa famille, qu'il me soit permis de
» vous prier de faire observer à milord Bathurst
» que toute la famille de l'Empereur Napoléon
» n'est point à Rome, qu'il a une sœur et sa fa-
» mille à Francfort, un frère et sa famille en
» Autriche, deux autres sœurs et leur famille aux
» environs de Vienne et à Trieste, sans compter
» d'autres encore, qui tous mettent le plus grand

» prix et regarderaient comme une véritable fa-
» veur pour leur cœur, que les sentimens qui
» ont porté lord Bathurst à donner des nouvelles
» régulières à Rome, le fissent condescendre à
» leur en laisser parvenir régulièrement aussi. Je
» n'ignorais pas la satisfaction qui avait été pro-
» curée jusqu'ici à la princesse Borghèse ; mais
» cette satisfaction ne revenait pas de Rome sur
» tous les membres de la famille en Allemagne,
» où la route se trouvait alors beaucoup plus
» *circuiteuse* que celle que j'avais l'honneur de
» demander. Quelques titres et quelques droits
» que mon cœur me donnât peut-être à solliciter
» pour moi-même une part de ce bulletin, je sau-
» rai faire abnégation entière, et me mettre tout
» à fait de côté ; et ne doutant pas que la faveur
» ne fût plus appréciée par ceux pour qui je la
» sollicite, si elle venait directement de lord Ba-
» thurst plutôt que de passer par mes mains, je
» solliciterai donc de nouveau, et au nom de la
» comtesse de Survilliers (la princesse Joseph
» Bonaparte), qui réside en cette ville, d'avoir
» la bonté de lui faire parvenir régulièrement les
» mêmes nouvelles qu'il veut bien adresser à la

» princesse Borghèse à Rome. La comtesse de
» Survilliers se chargera de les communiquer à
» toute la famille en Allemagne.

» Monsieur, je viens d'apprendre, par les jour-
» naux, le retour inattendu du général Gourgaud.
» Cette diminution sensible auprès de Napoléon,
» cette privation nouvelle d'un serviteur de plus,
» me pénètre le cœur, et me fait prendre le parti
» de vous prier de vouloir bien demander à lord
» Bathurst qu'il me soit permis de retourner à
» Sainte-Hélène, accompagné de ma famille.
» Cette intention et ce désir ne me quittèrent
» jamais, ainsi que S. S. pourra s'en convaincre
» dans toute ma correspondance avec sir Hudson
» Lowe, au moment de quitter la colonie. Je ne
» pense pas qu'il fût nécessaire d'en demander
» l'agrément préalable à l'Empereur Napoléon,
» parce que j'ose me flatter que sa réponse ne sau-
» rait être douteuse. Toutefois, si lord Bathurst
» le jugeait nécessaire, je supplie S. S. d'en faire
» la demande elle-même; elle pourra s'aperce-
» voir que dans ma lettre à Longwood, je me suis
» abstenu de mentionner cette circonstance; des
» considérations de délicatesse que S. S. saura

» apprécier, m'ont retenu. L'état déplorable de
» ma santé ne sera point un obstacle ; j'ambitionne
» d'aller trouver un tombeau aux pieds de celui
» que je vénère, et aux soins duquel je trouverais
» doux de consacrer le dernier souffle de ma vie.
» Agréez, Monsieur, l'expression de la parfaite
» considération, etc., etc.

> Le comte de LAS CASES. »

Je me hâtai, à la réception des documens envoyés par le comte Bertrand, d'en expédier une
copie à chacun des souverains à Aix-la-Chapelle.
J'en pris occasion de renouveler mes instances ;
je les implorais pour qu'ils portassent du secours
à l'illustre victime. « Quelques jours encore,
» disais-je, et il ne serait plus temps ; le médecin
» qu'on venait de lui arracher (un Anglais),
» déclarait publiquement, dans Londres, qu'un
» plus long séjour sur ce roc insalubre allait don-
» ner la mort; j'osais leur présenter que leur
» humanité, les sentimens de leur cœur seraient
» arrêtés peut-être par des dénégations formelles ;
» mais quelles paroles contradictoires leur jus-
» tice aurait-elle entendues? Je leur demandais
» qu'il me fût permis d'arriver jusqu'à eux ; je

» sollicitais l'unique faveur de comparaître dans
» l'intérêt de cette cause sacrée ; me résignant,
» exprimais-je, si je ne prouvais la vérité des
» documens déposés à leurs pieds, à ce que ma
» honte et mon sang expiassent d'avoir osé vou-
» loir leur en imposer. »

En même temps je ne perdais pas une occasion, un instant, une pensée qui aurait pu multiplier les chances de quelques succès. Je m'a-
dressai à quiconque l'on m'apprenait avoir quelque influence sur le cœur des monarques. J'écrivis
surtout à M. de La Harpe, cet instituteur de
l'Empereur Alexandre, si connu, si vénéré, que
l'on m'avait dit être en cet instant auprès de lui
à Aix-la-Chapelle.

« Monsieur, lui disais-je, on m'a fait parvenir
» et l'on m'a assuré que vous aviez daigné prendre
» quelque intérêt à ma situation, à la constance
» et aux efforts du sentiment qui l'ont amenée
» et qui la continuent. Ce mouvement généreux
» ne saurait m'étonner. Rien de ce qui est noble,
» grand, humain, philanthropique, ne saurait,
» dans ma pensée, être étranger dans M. de La
» Harpe. Il est connu à tous par les doctrines

» qu'il a enseignées, et qu'il ne prenait qu'en
» lui-même.

» Monsieur, ce sera donc dans la persuasion
» de l'intérêt qui semble vous avoir touché que
» je m'adresserai à vous en toute confiance. On
» m'a assuré vous avoir communiqué les premiers
» papiers que j'adressai en Europe, touchant la
» sainte cause à laquelle j'ai voué jusqu'au der-
» nier soupir de ma vie. J'ose prendre la liberté
» d'ajouter ici un petit supplément, dans l'espoir
» d'enrichir de motifs puissans les intentions,
» peut-être les efforts de votre bon cœur.

» J'avais une brochure d'observations sorties
» du roc même, et de la dictée de l'illustre vic-
» time ; plus, la relation cisconstanciée de ce qui
» s'était passé depuis notre départ de Paris, jus-
» qu'au moment où j'ai été arraché de l'île fatale.
» Ces deux pièces, Monsieur, vous seront remises
» à Aix-la-Chapelle. Vous trouverez ici les der-
» niers détails qui me sont parvenus : ils vous
» prouveront que les mauvais traitemens, les ou-
» trages, la barbarie ne font qu'accroître au lieu
» de diminuer ; vous en serez touché, j'en suis
» sûr, et vous toucheriez *quiconque* il vous serait

» permis d'en entretenir. Qui sur la terre pour-
» rait demeurér insensible à de tels faits, à un
» tel spectacle! J'ajouterai que la victime est at-
» taquée du foie ; que ce mal est promptement
» mortel dans le lieu et sous le climat auquel
» il est condamné. Il est digne de vous, Mon-
» sieur, de remuer des vertus que vous avez
» créées. Le cœur que vous avez orné ne saurait
» vous être fermé. Vous avez trop bien implanté
» les idées du beau, du juste, du magnanime,
» pour que ces glorieuses qualités se refusent à
» une aussi méritoire et aussi glorieuse applica-
» tion ; et quelle plus digne, plus noble, plus
» grande occasion se présenta jamais? Quelle que
» puisse être la situation d'esprit et de cœur de
» l'auguste source d'où on la sollicite, tout est
» gloire dans sa condescendance et sa sympathie.
» S'il se ressouvient d'une ancienne amitié, s'il
» aime encore, rien n'est plus doux, et jamais
» spectacle ne fut plus moral aux yeux des peu-
» ples. S'il hait, rien n'est plus grand, ni plus
» magnanime.

     » Ce royal intérêt semble demeurer seul pour
» compléter son immortelle couronne. Sa belle

» histoire l'attend et le sollicite. Mais est-ce bien
» à moi à vous le dire ? Qu'imaginerais-je de gé-
» néreux qui vous fût nouveau, ainsi qu'à celui
» dont le caractère brille en effet et en toute jus-
» tice dans les annales publiques, ou les actes
» privés de nos affaires et de nos temps ?

   » J'ai eu l'honneur d'écrire directement à ce
» sujet. Mais ma lettre aura-t-elle atteint l'au-
» guste personne à laquelle j'avais osé l'adresser ?
» Je vous en envoie une copie, pour y remédier,
» s'il y avait occasion : elle vous exprimera mieux
» que je ne saurais vous le dire la nature de mes
» soins, celle de mes vœux, de mes efforts, de
» mes espérances. Vous y verrez que la politique
» est en dehors de toutes mes pensées ; que l'hu-
» manité, la morale et les affections du cœur sont
» tout ce qui m'anime, tout ce que je poursuis,
» tout ce que j'invoque. Ces sentimens sont faits
» pour être accueillis par vous, et pour être bien
» reçus de celui aux pieds duquel j'ai cherché à
» les faire parvenir. Je m'autoriserai des droits
» qu'ils doivent avoir sur votre cœur, pour vous
» supplier de me faire parvenir ce que j'en dois
» espérer, ou de me guider dans une meilleure

» route, s'il y avait lieu, pour arriver à me faire
» entendre. Le respect m'empêche de profiter
» de la circonstance favorable pour chercher
» à m'approcher; mais si je venais à apprendre
» qu'il ne fût pas impossible d'être admis à une
» auguste présence, j'y traînerais avec joie et
» confiance ma débile et défaillante existence.
» Tout travail m'est interdit : les souffrances de
» ma tête ne me permettent aucune occupation
» suivie; et c'est mon plus douloureux tourment.
» Mon cœur est plein de sentimens et d'efforts
» qu'il me devient impossible de mettre en pra-
» tique.

» Daignez agréer, etc., le comte de LAS CASES. »

Enfin, il n'est pas jusqu'aux talens étrangers
que je ne cherchasse à stimuler, et dans le nombre des voix qui s'élevèrent alors, la brochure
d'un célèbre publiciste allemand attira assez les
attentions supérieures pour servir de prétexte à
machiner les entraves à la liberté de la presse.

Quoi qu'il en soit, le congrès se finit, et pas
un mot ne sortit en faveur de Napoléon; en cette
occasion ni dans aucune autre je n'eus jamais la
moindre réponse à une seule de mes lettres; et

s'il me fut insinué parfois quelque chose indirectement et avec mystère, je dus m'en défier comme d'un piége tendu à ma personne, ce qui eût été peu, ou à ma cause, qui était tout pour moi.

Ainsi, tous mes efforts furent vains, tous mes vœux furent trompés, tous mes soins furent perdus..... et on le laissa mourir!... Au fait, que pouvait, auprès des souverains, la vérité toute nue, sans l'entourage d'aucune adresse, ni l'alliance d'aucuns intérêts, contre les insinuations de méchans qui veillaient avec toute l'ardeur du fanatisme politique, celle des ressentimens privés et des appréhensions éventuelles? Ils firent si bien, que dans le conseil des Rois la crainte l'emporta sans doute sur la générosité. Ils démontrèrent combien l'intérêt était universel et rendait la victime redoutable; et il est vrai de dire, à la gloire des sentimens généreux, que l'opinion s'était prononcée partout avec une grande chaleur, non moins en Allemagne qu'en tout autre pays, et peut-être qu'à la réflexion des hauts personnages qui en furent les témoins, cette opinion si bienveillante fit-elle beaucoup de mal à celui qu'elle voulait servir, comme s'il

eût été dans la destinée de Napoléon que l'intérêt des Allemands lui devînt aussi funeste dans
l'adversité, que leur animosité lui avait été fatale
au temps de sa toute puissance. Au nombre des
efforts pour maintenir la hideuse captivité de
Napoléon, on a été jusqu'à supposer aux ministres
anglais une basse intrigue, une indigne décep-
tion : on a voulu que, pour raffermir les souverains ébranlés, ils eussent forgé tout exprès un
prétendu complot d'évasion. On s'est fondé sur
l'à propos, l'éclat, la profusion avec laquelle
l'arrivée du brick le Musquito fit répandre soudainement dans toute l'Europe cette nouvelle,
qui, une fois qu'elle eut produit l'effet attendu,
celui de contrebalancer la faveur de l'opinion,
n'a plus donné lieu à aucune mention ultérieure,
à aucun détail, à aucune confirmation quelconque; conjecture injurieuse, imaginée sans doute,
et dans laquelle les ministres anglais ne sont probablement coupables que d'avoir donné lieu de
les en soupçonner, par les nombreux antécédens
dans lesquels ils se sont dégradés en agissant
contre Napoléon.

A mon chagrin vint se joindre encore la crainte

de voir les anciennes vexations me relancer dans
ma paisible solitude. Nous approchions du printemps de 1819; l'excellent grand-duc de Bade
venait de mourir; ceux qui ne nous y aimaient
pas, devenus plus forts par la circonstance, me
firent signifier, à l'insu du nouveau souverain
peut-être, que j'eusse à sortir des États de Bade.
L'ordre ne me fut donné que verbalement, et
l'on me dit même que je ne le recevrais pas autrement. Le motif de mon éloignement, disait-
on, était l'intention de vivre en bonne amitié
avec la France, et la crainte que mon séjour ne
lui fût désagréable : c'était à faire rire de pitié.
Je dédaignai, du reste, de dire que le ministère français avait trouvé bon qu'on me laissât
en repos; l'intolérance d'opinion eût trouvé un
autre motif tout aussi ridicule. Celui chargé
d'exécuter contre moi voulut bien m'accorder
quelques jours de préparatifs; mais j'étais à peu
près comme le philosophe grec qui portait tout
sur sa personne, et je serais parti à l'instant de
la notification même, si Mme de Las Cases ne se
fût trouvée avec une fluxion de poitrine qui la
mettait en grand péril. J'assurai que je ne me

donnerais que le temps de la voir hors de danger;
et bien qu'on me donnât alors le conseil bienveil-
lant de solliciter du gouvernement la permission
de demeurer, je le dédaignai encore; et, à peu de
jour de là, je me mis en route pour Offenbach
où Mme de Las Cases devait venir me joindre dès
qu'elle serait en état de voyager.

Si je me trouvai si heurté de ce traitement inattendu, c'est que j'avais déjà oublié tous ceux dont
j'avais été accablé par les autorités anglaises, et
que depuis plus d'une année que j'étais sur le
sol allemand, je n'étais plus fait à de pareilles
formes, que j'étais gâté, au contraire, par la
faveur, l'intérêt et les égards dont je m'étais vu
partout l'objet, même de la part de ceux d'une
opinion contraire; et puis c'est qu'en sortant de
Manheim j'étais loin d'être embarrassé sur un
nouveau domicile : des amis, dans leurs bienveillantes précautions, avaient parfois pressenti
divers gouvernemens voisins : j'étais assuré d'une
réception favorable dans plusieurs. Un des princes
auquel on s'était adressé à cet égard, avait même
répondu gaîment : « Oui, sans doute, qu'il soit
» reçu, et bien traité. Loin de repousser un

» homme de ce caractère, un prince qui s'y con-
» naîtrait devrait en faire vacciner ses courti-
» sans. » Toutefois, en m'étendant ici avec autant
de complaisance sur mes succès, je ne dois pas
non plus déguiser mes échecs. Par-ci par-là j'at-
trappais bien aussi mes petites mortifications,
tout ne saurait être roses; et sans compter l'expulsion de Manheim, par exemple, dont il vient
d'être question, on se scandalisait fort, dans un
autre lieu, des égards qu'on montrait pour moi,
étant, disait-on, un de ces misérables qui avaient
arrêté le roi de France à Varennes, et qui, plus
tard, avaient fait peut-être pis encore. Dans un
autre endroit, un baron, qui donnait une grande
soirée, racontait à ses invités qu'il avait enfin
vérifié ce qu'était ce comte, ce conseiller d'État
de Napoléon, dont l'arrivée avait fait tant de
bruit dans la ville. Ce n'était, leur apprenait-il,
que son cuisinier à Sainte-Hélène; et que n'ayant
pas eu le moyen de le solder en le congédiant, il
l'avait, pour s'acquitter, créé comte et conseiller
d'État. Si le baron croyait ce qu'il disait, assurément c'était un bon homme, et s'il ne voulait
que le faire croire à ses convives, il devait les

reconnaître pour de bonnes gens. Ce qu'il y avait de plaisant du reste, car il faut tout dire, c'est qu'en effet le cuisinier de Longwood avait passé il y avait peu de jours; et voilà pourtant comment naissent et croissent les anecdotes, les biographies de salon; et puis le diable ne les déracinerait plus.

Je pouvais rire de la méchanceté ou de la bêtise; leurs faits et leurs dires n'étaient que ridicules et grotesques; mais il se présenta une circonstance d'une haute nature qui eût pu m'affliger excessivement, si je ne savais combien l'erreur qui se presse autour des souverains peut altérer la justice de leurs jugemens. On m'assura que quelqu'un, après le congrès d'Aix-la-Chapelle, se trouvant en mesure de toucher, vis-à-vis l'empereur Alexandre, l'affreuse situation de Napoléon, et s'étayant des récits authentiques produits par moi, ce prince avait répondu : « Il ne faut pas » croire non plus tout ce que celui-là est venu » nous débiter en Europe : c'est un intrigant. » Comme on peut pourtant tromper les princes, même les plus éclairés, ceux qui se produisent davantage! A moins qu'il n'en fût ici comme de

Napoléon, qui employait parfois des expressions fâcheuses avec des significations à lui, et nullement injurieuses. Et puis, par bonheur encore que j'ai déjà pour moi le temps, ce véritable creuset des caractères : des années se sont écoulées depuis, et l'opinion unanime, j'ose l'espérer, de tous ceux qui ont été à même de me connaître ou de me suivre, me justifierait assez d'une telle inculpation. Un intrigant! moi, qui ai épuisé sur un roc toutes les vanités de ce monde; moi, qui dans les nues de Longwood, ai vu toutes choses de si haut qu'elles sont demeurées si petites à mes yeux! Moi, auquel qui que ce soit sur la terre ne saurait plus aujourd'hui rien faire désirer! Moi enfin qui, ne me regardant plus comme de ce monde, ne puis avoir, et n'ai en effet, d'autre ambition, tout au plus d'autre vœu, que celui de Diogène : Qu'on ne me gêne pas dans ma part de soleil.

DEPUIS L'ARRIVÉE A OFFENBACH

JUSQU'AU RETOUR EN FRANCE.

Espace de plus de deux ans.

Séjour à Offenbach. — Détails. — Arrivée en Europe de Mme de Montholon. — Voyage à Bruxelles. — Séjour à Liège, à Chaudefontaine, à Sohan près Spa, à Anvers, à Malines. — Mort de Napoléon. — Retour en France. — Conclusion.

OFFENBACH est une jolie petite ville du grand-duché de Darmstadt, située sur le Mein, à deux lieues de Francfort. Je m'étais établi, suivant ma coutume, dans une espèce de petit ermitage : il était sur le bord du fleuve, et à deux pas de la ville.

Mes maux de tête, sous leurs divers symptômes, ne m'avaient jamais quitté ; à Manheim, j'avais éprouvé des douleurs très-aiguës. Au bout de quelque temps de séjour à Offenbach, mon incommodité prit assez subitement un caractère nouveau, insupportable, alarmant. C'est alors que commencèrent un malaise universel, une débilité croissante qui, interdisant l'emploi de

toutes les facultés, amenaient le complet dégoût
de la vie; alors aussi commencèrent ce frémissement instantané sous mes pas et dans toute ma
personne, ces éblouissemens subits que j'eusse
pu appeler le clignotement de l'existence. Combien de fois, dans cet état, et sans en rien témoigner, je me suis couché avec la pensée, j'ai
presque dit l'espérance de ne plus me réveiller!
Mme de Las Cases, dans l'excès de son inquiétude, voulant que j'interrompisse toute espèce
d'occupation quelconque, dont au fait j'étais
absolument incapable, me supprima mes lettres,
et écrivit à des parens de l'Empereur, pour les
prévenir de ma véritable situation, et les engager
à me nommer un successeur dans les soins que
je m'étais créés. Déjà depuis long-temps, par
précaution, moi-même je les avais priés de m'ad-
joindre quelqu'un dont c'eût été le bonheur et
dont le choix eût été agréable à l'Empereur. * Il
était auprès de l'un d'eux; mais, par un motif
ou par un autre, cela ne put se faire, et la né-

---

* Le colonel Planat, officier d'ordonnance qui nous
avait suivis jusqu'à Plymouth, et qui, sur les derniers
temps avait même obtenu l'autorisation de se rendre à
Sainte-Hélène.

8.   34

cessité me força d'interrompre sans que rien fût
pourvu pour y suppléer.

J'épuisai vainement tous les secours de la médecine, et si les soins domestiques, les tendres
sollicitudes qui m'entouraient de toutes parts y
eussent pu quelque chose, mon incommodité
n'eût plus été qu'un bonheur, par la satisfaction
de me les voir prodiguer : on aime à s'arrêter sur
ce qui fut doux, et je ne saurais assurément
mieux rendre tout le grand intérêt qu'on me
portait, et la nature des récompenses que me
valaient les sentimens que j'avais montrés, les
efforts que j'avais tentés, qu'en disant que mon
petit ermitage s'est vu honoré de la présence de
trois reines, et, je crois, le même jour : deux se
trouvaient déchues, il est vrai; mais en ce moment même, par l'élévation de leur âme, la sim-
plicité de leurs manières, l'éclat de leurs autres
qualités, elles n'en captivaient pas moins le respect universel autant qu'à l'époque de leur plus
haute splendeur.

C'est à Offenbach que me fut adressée, dans
sa marche pour Sainte-Hélène, la petite colonie
que le cardinal Fesch y expédiait : elle se composait d'un aumônier, d'un chirurgien, d'un mé-

decin, d'un valet-de-chambre, tous du choix du cardinal. A mon arrivée en Europe, je lui avais écrit être sûr que l'envoi d'un prêtre, capable aussi d'écrire sous la dictée et d'aider un peu au travail, serait fort agréable à l'Empereur, et j'avais employé son intermédiaire pour y intéresser la conscience du Saint-Père, qui, en effet, l'exigea des ministres anglais, lesquels s'y étaient refusés jusque-là, ou y avaient attaché des conditions inadmissibles. C'est aussi d'Offenbach que j'expédiai pour Longwood deux charmans portraits : l'un du jeune Napoléon, peint d'après lui dans l'année même, et envoyé par le roi Jérôme: l'autre était celui de l'Impératrice Joséphine par Saïn, dont la reine Hortense faisait le sacrifice. Il était monté sur une magnifique boîte à thé en cristal. Ce choix du cristal était une précaution délicate de la reine, qui avait fait aussi exécuter la monture de manière à ce qu'il devînt impossible de pouvoir soupçonner aucune supercherie d'écriture cachée. Le premier de ces deux portraits est parvenu : le valet-de-chambre de l'Empereur m'a dit depuis, que Napoléon, en l'apercevant, s'en était saisi avec avidité et l'avait baisé. Moi, qui sais combien peu l'Empereur

était démonstratif, je puis juger par là de toute
l'étendue de sa satisfaction et de sa joie. Quant
au portrait de l'Impératrice Joséphine, il n'est
jamais arrivé à Longwood, bien que par un contraste assez singulier, on s'y soit trouvé, par suite
de quelques mémoires, avoir acquitté les frais
de douane de son entrée en Angleterre.

Vers la fin de l'été, Madame de Las Cases,
par ordre des médecins, me traîna aux eaux de
Schwalbach, où je fus pour tous un objet de com-
misération. J'en fus ramené sans en avoir obtenu
aucun bénéfice ; mais alors une circonstance ra-
nima, pour un instant, mes forces, et me fit
quitter l'Allemagne.

Tout à coup j'apprends par les papiers publics le retour de M\ me de Montholon en Europe :
elle avait été, ainsi que moi, repoussée d'Angleterre et débarquée à Ostende. Je ne pus résister à aller chercher des détails authentiques
dont j'étais privé depuis si long-temps. Je courus
vers elle pour la rejoindre, soit qu'on lui permît
de séjourner dans le pays, soit qu'on la forçât,
à mon exemple, de courir les grands chemins,
et dans ce cas, je pouvais lui être utile, j'avais
de l'expérience.

Voyageant avec mystère, car je me rappelais trop bien tous les mauvais traitemens reçus jadis dans les Pays - Bas, je joignis Mme la comtesse de Montholon à Bruxelles. Non seulement elle pouvait y demeurer, mais elle y avait été reçue avec des égards tout particuliers; et un journal de l'endroit ayant annoncé qu'elle serait obligée de poursuivre sa route, un article semi-officiel avait réfuté cette nouvelle, et s'appuyant surtout de ce que les Pays-Bas étaient *la terre de l'hospitalité*. Il ne m'en fallut pas davantage; la Belgique me paraissait presque la France; au milieu des Belges je me croyais parmi des compatriotes. J'écrivis donc à Mme de Las Cases notre bonne fortune, pour qu'elle se hâtât de venir me joindre; et fuyant Bruxelles pour les mêmes motifs qui m'avaient fait sortir de Francfort, je choisis Liège, en souvenir du tendre accueil que j'y avais reçu lors de mon infortuné passage dix-huit mois auparavant, et je fus m'y établir, non sans appréhension de quelque malencontre nouvelle; et j'avais tort; car je dois dire avec vérité et reconnaissance que durant près de deux ans et demi que j'ai parcouru depuis le pays en toutes directions, sans aucune demande, aucune sollicitation, pas même d'avertissement préalable, ce pays, jadis si funeste pour moi, fut toujours en effet depuis la terre de l'hospitalité ; n'ayant jamais eu à m'apercevoir d'aucune autorité quelconque, si ce n'est par la tranquillité, le repos dont je jouissais sous son ombre : l'influence, la malveillance étrangères avaient cessé.

C'est dans ce temps que mon fils demanda de nouveau, et pour son propre compte, de retourner à Longwood. J'ai la réponse de lord Bathurst qui s'y refuse. Plus tard la princesse Pauline, qui venait d'obtenir de s'y rendre, m'écrivit pour me demander si mon fils voudrait l'y accompagner ; mais alors, hélas ! il n'était plus temps !...

Ni l'affection, ni les soins de mes amis à Liège, où je restai tout l'hiver, ni le site agreste de Chaude-Fontaine, où je passai le printemps ; ni l'hospitalité généreuse du digne et bon propriétaire du charmant lieu de Justlanville, qui me força d'accepter pour l'été, à quelques pas de lui, la demeure de Sohan aux portes de Spa et de Verviers, ni la bienveillance de tous les siens, si nombreux, si bienfaisans, si considérés dans le pays, ne purent améliorer mon état ni fixer mon séjour; et pourtant il me serait difficile de rendre dignement la bienveillance extrême, les dispositions touchantes, l'esprit sympathique de toute la population de ces contrées si prospères, si riches, si florissantes sous le règne impérial, et demeurées si reconnaissantes. Combien de fois dans mes promenades solitaires, les gens de la campagne, les artisans, se retournant après m'avoir croisé, ne se sont-ils pas écriés : *vivent les bons amis et la fidélité!* Paroles douces qui remuaient le cœur. Combien de fois, si nous manquions de quelques légumes ou autres objets semblables, n'avons-nous pas été obligés, auprès des gens les plus pauvres, de les faire acheter sous le nom de quelque voisin, parce qu'à nous on ne voulait que les *donner!* Que de traits de ce genre j'aurais à citer, et de bien d'autre nature encore! Mais j'abrège autant que je puis, j'écris en courant; aussi bien je me sens embarrassé de me trouver seul en scène; et cependant je ne veux pas laisser de lacune, ceci doit être de ma part, une espèce de compte rendu.

J'allai passer mon second hiver à Anvers avec des amis sincères que j'aime tendrement et que m'avait créés mon expédition de Flessingue dix

ans auparavant; et au printemps je gagnai Malines sans aucun motif; seulement parce que je ne
pouvais rester long-temps dans le même endroit.
J'avais le besoin de changer; j'étais le malade
qui s'agite et se retourne dans son lit, cherchant
vainement les douceurs du sommeil. Deux fois,
pendant nos deux années de la Belgique, Mme de
Las Cases voulut me conduire dans le midi, et
deux fois, au moment de l'exécution, des circonstances forcées vinrent nous arrêter; contretemps, au surplus, qui furent pour nous autant
de véritables faveurs de la fortune. Sans le premier, nous nous serions trouvés engagés à une
journée en dedans de la frontière, au moment
même d'une catastrophe funeste et sanglante;
et sans le second, nous serions arrivés à Nice
précisément au moment de l'explosion constitutionnelle du Piémont; et nul doute que, dans
les deux cas, et assez naturellement, nous n'eussions été soumis à des désagrémens au moins
passagers.

Cependant se tint le congrès de Laybach, et
je ne pus résister à tenter de nouvelles sollicitations encore. J'adressai une nouvelle lettre à

chacun des trois hauts Souverains. Voici celle à l'Empereur Alexandre :

« Sire, — Une nouvelle occasion solennelle se
» présente d'élever jusqu'à V. M. d'humbles et
» respectueux accens ; je la saisis de nouveau avec
» empressement.

» Je craindrai peu de me rendre importun :
» mon excuse et mon pardon sont dans la géné-
» rosité de votre âme.

» Sire, rappeler en ce moment à votre atten-
» tion et à celle de vos hauts alliés l'auguste
» captif que vous appelâtes long-temps votre
» frère et votre ami, chercher à détourner vos
» pensées et les leurs sur cette victime, dont la
» cruelle agonie m'est toujours présente, c'est,
» je le sais, faire entendre la cloche de la mort
» au milieu de la joie et des festins ; mais en
» cela, Sire, je crois, aux yeux de V. M. même,
» remplir un honorable et pieux devoir, dont
» l'accomplissement me demeurerait toujours
» doux, quelque périlleux qu'il pût être !....

» Sire, réduit à un état d'infirmité et de fai-
» blesse qui me permet à peine de lier quelques
» idées, je vais suivre l'instinct de mon cœur,
» au défaut des facultés de ma tête, en me con-

» tentant de reproduire littéralement ici à V. M.
» la note que j'osai lui adresser à Aix-la-Chapelle* ;
» aussi bien, les circonstances étant demeurées
» les mêmes, rien n'ayant changé depuis à cet
» égard, que pourrais-je faire de mieux que de
» replacer sous les yeux de V. M. le même ta-
» bleau, les mêmes faits, les mêmes raisonne-
» mens, les mêmes vérités.

» Seulement, si, en dépit de ce que je sem-
» blais y affirmer alors, l'illustre victime, contre
» mon attente et celle de la faculté, respire
» encore ; si elle n'a pas déjà succombé, j'oserai
» observer à V. M. que cette prolongation ines-
» pérée de sa vie, qui n'est pour elle que la conti-
» nuité de son supplice, est peut-être pour V. M.
» un bienfait du Ciel que la Providence ménage
» à votre cœur et à votre mémoire..... Ah !
» Sire, il en est donc temps encore !!!.... Mais
» le moment précieux peut échapper à chaque
» instant *à toute votre puissance !*.... Et que se-
» raient alors des regrets tardifs, impuissans,
» qui ne pourraient appaiser votre cœur, ou res-
» tituer à votre mémoire un acte magnanime,

* Voyez plus haut page 425.

» généreux, une nature de gloire la plus douce,
» la plus morale, la plus recommandable à la
» postérité, la mieux entendue peut-être dont
» vous eussiez pu embellir votre glorieuse vie?
» Je veux dire l'oubli des injures, le dédain des
» vengeances, les souvenirs de l'ancienne amitié,
» enfin le respect dû à la majesté royale, à *un*
» *oingt du Seigneur !!!*

    » Sire, depuis mon retour en Europe, séparé
» de la société des hommes, en proie à des souf-
» frances désespérées puisées à Sainte-Hélène
» même, appartenant désormais et sans retour
» bien plus à l'autre vie qu'à celle-ci, j'élève dans
» ma retraite, chaque jour avec ardeur, mes
» mains vers le Tout-Puissant pour qu'il daigne
» toucher le cœur de V. M. et l'éclairer sur une
» portion si essentielle de ses intérêts et de sa
» gloire.

    » Je suis, etc., Le comte de LAS CASES. »

    Quelles prophéties que plusieurs de ces lignes!
Hélas! Elles étaient à peine sous les yeux des
Monarques, qu'il n'était plus!.... Il avait cessé
de vivre, de souffrir !... En ouvrant le Moniteur,
j'y trouvai l'annonce fatale... Bien qu'elle ne pût

me surprendre, qu'elle fût depuis long-temps
certaine à ma raison, je n'en demeurai pas moins
frappé, saisi comme d'un événement inattendu,
qui n'eût jamais dû arriver....

Le lendemain je reçus une lettre de Londres,
avec les détails circonstanciés, et les conjectures
auxquelles certains de ces détails pouvaient donner matière ; et cette lettre se terminait disant :
» c'est le cinq mai, vers les six heures du soir, à
» l'instant même où le coup de canon annonçait
» le coucher du soleil, que sa grande âme a
» quitté la terre.... » Et ce que peuvent les rap-
prochemens !..... Près de Napoléon, et par son
impulsion même, j'avais pris l'habitude de tenir
registre de chacun de mes jours ; ce qu'il regret-
tait fort, me répétait-il souvent, de n'avoir pas
fait pour son propre compte : « Une ligne de res-
» souvenir, disait-il, seulement deux ou trois
» mots indicatifs. » Or, j'avais toujours continué
depuis, et je courus, comme on se l'imagine ,
chercher avec empressement le cinq mai, pour
savoir où j'étais, ce que je faisais, ce qui m'arrivait à l'instant fatal ; et que trouvai-je ?—*Orage
subit ; abri sous une grange; terrible éclat de tonnerre.* — C'est que me promenant, vers le soir,

à cheval, dans la campagne hors de Malines, et par un temps superbe, il survint tout à coup un de ces orages d'été, tellement fort, que je me vis forcé de me réfugier à cheval sous une grange, et là éclata un si violent coup de tonnerre, que je le crus tombé à mes côtés. Hélas! tout ce qui se passait ailleurs! si loin, au même moment!.... La chose pourra paraître plus qu'étrange peut-être; mais peu de temps encore s'est écoulé, et il se trouve sans doute à Malines, ou dans les environs, des physiciens, des météorologistes tenant compte de l'état du ciel : à eux de vérifier et de contredire.

Au bruit de la mort de Napoléon, on doit le dire, ce ne fut partout qu'un seul cri, un même sentiment, dans les rues, dans les boutiques, sur les places publiques; les salons même témoignèrent quelque chose; les cabinets seuls se montrèrent insensibles. Que dis-je insensibles?... Mais, après tout, c'était naturel : ils respiraient enfin à leur aise!....

Pendant sa vie, au temps de sa puissance, il avait été assailli de pamphlets et de libelles; à sa mort, on fut inondé tout à coup de productions à sa louange : contraste, du reste, qui repose un peu de tant de bassesses du cœur humain. Ce furent partout et de toutes parts des compositions en prose et en vers, des peintures, des portraits, des tableaux, des lithographies, et mille petits objets plus ou moins ingénieux constatant bien plus que ne saurait faire toute la pompe des rois, la sincérité, l'étendue, la vivacité des sentimens qu'il laissait après lui.

Un curé, sur les bords du Rhin, dont le lieu avait reçu quelque bien particulier de l'Empereur, assembla ses paroissiens, et les fit prier pour leur ancien bienfaiteur.

Dans une grande ville de la Belgique, un grand nombre de citoyens souscrivirent pour un service funèbre solennel, et s'ils s'en abstinrent, ce fut bien plus comme convenance de leur part, que par suite d'aucune interdiction supérieure. Alors se vérifièrent ces paroles que je lui avais souvent entendu répéter : « Avec le temps rien ne sera » beau, ne frappera l'attention comme de me » rendre justice.... Je gagnerai chaque jour dans » l'esprit des peuples..... Mon nom deviendra » l'étoile de leurs droits, il sera l'expression de » leurs regrets, etc., etc. »

Et toutes ces circonstances se sont vérifiées en

tous pays et partout. Un pair de la Grande-Bretagne, à peu de temps de là, disait en plein parlement : « Que les personnes même qui détestèrent ce grand homme, ont reconnu que depuis dix siècles il n'avait point paru sur la terre un caractère plus extraordinaire. L'Europe entière, ajoutait-il, a porté le deuil du héros ; et ceux qui ont contribué à ce grand forfait sont voués aux mépris des générations présentes aussi bien qu'à ceux de la postérité *. »

Deux professeurs allemands, soit qu'ils eussent toujours reconnu son vrai caractère, soit qu'ils fussent guéris, par l'expérience, de leurs préventions nationales, ont élevé sur leur terrain un monument à sa mémoire, avec quelques inscriptions indiquant qu'avec lui tombe un voile funèbre sur les droits des peuples et la course ascendante de la civilisation.

Nos écrivains ont défendu sa mémoire ; nos poëtes l'ont célébrée, et de nos orateurs, dans la tribune législative, ont proclamé tout haut l'attachement qu'ils lui avaient porté, ou se sont honorés des distinctions qu'ils en avaient reçues.

---

* Discours de lord Holland. *Pilote du 3 août* 1822.

Voilà des faits qui me sont connus, sans compter tant d'autres encore sans doute que j'ignore.

Il ne me restait plus désormais qu'à rentrer dans la patrie. Traversant la frontière, après cette seconde émigration, je ne pus m'empêcher de songer aux circonstances de mon retour lors de la première, et qu'elle différence de sentimens les distinguait! Alors il me semblait à chaque pas marcher au milieu d'une population hostile : à présent je ne croyais que rentrer dans la famille.

Bientôt je revis tous mes compagnons de Long-wood; et les embrassant, je ne pouvais me défendre d'une douloureuse réflexion. Nous nous retrouvions tous; mais celui pour lequel nous avions couru sur le roc fatal, celui-là seul y était demeuré, et je me rappelais qu'il nous l'avait dit ainsi, et tant d'autres choses encore!

J'appris de tous ces témoins oculaires les détails et les circonstances des mauvais traitemens qui, depuis moi, avaient toujours été croissans, et je vis que les temps que j'avais connus n'avaient point été encore les momens les plus malheureux.

Je lus ses dernières volontés; j'y trouvai mon nom trois et quatre fois; et de sa propre main!...

Quelles émotions en moi!... Assurément je n'avais pas besoin de cela pour ma récompense; depuis long-temps je la portais au-dedans de moi; mais que ces ressouvenirs pourtant m'étaient chers et doux!..... Combien ils m'étaient plus précieux que des millions! Et toutefois il y joignait de grosses sommes sur ceux des siens qui lui tiennent de plus près et lui furent les plus chers. S'ils les acquittent jamais, tant mieux; cela les intéresse désormais bien plus que moi... Je me serais complu du reste à ne me considérer, en quelque façon, que comme un dépositaire. J'ai même voulu prendre les devans; mais il a fallu m'arrêter; mes moyens ne me permettaient guère de faire les avances. Mon bonheur eût été grand de retirer quelques vétérans civils et militaires; dans nos longues soirées, nous eussions souvent parlé de ses batailles, ou raconté de son cœur....

Enfin, je reçus, grâce à l'entremise zélée d'un des plus beaux caractères de la pairie anglaise, les papiers qui m'avaient été retenus à Sainte-Hélène, et sur lesquels, en dépit de toute la force des lois, je ne comptais plus. Dans la situation où je m'étais trouvé, avec les sentimens qu'elle m'avait laissés, je me crus dans l'obligation indispensable d'aider, puisque j'en avais quelques moyens, à faire mieux connaître celui qu'on avait tant méconnu; et, en dépit de mon état, je me mis à l'ouvrage. Le Ciel a béni mes efforts, en me permettant d'aller jusqu'au bout, et de terminer tant bien que mal ce que j'ai le bonheur de faire en cet instant. Si j'ai réussi à ramener des cœurs justes et droits, si j'ai détruit des préjugés, vaincu des préventions, j'ai atteint mon but le plus cher, le plus doux : ma mission est accomplie.

FIN DU HUITIÈME VOLUME.

POSTFACE.

Cette dernière livraison a été retardée plus que je ne devais, et assurément bien plus que je n'eusse voulu. Après m'être vu forcé de l'interrompre plusieurs fois, et avec la crainte même de ne plus être en état d'y revenir, elle est enfin terminée; mais je sens ici tout le besoin d'invoquer de nouveau l'indulgence, particulièrement sur la manière courue dont cette fin aura été traitée. Mes extrêmes souffrances d'un côté, de l'autre l'obligation de répondre à une bienveillante impatience, seront mes sincères et trop valables excuses. Puisse-t-on les agréer !

— J'aurais voulu et j'avais espéré pouvoir produire le testament de Napoléon; cet acte de ses dernières pensées, assez volumineux, composé du testament et de six codiciles, tous de sa main, de lui à qui il en coûtait tant d'écrire, exécuté dans les neuf derniers jours de son existence, au fort d'une agonie de douleurs des plus déchirantes; ce sont des pièces qui excitent et qui ont le droit d'exciter une vive et juste curiosité; mais elles ne m'ont été communiquées que confidentiellement, et cette circonstance m'interdit de les faire connaître.

J'avais espéré aussi pouvoir donner, avec précision et vérité, les plus petits détails des derniers momens de la grande victime: ils m'avaient été offerts d'abord par un de ceux-là même qui lui avaient fermé les yeux; mais depuis j'ai compris qu'il se réservait de les publier lui-même; ainsi ces circonstances intéressantes et si généralement désirées ne seront pas perdues, il faut l'espérer, pour le public, qui a d'ailleurs un espoir de plus à cet égard dans un manuscrit du *docteur Antomarchi*, auteur du magnifique ouvrage des planches anatomiques du corps humain. Le journal de ce savant, comprenant les deux dernières années de son illustre malade, complètera naturellement l'ensemble de toute la captivité de Longwood, en même temps qu'il donnera scientifiquement tous les détails de la maladie et des souffrances du grand martyr; ce qui doit faire attacher un grand prix à sa publication.

Enfin je me reproche d'avoir laissé échapper l'occasion de faire connaître les aventures de Santini. On aime à la fin de tout drame, de quelque nature qu'il soit, à retrouver au dénouement tous ceux qui ont figuré dans le principe; et ici se joignent en outre des traits de mœurs, des nuances du temps et des affaires qui me portent à réparer mon omission, puisque je le puis encore.

Nous avions cru depuis long-temps Santini perdu, enfermé, mort, quand il a reparu tout à coup au milieu de nous, peu de temps après la mort de Napoléon; et voici ce que j'ai recueilli de sa bouche, et à peu près ses propres paroles.

« Après s'être esquivé d'Angleterre, et avoir traversé la Belgique et quelques portions de l'Allemagne, avec l'intelligence et l'adresse d'un Italien alerte, il croyait avoir enfin vaincu les grands obstacles, et toucher au port en entrant dans Munich; mais c'est là précisément qu'il fut arrêté, et qu'en dépit de tous ses efforts auprès des diverses autorités et de plusieurs ambassadeurs, pour obtenir un passage paisible, il fut rejeté, par des gendarmes, dans le Wurtemberg, qu'il traversa libre, mais sous une surveillance évidente. Arrivé en Lombardie, à Côme, il alla se déclarer lui-même à la police : il y était attendu; on l'arrêta et on le conduisit à Milan, où on lui fit sentir qu'il ne pouvait demeurer dans le pays, en pleine liberté, sans de graves inconvéniens; et qu'en conséquence on allait le conduire à Mantoue, pour qu'il y fût moins gêné. Or, ce mieux qu'on lui promettait se trouva une prison d'où il ne put avoir communication avec qui que ce fût. Il paraîtrait qu'on attachait une telle importance à sa complète réclusion, que Marie-Louise étant venue à traverser cette ville, et y ayant séjourné vingt-quatre ou trente-six heures, le pauvre Santini, durant tout ce temps, eut dans sa chambre, et par extraordinaire, un agent de police qui ne le perdit pas de vue un instant, pas même durant son manger ou son sommeil; ce qui, pour le dire en passant, sert à montrer le soin extrême d'empêcher toute relation ou communication entre Napoléon et Marie-Louise.

» A force de s'agiter et de se plaindre dans son donjon, l'ordre arrive enfin de le transférer à Vienne; mais, le capitaine du cercle (le préfet) dut s'embarquer avec lui dans la même voiture, et le conduire, à postes forcées, à sa nouvelle destination.

» Santini, contre son attente, s'y trouva emprisonné de nouveau, et fit grand bruit; tourmenta, ne cessant de réclamer un jugement, soit pour être fusillé, disait-il, s'il y avait lieu, soit pour jouir de sa liberté, si on n'avait rien à lui reprocher. On finit par dire qu'on ne lui reprochait rien; mais que sa liberté entière présentait de grandes difficultés; qu'on ne pouvait le laisser aller en tous pays, et qu'on lui donnait le seul choix de l'Angleterre ou de l'Autriche. Santini répondit qu'il ne retournerait pas sur le sol où gouvernaient les bourreaux de son maître. On le conduisit alors à Brunn, capitale de la Moravie, où il lui fallut faire serment de s'abstenir de rechercher aucune correspondance étrangère. En y arrivant, il s'y trouva, il est vrai, sous une surveillance spéciale; mais là, dit Santini, finirent ses persécutions et ses peines; là commença une meilleure condition. Sa captivité, dit-il, devint même un bienfait, et la reconnaissance en remplit son cœur. Il s'y trouva aussitôt entouré de soins et d'intérêt; la bienveillance, depuis le plus haut rang jusqu'à la dernière classe, fut générale et effective. Les habitans avaient vu deux fois Napoléon, en ennemi il est vrai, et pourtant ils lui portaient une vénération profonde. C'est là que Santini a vu s'écouler trois années qu'il appelle heureuses.

» Il avait été recommandé d'autorité supérieure qu'on veillât, à Brunn surtout, à ce que Santini ne fît parvenir aucun écrit à l'empereur François. Quand ce monarque se rendit au congrès de Troppau, il s'arrêta à Brunn, et Santini dit que deux jours auparavant il était arrivé un agent de police de Vienne, pour veiller à ce qu'il ne pût parvenir rien de lui jusqu'à l'Empereur. On surveillait donc le cœur de François autant que celui de Marie-Louise; on se défiait des émotions de tous deux; on les redoutait donc beaucoup!!! Toutefois, les précautions furent vaines : Santini avait intéressé les plus hauts personnages, et il s'y était pris de loin; une pétition de lui, sur les traitemens qu'il éprouvait, arriva aux mains du monarque; Santini s'y plaignait de sa situation pécuniaire, de la privation de sa liberté; et l'accompagnait des attestations qu'il avait rapportées de Sainte-Hélène, surtout du titre de la pension que lui avait assurée Napoléon. Ce titre sembla frapper beaucoup l'empereur François; il ne revenait pas de sa contexture; il était signé du Grand-Maréchal, et portait en tête : *Par ordre exprès de l'Empereur.* Il y était dit qu'il était fait une pension de telle somme à Santini, et qu'elle lui serait payée par les premiers parens ou les premiers amis de l'Empereur auxquels il la présenterait. « Mais c'est ter- » rible, disait l'empereur François en la considérant; il » est prisonnier à Sainte-Hélène, et pourtant il continue » de donner des ordres comme si de rien n'était! » Cependant sa bienfaisance l'emporta encore sur sa surprise, et soit qu'il se considérât comme parent, soit qu'il ne consultât que son cœur, il fit remettre une somme à Santini; et, singularité que je n'ai point vue sans une espèce d'attendrissement, les deux premiers émargemens, sur le brevet de pension de Santini, se trouvent précisément être aux noms, d'un sang étranger : ceux de la princesse Stéphanie de Bade et de l'Empereur d'Autriche, l'une la fille adoptive, l'autre le beau-père!!!.... »

—Depuis le commencement de cet ouvrage il m'est parvenu diverses réclamations; j'ai fait droit sur-le-champ, quand je l'ai pu, à celles qui me sont arrivées à temps; quant à celles qui ont été trop tardives, on y satisfera à la réimpression, et je saisis cette occasion de répéter encore ici que s'il m'est échappé des désobligeances sans nécessité, je suis prêt à les réparer. La nature de cet ouvrage, le peu de soin que j'étais en état de lui donner, la rapidité de sa publication demeurent mes premières et véritables excuses. Quant à ce qui tient à des événemens publics et peut faire ressortir quelques nuances du caractère de Napoléon, ou servir à sa mémoire, j'ai dû, dans mes intentions, rendre scrupuleusement tout ce que j'ai entendu; je ne pouvais agir autrement, la fidélité seule pouvait m'être un titre à la confiance, et je n'ai rien dû ménager à cet égard. Aussi, aucun rang, aucun titre, aucune position, aucun sentiment privé, aucune considération quelconque n'ont pu m'arrêter; et si, dans le nombre, il est des personnes sur lesquelles il y a tantôt du bon, tantôt du mauvais, ce qui arrive du reste presque toujours, ce mélange devient ma plus forte garantie aux yeux de tous; et pour les intéressés même il y a quelque chose d'avantageux; car le bon leur demeure incontestable, et ils peuvent combattre, peut-être même détruire le mauvais. Mais, je le répète, dans tous les cas, la scrupuleuse exactitude, quoi qu'il m'en coûtât, m'était indispensable pour mériter et obtenir confiance; et si je dois m'en fier aux nombreux témoignages qui me sont parvenus, je puis me permettre de penser que j'ai réussi.

Rien au surplus ne m'a été doux comme le concert d'éclaircissemens, d'affirmations, de confirmations que j'ai reçu de toute part, sur des points que, dans la défiance de moi-même, j'ai parfois présentés dans le Mémorial avec hésitation et sous des formes dubitatives; je me proposais de les insérer aussi à la fin du dernier volume, ce dont le seul défaut de place m'a privé *.

Enfin, ce qui ne m'a pas été moins doux, et doit servir à me recommander, c'est la multiplicité de preuves qui

---

* On a pu s'apercevoir qu'afin de s'éloigner le moins possible de la première édition, et de se rapprocher davantage d'une simple réimpression, il n'a été fait presque aucune altération matérielle dans tout le cours de l'ouvrage; toute la contexture surtout a été conservée, ainsi que les impressions primitives de l'auteur : on s'est borné uniquement à des redressemens typographiques, à de simples corrections de style, rien surtout n'a été supprimé; mais on a intercallé de nombreuses additions toutes importantes, et beaucoup de notes dont chacune a son intérêt particulier.

sont venues comme s'offrir d'elles-mêmes en témoignage
de mes assertions, je veux dire cette concordance parfaite qui se trouve dans ce que j'exprime et dans ce que
présentent d'autres ouvrages de nation, de situation,
d'opinions différentes, tels que M. O' Méara, le baron
Fain, le général Rapp et autres. Que trouve-t-on chez
eux tous, relativement surtout à l'âme, au cœur de
Napoléon? Précisément ce qu'on lit dans le Mémorial ;
et alors encore se vérifient ces autres paroles de Napoléon : « Chaque heure me dépouille de ma peau de ty-
» ran... Ma mémoire gagnera tous les jours... Quand les
» écrivains, les orateurs voudront être beaux ; ils me
» rendront justice ; ils me loueront... etc., etc. » Et en
effet chaque jour, chaque écrit, chaque divulgation,
chaque témoignage, efface la calomnie, et fait reluire la
vérité en sa personne ; chaque jour apprend à le faire
mieux connaître, et c'est toujours en bien ! Aussi je ne
pense pas que qui que ce soit osât aujourd'hui écrire
sérieusement que c'était un méchant homme ; on lui
rirait au nez.

Passy, 15 août 1823.

P. S. DE LA RÉIMPRESSION. — Une année n'était pas encore écoulée depuis la publication d'un si volumineux
ouvrage, qu'en dépit de son énorme émission, il a fallu
en donner la réimpression ; et tout cela sans avoir éprouvé
le plus léger des nombreux inconvéniens qu'avait pu faire
craindre un sujet aussi délicat, soit qu'on ait rendu complète justice à mes intentions inoffensives et qu'on ait été
touché des sentimens qui les avaient dirigées, ou bien
aussi peut-être, et ce n'est pas ce qui m'a été le moins
doux à supposer, parce qu'au travers de mes relations
multipliées dans la vie, j'aurais laissé après moi plus
de bienveillance que de tout autre sentiment contraire.

Quoi qu'il en soit, un tel accueil, je l'avoue, a été de quelque soulagement à mes souffrances journalières, et il a fait pénétrer quelque charme dans ma triste retraite, où je vois enfin s'achever en paix les derniers pas de cette course agitée, incertaine qu'on appelle la vie..... Entièrement isolé du monde, bien que sur les bords de son plus grand théâtre, si l'agitation, le bruit de ceux qui en remplissent la scène parviennent parfois jusqu'au fond de mon humble solitude, ce n'est plus aujourd'hui pour moi qu'un rêve tout philosophique : ce grand spectacle et tout son fracas ne m'apparaissent plus désormais que comme au travers d'une glace transparente. Ils peuvent me distraire ; ils ne sauraient me passionner, je les contemple déjà de l'autre rive..... Sous l'abri de mon paisible toit, j'entends sans crainte siffler les vents du dehors, et du port je considère au loin sans émoi les tempêtes de la haute mer. C'est de la sorte, entouré, pressé des tendres soins de la famille, rattaché par eux à la vie, que j'attends patiemment et en paix, sans le désirer ni le craindre, ce grand moment qui termine tous les maux d'ici bas, et commence l'éternelle quiétude.

Passy, le 1er août 1824.

TABLE RAISONNÉE

DES MATIÈRES

CONTENUES DANS LE HUITIÈME VOLUME.

N. B. Les chiffres sont les numéros des pages. Ce signe (-) indique qu'il faut prendre le numéro qui suit.

N. B. A la première édition, pour la facilité des recherches, on avait répété à la fin du huitième volume la table générale de tout l'ouvrage. Les additions dont cette réimpression a été augmentée ne l'ont pas permis; le volume eût été trop considérable. De plus, comme on a l'intention de donner un jour, dans un temps plus ou moins éloigné, un neuvième volume, cette table générale y trouvera plus naturellement sa place. Ce volume se composera du développement de quelques articles qui n'ont été qu'indiqués jusqu'ici, d'un bon nombre d'anecdotes authentiques recueillies des acteurs ou témoins même, de la description et du dessin du tombeau de Napoléon, pris récemment sur les lieux par un Français voyageur, du récit de ses derniers momens, obtenu de l'un de ceux qui l'ont assisté, enfin de l'intégralité de son testament, etc., etc.

Le volume se terminera par l'ensemble des opinions qu'ont exprimées sur le Mémorial les principales publications périodiques, en Angleterre, en Allemagne et en France, les divers passages critiques qui ont paru dans quelques ouvrages, et enfin par l'analyse raisonnée de tous ces objets et la défense controversée du Mémorial.

FIN DE LA TABLE RAISONNÉE DU HUITIÈME VOLUME.

*Ouvrages qui se trouvent au dépôt du Mémorial,
rue de Grenelle-St-Honoré, n° 29.*

———————

ATLAS historique, généalogique et géographique, de Le Sage (comte de Las Cases), dont il est si souvent parlé dans le Mémorial; composé de 33 cartes et tableaux coloriés, cartonnés, etc.

f.   c.

136 5o

EXTRAIT DE L'ATLAS, ou les huit Cartes les plus élémentaires et les plus classiques de cet Atlas, réimprimées séparément pour l'usage spécial des professeurs et des jeunes gens,   12

N. B. Il va paraître annuellement par souscription 4 cartes ou tableaux supplémentaires de l'Atlas historique de Le Sage. Ils seront exécutés de l'agrément et sous les yeux mêmes de l'auteur de l'atlas (comte de Las Cases), et l'on s'étudiera surtout à y conserver cette clarté, cette concision, cet esprit d'analyse qui distinguent si éminemment cet ouvrage.

La souscription est par an de . . . . . . 15 fr. c.

On s'inscrit chez l'éditeur, rue de Bourbon-Villeneuve, n° 9, où se distribue un prospectus plus développé.

A compter dès à présent ceux qui acheteront l'atlas directement chez l'éditeur ou au dépôt du Mémorial, *recevront gratuitement en forme de remise* la souscription pour deux années aux cartes supplémentaires.

———————

ESPRIT DU MÉMORIAL de Sainte-Hélène, ou Abrégé de cet ouvrage fait avec le consentement et l'approbation de l'auteur; 3 vol. in-12.   12

HISTOIRE D'ANGLETERRE, par David Hume, éclaircie par des tableaux généalogiques coloriés, et par une carte géographique, tirés de l'Atlas historique de Le Sage.

La partie des Stuart est enrichie de notes intéressantes d'auteurs vivans, notamment de M. Boulay de la Meurthe et d'un des captifs de Longwood. Nouvelle édition, en 20 vol. in-12.   60

Portrait de M. le comte de Las Cases, dessiné par M. Delorme, gravé par M. Muller, propre à être mis en tête du Mémorial.   3

Ouvrages qui se trouvent chez BÉCHET *aîné, Libraire-Commissionnaire, quai des Augustins, n° 57.*

Œuvres complètes de Pothier, revues par M. Dupin aîné; 10 gros vol. in-8°, satinés; portrait.   75

Collection de tous les ouvrages de M. de Pradt, ancien Archevêque de Malines; 34 vol, in-8°. 149   25

Cours de politique constitutionnelle, ou collection des ouvrages de M. Benjamin-Constant; 8 vol. in-8°.   32

Mémoires sur les cent jours, par Benjamin-Constant; 2 vol. in-8°.   6

Peine (de la) mort en matière politique, par Guizot; 1 vol. in-8°, 2° édit.   4

Proscriptions (des), par ▓▓non; 2 vol. in-8°.   12

Séjour d'un officier français en Calabre; 1 vol. in-8°.   4

Rodeur (le) français, ou les mœurs du jour, par M. B. de Rougemont; 5° édit., 5 vol. in-12, ornés de 10 jolies gravures.   17   50

Nota. Chaque volume se vend séparément.   3   50

Attila, tragédie en 5 actes, par M. Hyppolite Bis; 2° édit., 1 vol. in-8°, portrait.   3   50

Lettres de Junius, traduites de l'anglais par

M. Parisot, ancien officier de marine; 2 vol.
in-8°.   12

Solitaire (le) par M. le Vicomte d'Arlincourt;
10° édition, 2 vol. in-12, fig.   5

Renégat (le) par M. le Vicomte d'Arlincourt;
6° édit., 2 vol. in-12, fig.   6

Ipsiboë, par M. le Vicomte d'Arlincourt; 4°
édit., 2 vol. in-12.   6

Caroleïde (la) par M. le Vicomte d'Arlincourt;
3° édit., ornée de deux vignettes, dessinées
par Horace Vernet, et d'un plan figuratif du
lieu de l'action; 1 vol. in-8°. Paris, 1824.   7

Fastes de Henri IV, dit le Grand, contenant
l'histoire de la vie de ce bon Prince, par
M. A. V. Revel; 1 fort vol. in-8°, portrait.   6

Nouveaux élémens de chimie théorique et pra-
tique, par Adolphe Fabulet; 2° édit., ornée
de 14 planches, 2 vol. in-8°.   12

Principes généraux du droit politique, par J. P.
Pages; 1 vol. in-8°.   6

Budget politique, littéraire, moral et financier
de la France; 1 vol. in-8°.   5

Correspondance historique faisant suite à celle
de Grimm, par Mussey-Patey; 1 vol. in-8°.   6

Collection complète de la Minerve française,
par MM Aignan, B. Constant, etc.; 9 gros
vol. in-8°, de près de 700 pages; ornés de 9
portraits des Rédacteurs.   65

Liberté (de la) considérée dans ses rapports, par
M. le premier Président de la Cour Royale
d'Ajaccio; 1 vol. in-8°.   4   50

Dictionnaire français par ordre d'analogie, contenant 4000 mots de plus que le dictionnaire
de l'académie, et 3000 vers; 1 gros vol. in-8°
de 800 pages.   9

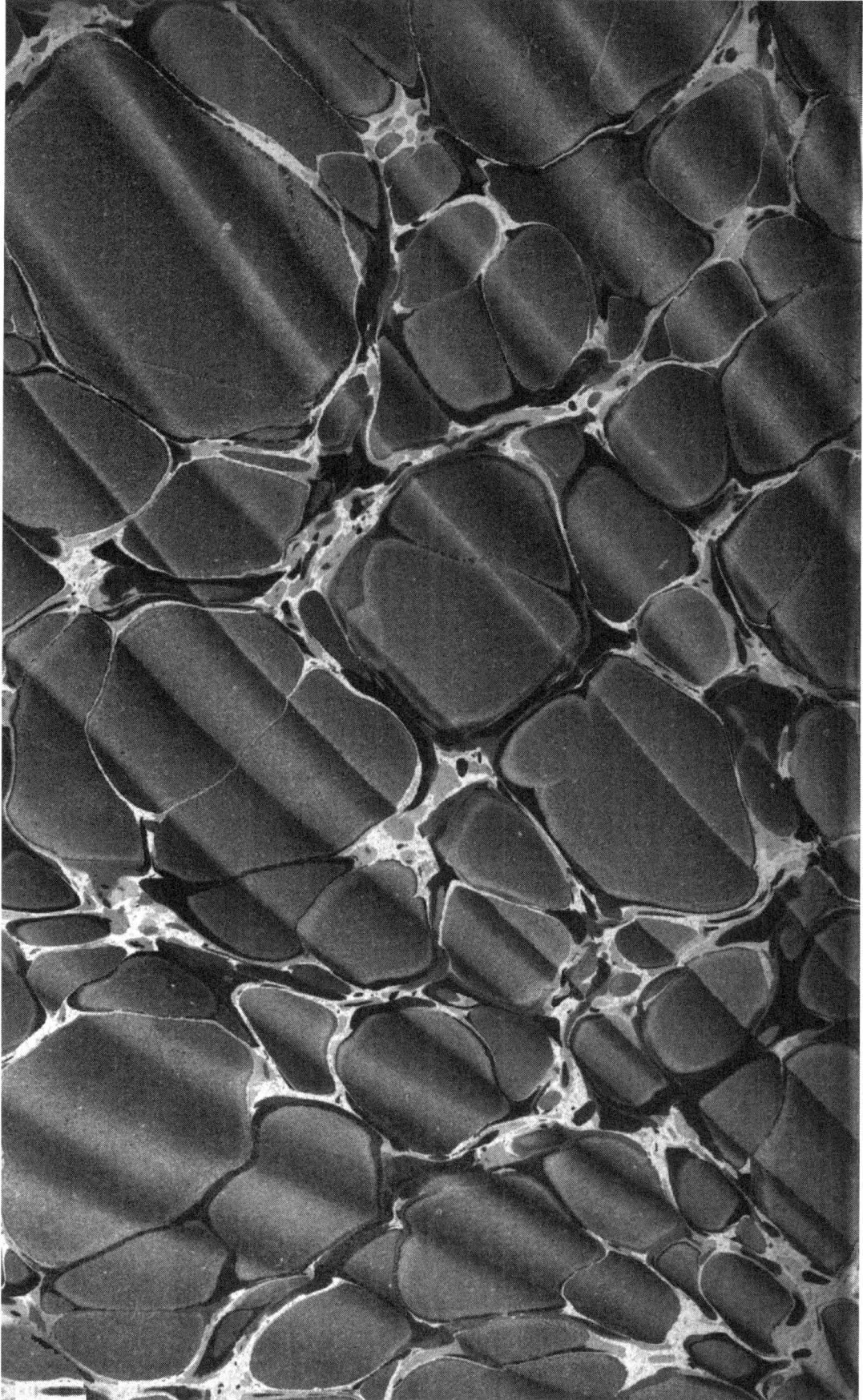

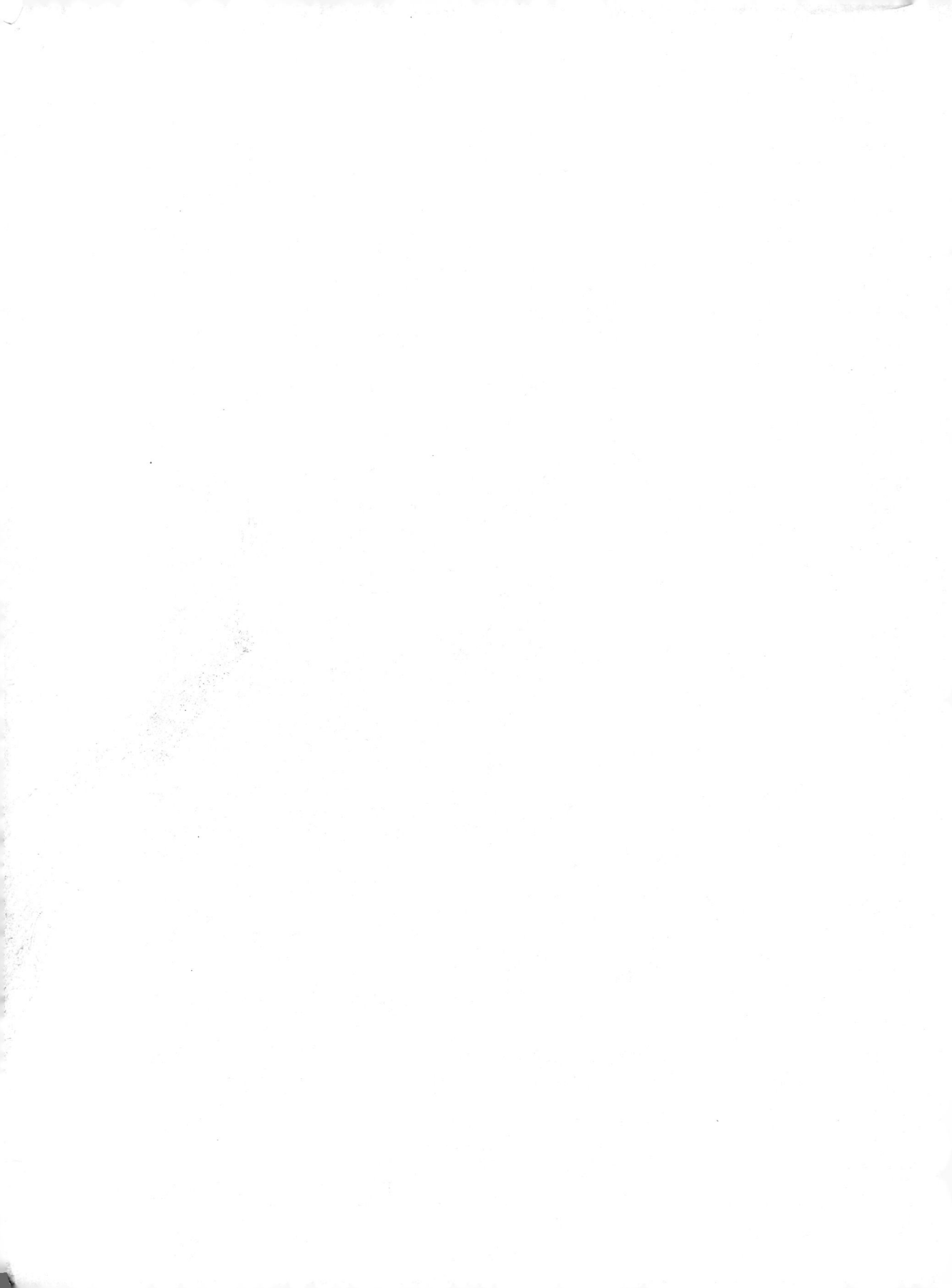

Ingram Content Group UK Ltd.
Milton Keynes UK
UKHW031907160323
418676UK00009B/373

9 781275 033733